大学生创新与创业教育

主　审　张俊民
主　编　宋建卫　魏金普　杨洪瑞
副主编　成亚伟　焦增玉　常晓莉
　　　　张丽娜

北京理工大学出版社
BEIJING INSTITUTE OF TECHNOLOGY PRESS

内 容 简 介

本书在编写过程中广泛征求了创业成功人士、企业界人士及国家级创客中心、众创空间、创业孵化园创办人的意见,并结合创新创业实际活动,内容涵盖创新意识、创新思维、创新方法等创新教育知识,创业环境、创业团队、启动资金、创业计划书等创业前期准备知识,以及企业创办、企业经营管理等创业实践知识。旨在通过对相关内容的讲解,培养大学生的创新创业意识,使他们初步掌握创新创业的基本理论,进而促使他们积极参与创业。

全书脉络清晰、层次分明、内容深入浅出,且案例丰富、实践指导性强。可作为各级高校开设创新创业课程的教材,也可供有志于创业的各级人士参考、借鉴。

版权专有 侵权必究

图书在版编目(CIP)数据

大学生创新与创业教育/宋建卫,魏金普,杨洪瑞主编. --北京:北京理工大学出版社,2021.9
　　ISBN 978-7-5763-0278-3

Ⅰ. ①大… Ⅱ. ①宋… ②魏… ③杨… Ⅲ. ①大学生-创造教育②大学生-创业 Ⅳ. ①G640②G647.38

中国版本图书馆 CIP 数据核字(2021)第 177604 号

出版发行 / 北京理工大学出版社有限责任公司
社　　址 / 北京市海淀区中关村南大街 5 号
邮　　编 / 100081
电　　话 / (010) 68914775(总编室)
　　　　　(010) 82562903(教材售后服务热线)
　　　　　(010) 68944723(其他图书服务热线)
网　　址 / http://www.bitpress.com.cn
经　　销 / 全国各地新华书店
印　　刷 / 三河市天利华印刷装订有限公司
开　　本 / 787 毫米×1092 毫米　1/16
印　　张 / 12.25　　　　　　　　　　　　　　　　　责任编辑 / 江　立
字　　数 / 288 千字　　　　　　　　　　　　　　　　文案编辑 / 李　硕
版　　次 / 2021 年 9 月第 1 版　2021 年 9 月第 1 次印刷　责任校对 / 刘亚男
定　　价 / 36.80 元　　　　　　　　　　　　　　　　责任印制 / 李志强

图书出现印装质量问题,请拨打售后服务热线,本社负责调换

前　言

创新是发展的动力。美国企业家李·艾柯卡曾经说过："不创新，就死亡。"奥地利经济学家约瑟夫·熊彼特说："创新应当是企业家的主要特征，企业家不是投机商，也不是只知道赚钱、存钱的守财奴，而应该是一个大胆创新、敢于冒险、善于开拓的创造型人才。"显然，企业就是在不断创新的过程中发展的，对创新型管理人才有着迫切的需要。

2014年9月，国务院总理李克强在夏季达沃斯论坛上公开提出了"大众创业、万众创新"的号召，也就是现在人们经常提到的"双创"。从那时起，全国上下掀起"大众创业""草根创业"的新浪潮，形成了"万众创新""人人创新"的新态势。为突出"大众创业、万众创新"的时代主题，提升大学生创新创业教育水平，加强高校创新创业指导课程建设，为教师、学生提供针对性更强、指导性更好的创新创业教材，编者应发展背景与教育要求编写了《大学生创新与创业教育》。

本书结合创新创业活动实际情况，参考相关教材后进行编写，内容主要包括创新篇、创业篇两大部分。旨在通过对相关内容的指导，培养学生创新创业的技能，促使他们初步了解创新创业的基本理论，进而掌握创业的基本素质和能力。

本书具有以下几个特征：

（1）时效性。以最新《中华人民共和国公司法》、企业注册流程及《会计档案管理办法》等为指导。

（2）趣味性。在书中引入了大量案例，增强了学生创新创业的兴趣。

（3）综合化。本书是综合多门学科知识组成的实用指导书，是通识类课程的发展和延伸，目的是将教学目标融入大学生的全面素质教育中。因此，我们在向大学生传授创新与创业知识时，会重点培养大学生创新与创业的意识和技能，侧重提供创业模拟演练。

因此，本书既可以作为各级院校的创新创业教学用书，也可以作为各类大学生的课外读物，还可作为求职者们的参考书籍。

本书在编写和出版过程中得到了北京理工大学出版社相关人员的大力支持，也得到了石家庄学院有关领导、专家和同仁的指导和帮助。在此，衷心感谢所有关心该书出版的领导、专家和同仁。

本书在编写过程中参考了大量专著、论文，并引用了大量相关资料，在此特别向这些作者表示真诚的感谢。由于编写时间仓促，编者水平有限，书中如有疏漏之处，欢迎同仁、专家和读者提出宝贵意见和建议，以便修订和完善。

编 者
2021 年 5 月

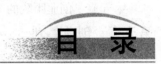

目 录

第一篇 创新篇

第一章 创新概述 (3)
 第一节 关于创新的相关概念 (3)
 第二节 创新精神与创新能力 (11)

第二章 创新思维 (19)
 第一节 什么是创新思维 (19)
 第二节 创新思维的作用 (21)
 第三节 创新思维障碍 (21)
 第四节 创新思维类型 (24)

第三章 创新方法 (44)
 第一节 思维导图 (44)
 第二节 头脑风暴法 (46)
 第三节 列举法 (50)
 第四节 组合法 (54)
 第五节 移植法 (56)
 第六节 奥斯本检核表法与和田十二法 (58)
 第七节 TRIZ 方法 (63)

第二篇 创业篇

第四章 创业准备 (69)
 第一节 创业意识的培养 (69)
 第二节 创业知识的储备 (73)

第三节　创业者必备的素质和能力 …………………………………… (78)
　　第四节　创业机会的发掘与评价 …………………………………… (86)
　　第五节　创业团队的组建 …………………………………………… (96)

第五章　创业筹划 ………………………………………………………… (106)
　　第一节　市场调研与营销 …………………………………………… (106)
　　第二节　商业模式的构建 …………………………………………… (123)
　　第三节　创业融资的途径 …………………………………………… (135)
　　第四节　创业计划书的撰写 ………………………………………… (139)
　　第五节　创业项目的路演 …………………………………………… (150)

第六章　创业实施 ………………………………………………………… (158)
　　第一节　新企业的创办 ……………………………………………… (158)
　　第二节　新企业的管理 ……………………………………………… (167)
　　第三节　创业的退出 ………………………………………………… (182)

附录 ………………………………………………………………………… (186)
　　2020届河北省高校毕业生就业创业政策措施 …………………… (186)

参考文献 …………………………………………………………………… (190)

第一篇　创新篇

▶第一章　创新概述
▶第二章　创新思维
▶第三章　创新方法

第一章

创新概述

学习目标
* 了解关于创新的相关概念
* 认识创新创业精神与能力培养的重要性

第一节 关于创新的相关概念

在当今生活中,"创新、创造、创意"三个词语频繁进入人们的视野,在国家"双创"的大背景下,大家对于这些词语的理解也越来越深入。无论是创造、创意还是创新,都有一个"创"字,如何发挥"创"的含义,需要我们深入思考和了解每个词语的含义。

一、创新

创新,innovation,起源于拉丁语 innovare,翻译为中文的意思是"更新、变革、制造新事物"。《现代汉语词典》中,将"创新"解释为"抛开旧的,创造新的"。

创新的基本定义:指以现有的思维模式提出有别于常规或常人思路的见解为导向,利用现有的知识和物质,在特定的环境中,本着理想化需要或为满足社会需求,而改进或创造新的事物、方法、元素、路径、环境,并能获得一定经济效益的行为。

创新的哲学内涵:指一种人的创造性实践行为,这种实践为的是增加利益总量,需要对事物和发现的利用和再创造,特别是对物质世界矛盾的利用和再创造。人类通过对物质世界的利用和再创造,制造新的矛盾关系,形成新的物质形态。创意是创新的特定思维形态,意识的新发展是人对于自我的创新。发现与创新构成人类相对于物质世界的解放,是人类自我创造及发展的核心矛盾关系,其代表两个不同的创造性行为。只有对发现的否定性进行再创造才是人类创新发展的基点。实践是创新的根本所在。创新的无限性在于物质世界的无限性。

创新的社会学解释：人们为了发展需要，运用已知的信息和条件，突破常规，发现或产生某种新颖、独特、有价值的新事物、新思想的活动。创新的本质是突破，即突破旧的思维定式，旧的常规戒律。创新活动的核心是"新"，它或是产品的结构、性能和外部特征的变革，或是造型设计、内容的表现形式和手段的创造，或是内容的丰富和完善。

在我国研究和实践领域中，凡是突破传统、具有开拓性思想的行为、成果等都可称之为创新，这是广义的创新概念，也是国内比较倡导的一个概念。它涉及理论创新、观念创新、科技创新、体制创新、制度创新、管理创新、市场创新、模式创新、文化创新、教育创新等领域。

案例1-1

生姜酒店的创新

生姜酒店（Ginger Hotel）是印度酒店集团旗下的一家连锁酒店。印度每天有大约3 400万的商务旅行者，他们不愿支付高昂的豪华酒店费用，这些人群正是生姜酒店的目标客户。生姜酒店提供的"实惠的基础服务"，是已故的战略顾问CK·普拉哈德专门为预算有限的商务旅行者设计的一种非常独特的服务理念。它包括网络预订和"实时房价"在线查询服务，使顾客能在线查询到当天酒店最优惠的价格。

生姜酒店的目标客户是那些更在乎实惠价格和基本舒适度、而不是奢侈感受的商务旅行者。正如考希克·慕克吉指出的，生姜酒店房间比很多同类别的酒店要狭小，以降低每间房间的运营成本；酒店客人真正需要的功能包括在内，不必要的服务都没有。"自动售货机、前台、ATM机、无线网络连接等服务有助于降低成本，同时为可会提供更好的价值"。慕克吉写道。附加服务，如洗衣和餐饮都外包给合作伙伴。结账和入住登记都可以通过网络或"中央预订系统"实现，从而减少了现场工作人员的数量。

生姜酒店通过配置和体验方面的创新，吸引了大批被传统酒店忽略的客户，在这个过程中，它运用到了哪些创新方法？

在配置方面，生姜酒店从网络和构架上进行创新。生姜酒店允许合作伙伴将连锁店开设在酒店里，同时酒店提供当地餐馆外卖的菜单，使得入住的客人能方便叫到外卖。它通过外包业务，如设备管理、洗衣、维修以及食物和饮料服务等，维持最小的人员成本。

在体验方面，生姜酒店从服务和品牌进行了创新。

在服务方面，放置了自动服务设施，如自动售货机和自动入住机等，鼓励客户服务自我。

在品牌方面，品牌设计的理念是简单，与酒店的以实惠价格获得基本舒适度的理念一致。

（以上信息根据网络资料整理而成）

(一) 创新的特征

创新涵盖在生活和社会的各个方面，创新是人们能定性的首创活动，是破旧立新、与时俱进的实践，是一种新的价值的实现，可以是新思想、新概念在实际生活中的运用，也可以是形成新思想、新观念和新理论的过程，是一种精神境界。创新作为一种活动，既是一个过程，又是一种境界，具有以下几个特征。

1. 首创性

首创性，即"第一次"，是历史上从未有过的，是"无中生有"或者是"有中生新"。新的变动、新的组合、新的改进等都是创新，这种创新可以完全新，也可以部分新，只要是对旧事物的突破，有所超越，有所改进，和别人的有所不同就是创新。

2. 时效性

创新作为一种活动，在思想、理论、技术形成或产品投放市场后，经过一定时间又会被更新的东西所替代，这种替代使得创新具有时效性。正因为这种时效性，我们在开展探索性教学或者进行科学研究时，就必须了解项目所处的时期，并需要对发展的前景进行预测。

3. 成果性

成果性是指创新必须以新的成果体现，不管是物质的还是精神的，是实物还是制度，都需要一个载体，将这种创新性展现出来。

4. 价值性

创新的价值性体现在创新成果产生的社会效益和经济效益上，其价值标准是社会性的，以不损害社会利益为前提。与之相反，那些损害社会利益的活动，即使是首创，也绝不是创新，如制造的新毒品，搞新的迷信活动，发明的新的计算机病毒等。

5. 综合性

创新是许多人共同努力的结果，即多人投入的产出活动，它既需要技术人员的理论知识和技术，又需要生产者和管理者的共同联合协作，才能使创新达到预期的目标。因此，创新活动是一项综合性的活动。

(二) 创新的类型划分

创新活动是丰富多彩的，人类不可能永远墨守成规，必然会有发展、变化、开拓与创新。在不同范畴、不同领域的创新活动也是多姿多彩的，自然形成了不同的创新类型。要全面掌握各种创新的性质特征以及它们之间的区别与联系，就必须对创新进行分类研究。根据不同的标准，可从不同的方面对创新进行分类。

1. 根据创新成果的首创性划分

这是最常见的创新划分方法，将创新划分为原始创新、集成创新与消化吸收再创新三大类型。原始创新是重大技术领域从无到有的开拓，其本质属性是原创性和第一性。集成创新是指创新过程中应用到的所有单项技术都不是原创的，其创新之处在于按需要对已经存在的单项技术进行系统集成，并创造出全新的产品或工艺。消化吸收再创新是最常见、最基本的创新形式，能实现产品价值链某个或者某些重要环节的重大突破。

2. 根据创新成果在世界范围内的影响划分

创新可分为绝对创新与相对创新，二者有一个范围的约定条件。绝对创新是在全世界范围内实现首创的创新，相对创新是不管成果是否是在全世界范围内实现的首创的创新。

3. 根据创新成果的自主知识产权划分

创新可分为自主创新与模仿创新。自主创新是原创的有自主知识产权的创新。模仿创新是指通过模仿率先创新者的创新构想、创新行为和创新成果而做出的创新。

4. 根据创新活动的领域划分

创新可分为科技创新、制度创新、文化创新、教育创新、理论创新、营销创新、商业模式创新等。

二、创造

什么是创造？创造本身有很多解释，从不同的角度理解也不尽相同，从社会学的角度理解创造，就是把以前没有的事物创设或者制造出来。这是一种典型的人类的自主和能动行为。因此，创造的最大特点是有意识地对世界进行探索性劳动的行为。因此，想出新方法、建立新理论、做出新成绩都是创造的结果。创造是指将两个以上概念或事物按一定方式联系起来，以达到某种目的的行为。创造其实就是发现尚未被认识的事物，创造出不存在的事物对已有成果进行创新。

（一）创造的四个阶段

关于创造的过程，目前，学术界比较流行的是美国创造学家沃勒斯的四阶段说，无论是科学或者艺术的创造，一般都经历了四个阶段。

第一阶段（准备期）：主要是发现问题，收集相关资料，参考前人的知识、经验，并从中得到一定的启发。

第二阶段（酝酿期）：这一阶段主要是冥思苦想，对问题进行试探性的解释。

第三阶段（明朗期）：在上一阶段酝酿成熟的基础上豁然开朗，产生了灵感和顿悟。

第四阶段（验证期）：对灵感或者顿悟进行检验和证明。

创造过程就是创造性解决问题的过程，从问题到答案，是一个渐变阶段。渐变阶段就是运用熟悉的知识和经验去解决问题的阶段。如果是一般的问题，渐变阶段就可以直接解决。如果问题具有挑战性，渐变阶段就会中断，这时候需要新的思路和观念来连接中断的过程，而新观念或新思路一般不会自然发生，要酝酿、积累、等待，直到最后得到验证性的正确答案。通常认为，突变阶段的出现是创造过程的显著特征。

（二）创造的五个层次

美国创造心理研究者泰勒根据创造成果的新颖程度、复杂性、新产品的性质以及对社会的贡献，将创造分为五个层次。

1. 表露式创造

即兴而发但具有某种创意的行为表现。这种创造老少皆宜,参与者率性而为,不计产品的作用与效果,是一种自得其乐的创造活动,例如即兴表演,诗人有感而发的作品,儿童涂鸦等。

2. 技术性创造

运用一定的科技原理和思维技巧,以解决某种实际问题而进行的创造,例如改进工艺或提升效益的创造等。

3. 发明式创造

在已有事物的基础之上,产生出与以往事物全然不同的新事物,例如电灯、电话的发明。

4. 革新式创造

在旧事物的基础上产生新事物,否定旧事物、旧观念,并提出新观念的创造,例如新工具代替旧工具。

5. 突现式创造

与原有事物无直接联系,从无到有产生出新观念的创造。

三、创意

案例 1-2

是什么让《盗梦空间》斩获 6 亿美元票房?

《盗梦空间》又名《奠基》,是由克里斯托弗·诺兰执导的当代科幻动作片,由莱昂纳多·迪卡普里奥和玛丽昂·歌迪亚主演。影片讲述了莱昂纳多·迪卡普里奥扮演的造梦师带领约瑟夫·高登-莱维特、艾伦·佩吉扮演的特工团队,进入他人梦境,从他人的潜意识中盗取机密,并重塑梦境的故事。该影片上映后创下了 6 亿美元的票房纪录。到底是什么让《盗梦空间》如此受影迷的欢迎?强大的演员阵容和出色的导演,还是影片里的数字化和高科技画面,这些都不足以成就这么高的票房收入,其成就主要源于内容的创意性,使该影片有了很好的灵魂,辅之以特效、强大的演员阵容和知名的导演,使影片大获成功。

导演兼编剧克里斯托弗·诺兰将"分享梦境"的主题概念搭配男主角寻找爱妻的情感内核,再加上数字和精神分析给剧情、细节赋予逻辑,成就了《盗梦空间》的创意。

(以上信息根据网络资料整理而成)

(一) 什么是创意

创意是创造意识或创新意识的简称，亦作"㹀意"。是在对现实存在事物理解以及认知的基础上，所衍生出的一种新的抽象思维和行为潜能。创意是一种通过创新思维意识，进一步挖掘和激活资源组合方式，进而提升资源价值的方法。创意是传统的对立面，是打破常规的哲学，是破旧立新的创造与毁灭的循环，是思维碰撞，智慧对接，是具有新颖性和创造性的想法，不同于寻常的解决方法。

创意的起源，创——创新、创作、创造……将促进社会经济发展；意——意识、观念、智慧、思维……人类最大的财富，大脑是打开意识的金钥匙。创意起源于人类的创造力、技能和才华，创意来源于社会又指导着社会发展。人类是创意、创新的产物。人类是在创意、创新中诞生的，也要在创意、创新中发展。

头脑风暴法（Brain Storming）是最为人所熟悉的创意思维策略，该方法是由美国奥斯本（Osborn）于1937年首创，此法强调集体思考，着重思想激荡，鼓励参加者于指定时间内，提出各种想法，并从中引发新颖的构思。

在当今房价昂贵的情况下，拿出1平方米来放电视都觉得"浪费"。电视机太大，要占用很多空间怎么办？有人就根据这个问题提出了新的创意——用隐藏式电视支架，想把电视放哪儿就放哪儿。人们就设计出了三种形式的支架（见图1-1）：可选反转支架、标准弹出式支架和延展弹出式支架。反转式支架两面都能派上用处，一面可以拿来放电视，一面可以当画框，也可以当镜子。想看电视的时候，通过按钮拖动气弹簧，便会将支架翻转180度，看完电视后再翻转回去，谁能发现这画的后面还藏着一个电视呢？标准弹出式支架可以把电视安放在床头墙上，按下按钮便会弹出，具有完美的角度和距离，看完后又会缩回墙壁。延伸弹出式支架，它比标准的弹出支架长些，只需要把支架拉出来大约3厘米，它便会靠着气弹簧弹出。由此可见，新的创意为我们的日常生活中节省了很多的空间。

图1-1　隐藏式电视支架

创意可以应用在社会生活的各个方面,包括文化的创意,产业的创意,生活的创意,经济的创意等,创意的特点就是新奇、惊人、震撼、实效。创意无处不在,只有好的创意才可以进行创新和创造,甚至是创业。

(二)创意的特征

创意常得益于灵感,它是在灵感诱发下形成的观念形态,从整体上来看,它比灵感更加完整。以下便是创意的具体特征。

1. 突发性

创意源于一闪而现的灵感,是一种突变式的思维飞跃,从而使灵感性材料或灵感启示迅速升华为理性认识,变成想法。

2. 形象性

关于思维方式,爱因斯坦说"在我的思维机制中,书面的文字和口头的语言似乎不起任何作用,作为思维元素的一些符号和意象,它们可以由我'随意地'再生组合……这种组合活动就是创造性思维的主要形式"。这就是说,爱因斯坦在产生创意时,他主要的思维活动是形象思维。有了创意以后,才可以用概念来审查、推论,运用逻辑思维来证明或否定创意。

3. 自由性

创意思维的目标是确定的,但思维方向则是多路的、散漫的、全方位的、灵活的,具有很大的自由度。在创意的选择上,也是自由开放的,甚至是随性思考自己最愿意做的事,思维开阔、自由奔放、不受拘束,有时能获得十分宝贵的创意。

4. 不成熟性

创意具有相对模糊性和不成熟性。创意不是创新思维的最终产物,它是介于灵感、经验与创新设计方案之间具有媒介性质的思维存在。因此,创意诞生后,还必须有一个证明和证伪的过程,有一个去粗取精、去伪存真、由表及里的再思维过程。

鲁百年教授曾经与他的学生做一个可乐瓶兑换可乐的游戏。购买一瓶可乐需要2元人民币,两个空可乐瓶罐可以换一瓶可乐,现在给每个人发6元人民币,问每个人最多能买多少瓶可乐?不同的人有不同的回答,有的学生认为最多能换4瓶,有的认为最多能换5瓶……至于怎么换到4瓶或者5瓶,不同的学生也有不同的方法。但是确实有人脑洞大开,说可以换到很多很多瓶,先用6元钱去废品收购的地方收购空可乐瓶,也可以去捡拾空可乐瓶,然后拿两个空可乐瓶去换取可乐,可乐喝完后拿空的可乐瓶还可以继续换可乐,这样周而复始,可以换取很多瓶可乐。请问,除此之外,还有没有更好的创意置换方法呢?

四、创新及相关概念之间的关系

(一)创意和创新的联系

1. 一切创新都始于创意

创意是一种思维活动,它是创新的开始,工具、机器、作品、体制、机制、模式等,一切创新都始于创意。有了创意才会有以后的创新成果。只有最终的创新活动实践成功了，创意的价值才能得以最终体现出来。

2. 创意属于创新的一部分

从广义的创新概念可以看出，具有开拓性思维的行为、成果等都可称之为创新。理论创新、观念创新、科技创新、文化创新、体制和制度创新等，都离不开创意的萌芽。创意的成型以及进一步验证，是最后投入实践获得成功的关键，所以创意是创新必不可少的一部分。

3. 创新是创意的理想结果

创意是大脑的创新性思维活动，具有一定的艺术色彩，最终能否成为一个产品，没有确定的答案。但是，创意的诞生就是为了能够落地成型，通过"创意→策划→执行→反馈→再创意→再策划→再执行……"的过程，把创意思维变成创新成果，实现创意的终极目的。因此，创新是创意的理想结果。

（二）创意和创新的区别

1. 概念上的区别

创意是一种创新的思维活动，可以是逻辑思维、形象思维、逆向思维、发散思维、系统思维、模糊思维、直觉和灵感等多种认知方式或者综合运用的结果。而创新是指突破传统，具有开拓性思维的行为、成果等。可见创意只有大脑领域发生的活动，而创新包括了思想、行为和结果。也就是说，创新必须有创意，但创意也并不等同于创新。

2. 特点上的区别

创意具有突发性、不成熟性，是人的大脑的突发奇想，是尚未开始投入实践的灵感和想象。而创新具有成果性、价值性，是已经行动并取得成果的一系列活动的总和。创意是创新的开始，成败未知；创新是"创意+行动"的结果，创意只有在行动中成功了，这一系列的活动及成果才叫创新。

3. 结果上的区别

创新有失败，失败了就不再是创新，只是创新的一个阶段，一个环节。而创意要打破常规，可以天马行空甚至从胡思乱想开始，有着明显的自由性和不成熟性，所以创意往往是虚构的、示意的，更多的是一种艺术形式或者产品的最早期构思，而并非一种真实的产品。即使是对产品的构思、主意或者所谓的"点子"，绝大多数也并不能最终实现。也正因为如此，创意诞生之后，还必须对创意进行证明和验证。

（三）创新与创造的关系

无论是创新还是创造，所遇到的问题和加以解决的思维方法都是相同相通的。"创新与创造"的能力既源于天赋，又来自后天的教育培养，来自通过各种形式的启发和引导，包括从创新与发明创造思维方法、认知障碍及其克服，到创新的非认知调控和创造性人格特征分析等。总之，创新教育所希望达到的目标就是用一种新的方式、比较高效率的培养创新与发明创造型人才。

将创新与发明创造区别开来，被认为是熊比特的另一大贡献。熊比特认为：只要发明还没有得到实际上的应用，那么经济上就是不起作用的。无论是科学发明还是技术发明，在发明未能转化为商品之前，发明只能是一个新观念、新设想，在它们没有转化为新装置、新产品、新工艺系统之前，不能创造任何经济价值。因此，可以说发明是创新的必要条件，但不是充分条件。对于源于科技发明的技术创新来说，发明仅仅是创新过程中的一个环节。换句话说，创新是人类创造活动的一种，其本质就是创造。创造在不同的领域有不同的习惯叫法，如科学领域的创造习惯称为"发明"或者"发现"；体育竞赛中的创新习惯称为"破纪录"；文学艺术领域的创造习惯称为"创作"；科技领域中创造习惯称为"革新"。总之，创新概念的外延要远远大于创造概念的外延。

创新和创造虽有一定的联系，但是也存在一定的区别。

第一，创新是一个经济学范畴的概念，必须有收益。如果根据新的思想，产生出新的产品，虽然很新颖，若不能应用，没有收益，这可以说是发明创造，但不能算是严格意义上的创新。

第二，创造是一个绝对的概念，而创新则是相对的概念。例如，发明创造申请专利时，先要考虑自己是不是第一个做的，若别人已经做过，你就不可能再申请专利了。它在"首创"或"第一"的问题上是绝对的。创新是个相对概念，它必像申请专利那样要查清楚是不是"第一"或"首创"，是不是人家已经第一个做过了。创新有个相对的范围，不必先考虑在部门、系统内过去有没有人做过，只应了解做的程度如何，我们做了哪些进步，最终是否有收益等问题。

第三，创造既有促进社会发展的积极发明创造，也有阻碍社会发展的消极发明创造；而创新必须是促进社会发展的积极创造。如计算机的发明是积极创造，而计算机病毒则是消极创造；核科学和技术的发展是积极创造，而核武器的发展则是消极创造；生物和化学科学的发展是积极创造，而生化武器、毒品提炼技术则是消极创造。

第四，创造强调是第一次的首创，也可以是全盘否定的全新创造；创新则更强调是应无止境的更新，它一般并不是对原有事物的全盘否定，而通常是在辩证的否定中螺旋上升。

第二节 创新精神与创新能力

一、创新精神和创新能力是创新的基本动力

案例1-3

无处不在的创新——紧身裙和可口可乐瓶

20世纪初，美国妇女流行穿脚伴裙，这种裙子在膝盖附近稍微变细，穿上它可以显示女性身材的曲线美，因此，成为当时很受美国妇女欢迎的时装。罗特是一个制造饮料瓶的工人，平日里喜欢奇思妙想，总爱鼓捣出一些稀奇古怪的点子。

> 一天，他和女友一同外出购物，一路上，人们频频回头对女友穿着的脚伴裙投来羡慕的目光。罗特也开始注意起这条裙子来。诚然，女友穿的这条脚伴裙实在太有魅力了，把女友曼妙的身姿展现得一览无余。要是把装饮料的瓶子也制造成这种形状也许不错。
>
> 罗特立即照脚伴裙的样子画了一幅瓶子设计图，经过不断修改，这种瓶子不仅外形美观，拿在手里还不易滑落，里面所装的液体，看起来也比实际分量要多。
>
> 当时改用瓶装的可口可乐公司正因为瓶子的形状不受顾客欢迎影响了销路而愁眉不展，听说罗特设计出了一种样式独特的瓶子，大喜过望，双方一拍即合，达成试用协议。
>
> 结果，用罗特设计的瓶子装的可口可乐大为畅销。1923 年，可口可乐公司以 550 万美元的价格，收购了罗特的这一专利。裙子和瓶子本没有什么联系，但罗特却从裙子的外形中获得灵感，发明了名满天下的可口可乐。
>
> （以上信息根据网络资料整理而成）

所谓精神，是指人的意识、思维活动和自觉的心理状态，包括情绪、意志、性格等。创新精神特指人的创新意识和创新性格，其中，创新意识，又包括创新愿望和创新动机。

（一）创新意识

创新意识中最重要的是创新的愿望，其次是要有正确的创新动机。一个人的愿望形成是需要外部环境的，比如，儿童从小就受到家长的鼓励和引导，从而热爱创新；高校的学生受到教师授课的影响，从而热爱创新等。

1. 什么是创新意识

创新意识就是不愿意遵循常规、喜欢标新立异、喜欢挑战、不断追求新的解决办法的意识。爱迪生是举世闻名的大发明家，他保持着发明最多的世界纪录。爱迪生是怎么做到这些的呢？难道仅仅是因为他是个天才吗？是因为每天都有无数的灵感自发涌现到他的头脑中吗？不是，他之所以能做出如此多的贡献，主要是因为他有强烈的创新意识。爱迪生知道，好的灵感不会自动出现，所以他给自己和助手安排了灵感定额：每十天必须有一个小发明，每六个月必须有一个大发明。正是由于这种带着强制性的发明定额，使得他和他的团队一刻也不敢懈怠，一刻也没有停止思考，而是可以求新立异。无数经验证明，灵感大多数是在长期苦苦思考之后才突然涌现的。山重水复疑无路，柳暗花明又一村。不走到山重水复疑无路的地步，又怎么可能看到柳暗花明又一村的新景象呢？

在创造力的概念中，还有一点很重要，那就是创造力这种能力带有方向性。换句话说，它是矢量。这就意味着在一个群体里，很可能出现这样的情况。每一个个体的创造力都很高，但由于方向的混乱，因此最终表现出来的群体创造力可能为零。造成这一现象的原因在于环境，一个人的创造力能否源源不断地释放出来，与环境有很大的关系。环境是否鼓励创新，有没有相应的激励制度等，都影响创造力的发挥——通过影响创新精神、创新动机等而影响创造力。所以，这就是为什么很多企业都通过制订好的创新激励制度来推动企业持久的创新行为的原因。

2. 创新人才的人格特征

创新人才到底有多少人格特征，这里有28个形容词，请你从中选择适合描述自己的词语（见表1-1）。

表1-1 创新人格特征相关形容词

有能力的	谨慎的	好色的	易受别人影响的
有洞察力的	有礼貌的	兴趣狭窄的	理智的
势利的	聪明的	兴趣广泛的	多疑的
有信心的	有发明精神的	不拘礼节的	自我中心的
保守的	抱怨的	幽默的	有独创性的
自信的	个人主义的	沉思的	顺从的
忠诚的	老实的	随机应变的	平凡的

这个测试方法叫"形容词检查单"，是由社会学家高夫发明的，他对不同领域的1700多人进行研究发现，有一些形容词与创造力是正相关关系，有一些形容词是负相关关系。大家可以对照自己选的形容词，看看到底是正相关的词多，还是负相关的词多，就可以对自己的创造力强弱有个初步的了解（见表1-2、表1-3）。

表1-2 创新人格特征正相关形容词

有能力的	有洞察力的	好色的	聪明的
理智的	势利的	有信心的	兴趣广泛的
不拘礼节的	自我中心的	有发明精神的	自信的
幽默的	有独创性的	随机应变的	个人主义的
沉思的			

表1-3 创新人格特征负相关形容词

易受别人影响的	谨慎的	兴趣狭窄的	保守的
平凡的	老实的	忠诚的	有礼貌的
抱怨的	多疑的	顺从的	

在这里需要注意的一点是，很多词语比如"好色的""势利的"这些词我们看起来是负面词，反而与创造力正相关，而"忠诚的""老实的"这些正面的词却与创造力是负相关。在这里，大家应该明确一点的是，这份表格是检查个性特征与创造力强弱的关系，不是道德评价，不要从道德评价的角度来判断。当然这份调查表仅仅是参考，不是唯一评价的标准。对一个人创造力的评价方法很多，各有侧重，很难说哪一种更可靠。大家不要受它的影响，关键是要塑造我们的创新人格。

(二) 创新人格

创新人格最重要的几个特征：一是自信；二是不怕失败；三是不盲目从众；四是不迷信

权威。

心理学调查研究发现：世界上自认为自己不成功的人中有95%的人缺乏自信，具有自卑感，这种缺乏自信是在孩童时期形成的。由于自卑感造成的人才埋没远远高于因社会环境造成的埋没。这种自我埋没极大地遏制了人们创造性才能的发挥。

1. 自信是创新的开始

小泽征尔是世界著名的交响乐指挥家。在一次世界优秀指挥家大赛的决赛中，他按照评委会给的乐谱指挥演奏，敏锐地发现了不和谐的声音。起初，他以为是乐队演奏出了错误，就停下来重新演奏，但还是不对。他觉得是乐谱有问题。这时，在场的作曲家和评委会的权威人士坚持说乐谱绝对没有问题，是他错了。面对一大批音乐大师和权威人士，他思考再三，最后斩钉截铁地大声说："不！一定是乐谱错了！"话音刚落，评委席上的评委们立即站起来，报以热烈的掌声，祝贺他大赛夺魁。原来，这是评委们精心设计的"圈套"，以此来检验指挥家在发现乐谱错误并遭到权威人士"否定"的情况下，能否依然坚持自己的正确主张。前两位参加决赛的指挥家虽然也发现了错误，但终因随声附和权威们的意见而被淘汰。

自信！有创造力的人大多数都是很有主见的人，主见源于对自己的独立思考的自信。自信是创新的第一步。有了自信，你才会敢想敢做，而不是畏首畏尾。但是自信又不是刚愎自用，真正自信的人思想很开放，乐意接受他人意见，但是最后的判断一定是由自己做出，而不是依赖别人，自信的人不轻易受别人左右。自信才是创新的开始，缺少自信，就无从创新。

2. 不要怕失败

有一个这样的故事，讲述了一只大象的成长历程。

动物园有一只叫林旺的大象，一直被一条铁链牢牢地拴在一根小小的木桩上。它每天悠闲地踱来踱去，等着动物园里的饲养员每天给它送来香蕉和青草，难道它不想看看外面精彩的世界吗？不是。难道是它挣脱不了那个小小的木桩吗？当然也不是，它只要轻轻使点劲就能挣脱木桩。那为什么它却是这样的状态。原来在他还是一只小象的时候，它对外面的世界充满了好奇心，非常渴望到外面热闹的猴山、虎山去看看。于是它使出全身的力气想挣脱那根铁链的束缚，可是它失败了。

隔了一段时间，它又一次被外面的热闹所吸引，然后他再一次企图挣脱铁链，可是这一次它又失败了。两次的失败，给大象林旺留下了强烈的印象："我是挣脱不了那根铁链了"。就这样，林旺一天天长大，就这样，林旺一天天变老。就这样，林旺从来没有离开过动物园象馆的天地，因为它害怕失败，两次的失败再也给不了它冲出去的希望。

害怕失败，行动必然谨小慎微。前怕狼后怕虎，不敢独辟蹊径，极大地阻碍了个体创造力的形成。许多人一生少有成就，主要因为每当他想去做某些事情的时候，总是想着可能会失败及不愿意承担失败之后而来的后果而裹足不前。一般害怕失败的人主要表现在过于担心别人的看法；对自己要求过高；一次或多次失败后不再努力。我们应该怎样面对失败，就像萧伯纳说的："我年轻时，注意到我每做十件事有九件不成功。由于不甘心扮演失败者的角色，于是我就十倍百倍地努力干下去。"

3. 不盲目从众

人们在思考时有一种极容易产生的心理倾向就是盲目从众，它同样会影响到我们的创新思维。一味地顺从别人，随大流，在群体压力下放弃自己的想法和意见，采取和大多数一致的想法，这样就扼杀了创新思维的产生。遇到事情不再独立思考，而是盲目跟从别人的想法，思想就被束缚和禁锢了，创新思维就不能很好地被激发出来，所以不要盲目从众，要有自己的看法和主见。

4. 不迷信权威

亚里士多德曾经说过："两个铁球，一个10磅重，一个1磅重，同时从高处落下来，10磅重的一定先着地，速度是1磅重的10倍。"这句话使伽利略产生了疑问。他想：如果这句话是正确的，那么把这两个铁球拴在一起，落得慢的就会拖住落得快的，落下的速度应当比10磅重的铁球慢；但是，如果把拴在一起的两个铁球看作一个整体，就有11磅重，落下的速度应当比10磅重的铁球快。从一个事实中却可以得出两个相反的结论，这怎么解释呢？伽利略带着这个疑问反复做了许多次试验，结果都证明亚里士多德的这句话的确说错了。两个不同重量的铁球同时从高处落下来，总是同时着地，铁球往下落的速度跟铁球的轻重没有关系。

伽利略那时候才25岁，已经当上了数学教授。他向学生们宣布了试验的结果，同时宣布要在比萨城的斜塔上做一次公开试验。消息很快传开了。到了那一天，很多人来到斜塔周围，都要看看在这个问题上谁是胜利者：是古代的哲学家亚里士多德呢，还是这位年轻的数学教授伽利略？有的说："这个青年真是胆大妄为，竟想找亚里士多德的错处！"有的说："等会儿他就固执不了啦，事实是无情的，会让他丢尽了脸！"伽利略在斜塔顶上出现了。他右手拿着一个10磅重的铁球，左手拿着一个1磅重的铁球。两个铁球同时脱手，从空中落下来。一会儿，斜塔周围的人都忍不住惊呼起来，因为大家看见两个铁球同时着地了，正跟伽利略说的一个样。这时大家才明白，原来像亚里士多德这样的大哲学家，说的话也不是全都对的。

我们在学习过程中总是认为书本上的知识、老师传授的知识都是正确的，这就是盲目地迷信权威的表现。从小到大的传统教育，使得许多人已经养成了这种偏见。培养创新能力就要打破迷信，敢于怀疑，善于质疑。事实上，权威人物只不过是某一个方面或者某一个专业上的权威，或者是某时期某个阶段的权威，不存在全面的权威和永远的权威。所以我们面对权威时，要尊重而不是迷信。

5. 要有强烈的探究意识

创新，就要有追求新奇的强烈意识、对未知事物的敏感和好奇心、对新事物价值的准确认识、对新知识执着的探究兴趣、追求新发现和新发明的激情以及百折不挠的毅力和意志，还要有脚踏实地的严谨学风。一个具有创新精神的人，一定是敢想、敢干、有勇气独辟蹊径，有能力开拓新的领域，敢于创新，想前人所未想、做前人所未做的事。

创新能力是在进行创新活动中表现出的能力及各种技能的综合表现，主要包括观察能力、思维能力、动手能力、表达能力、协作能力等，它既是人的认识能力和实践能力的有机完美结合的体现，又是人自身的创造智力和创造品格的有机完美结合的体现。根据对清华大学两院院士的调查，认知知识水平、思维能力、智力发展、人格品质、研究动机构成了创新能力的基本要素。

据有关调查显示，创新精神和创新能力主要涉及以下几个方面：①丰富广博的基础知识，扎实的知识基础，合理的知识结构；②敏锐的思维能力；③全面的智力发展；④良好的人格品质；⑤强烈的研究动机。此外，个体本身所具有的表达能力、组织能力、实践能力等都影响创造力的获得与发展。创新能力表现的过程是思维过程、实践过程、探索过程的优化组合，是人类高智能活动的集中体现。

二、唤醒创新能力

（一）创新能力的特点

> **游戏1-1**
>
> **体验潜能**
>
> 假如你正在看一场演唱会，你喜欢的明星正向你走过来，你兴奋地鼓起掌来。设想一下，你1分钟能拍手多少次，请你把想到的数字写在纸上，把写了数字的那一页纸翻过去，然后开始计时，实测你1分钟能拍手多少次，再将此数与你之前想出的数字对比一下，你发现了什么？

通过上面的游戏，我们发现人的创新能力确实是很大的，创新能力的三个特点可以很好地说明这一点。

1. 创新能力人人都有

决定创新能力的是人的大脑，只要脑细胞发育正常，每个人都具有创新能力。也就是说，我们一生下来是站在同一起跑线上的。这一结论打破了"天才论"，纠正了人们过去一直认为的"创造只是少数人的行为、普通人可望而不可即"的思想，揭开了创新能力的神秘面纱。

2. 创新能力是一种潜在能力，需要经过开发才能释放

创新能力必须经过开发才能表现出来，如果不开发，永远都是潜力，一直到老。每个人的创新能力大致是相同的，即便有区别也没有数量的区别。之所以后天表现的差别极大，是因为开发的程度不同，只要我们去开发，创新能力就会释放；不断地开发，就会不断地被释放，我们的创新水平就会不断地提高，就可以成为一个具有创新能力潜能的创造者。

3. 创新能力无穷无尽

说到这个问题，要先从脑细胞的数量谈起。每个人长到12岁以后，脑细胞基本上发育

成熟，其总数量达到了140亿个。你可能要问140亿个脑细胞意味着什么？它相当于100万亿个计算机，假如它完全用来记忆的话，能记住多少本书呢？50本，100本，还是1 000本呢？都不对，正确的答案是500 000 000本，即5亿本！这个数字与我们的想象值有很大差距，它就是我们潜在的脑资源，就是我们的创新潜力。研究表明，其实普通人一生只用了全部脑细胞的3%~5%，其余的95%~97%未被开发利用。据说爱因斯坦的脑细胞也只用了30%，剩下的70%也未被开发使用。因此，我们可以得出结论，相对于我们有限的生命来说，我们有无限的脑资源。创新能力存在于人脑中，无限的人脑中必然也存在着无限的创新能力。

（二）怎样唤醒我们的创新潜能

既然我们具有强大的创新潜能，那我们就要唤醒这种潜能，让它真正发挥作用。学者庄寿强认为："创新潜能和创新能力构成了一个人的创造力，在活动中表现出来的是创新能力，未表现出来的是创新潜能。"创新潜能是隐性的，是每个人大脑中具有的一种自然属性，它是人类在长期的进化过程中随着大脑进化而形成的自然结果，既有遗传提供的生理的基础，又带有后天学习教育的烙印。

人之所以能成为自然界中最具有生存优势的物种，人类社会之所以能进步得越来越快，是因为人类具有创新精神，并且在进化过程中，人类的创新能力得到不断的发展和提升。具有创新能力是人类与其他物种的本质区别。同时，创新活动可以满足人的兴趣，愉悦人的心情，人类还具有"为了创造而创造""为了探究而探究"的行为动机，这说明创新活动也是人类获得精神幸福的源泉，是人类的精神需求。由此来说，培养和发展创新精神和能力不仅是社会的需要，更是增强人自身幸福感的需要。

创新能力是指一个人（创新主体）在一定活动中取得新颖性成果的能力。关于创新能力的构成要素，不同学者有不同的表述，但是其中基本的理论是一致的。即：除了人的创新潜能外，创新能力主要由有关领域的专业知识技能、相应的创新思维和创造人格这三方面的要素构成。庄寿强提出的创新能力构成的经验公式是：

$$创新能力 = 创新潜能 \times 创造性 \times 专业知识技能$$
$$创造性 = 创造人格 + 创新思维 + 创新方法$$

由此可见，在接受传统教育的同时，发展创新能力要重视以下三个重要的途径。

1. 掌握专业知识技能

任何创新都离不开知识和技能，每个人因为自身具有不同领域的知识技能而形成不同领域的创新能力。有关领域的知识技能，可以看作是一套解决某一个特定问题或从事某项特定工作的途径。很显然，途径越多，产生新东西和形成新观念的办法就越多。有关领域的知识技能主要包括：熟悉该领域的实际知识，掌握这一特定领域所需要的专门技能，如实验技术、写作技巧、作曲能力等，以及有关领域的特殊天赋等。

2. 提高创新思维能力

创新思维能力是创新能力的核心，既有使思想具有流畅性、变通性、独特性并进而产生新认识的能力，又有运用创新方法提出新措施的能力。此外，创新思维能力还包括敏锐、独特的洞察力，高度集中的注意力，高效持久的记忆力和灵活自如的操作力。

    3. 完善创新人格

    在心理学中，人格也被称为"个性"，是指一个比较稳定的个性倾向性和个性心理特征的总和，它反映着一个人独特的心理面貌。个性倾向包括人的需要、动机、兴趣和信仰，决定着人对现实的态度、趋向和选择；个性心理特征包括人的气质和性格等，决定着人的行为方式的个人特征。创新人格是能在后天学习活动中逐渐养成、在创新活动中表现和发展起来的，对促进人在成长过程中实现创新成果起决定性作用的人格。

    创新意识就是和别人看同样的东西，却能看到不同的方面，得到不同的结论，想出不同的对策。培养创新意识、创新精神、创新思维和创新能力，以及塑造创新人格，都需要先对创新有个清楚的认识，要先唤醒自我的创新思维、创新精神和创新能力。认识是确定实践的前提条件，所以唤醒人们的创新思维，培养创新精神和创新能力至关重要。很多人都说自己没有创新思维，觉得创新离自己很远；也有人认为自己的年龄已经错过了创新的年龄，现在去创新很难进行。这些仿佛都是目前人们的一种错误认知，认为创新是由时间、地点、人物和年龄等一些外在因素所决定的，其实不然，创新的思维和精神是每个人随时随地都可以拥有的。处处是创新之地，天天是创新之时，人人是创新之人。每个人的大脑中都隐藏着创新的潜能，这些潜能有的从来都未被开发出来，一直隐藏着。所以，唤醒自身的创新思维、创新精神和创新能力，是每一个想要实现创新创业的人首先要做的事情。

第二章

创新思维

>>> 学习目标

* 了解创新思维的概念与作用
* 熟悉创新思维的障碍种类
* 掌握常见创新思维的类型

实践证明,企业要发展,无论何时都不能忽视创新的作用。通常来讲,创新包含创新思维与创新方法两个要素,二者相辅相成,互相促进。创新思维是指对事物间的联系进行前所未有的思考,从而创造出新事物、新方法的思维方式。创新方法是指人们通过研究有关创造发明的心理过程,在创造发明、科学研究或创造性解决问题的实践活动中总结、提炼出有效方法和程序的总称。二者中,创新思维是创新的核心与灵魂,创新方法是创新的成果与工具。

第一节 什么是创新思维

一、传统思维和创新思维

思维可以分为传统思维和创新思维两类。传统思维是人类经常性的、以经验为主的程序化的思维方式。而创新思维是相对于传统思维而言的一种思维方式,是思维的一种智力品质。创新思维是指在传统思维的基础之上,通过发挥大脑的能动作用,以具有超前预测能力的新的认知模式来把握事物发展的内在本质及规律,对事物间的联系进行前所未有的思考,并进而进行探索观察、分析和解决问题的新方法、新途径的思维方式。

从狭义的理解来讲,创新思维是一种拓宽人类认识新领域,开创人类认识新成果的、具有较大社会意义的高级思维活动,它往往表现为发明新技术、形成新观念、提出新方案和决策，创建新理论等。当然，只有少数人才有狭义理解上的创新思维。从广义上讲，创新思维可以表现为做出了完整的新发现和新发明的思维过程，也可以表现为在思考的方法和技巧上、在某些结论和见解上具有新奇独到之处。它广泛存在于科学史上的重大发明之中，存在于政治、军事决策和生产、教育、艺术及科学研究活动之中。因此，每一位正常人都具有广义上的创新思维能力。比如，在领导工作实践中，具有创新思维的职业经理可以想别人所未想、见别人所未见，做别人所未做的事，敢于突破原有的框架，或是从多种原有规范的交叉处着手，或是反向思考问题，从而取得创造性、突破性的成就。

二、创新思维是创造性活动的基础

创新思维是人类从事创造性活动的基础，是一切创造原理和创造技法的源泉，人类的一切成果无一不是创新思维的结果。创新思维的结果是实现了知识或信息的增值。它或者是以新的知识（如观点、理论、发现）来实现自身知识的积累；或者是在方法上的突破，对已有知识进行新的分解和组合，发掘知识的新功能，由此实现信息量的增加。所以，从信息活动和知识增值的角度来看，创新思维是一种实现了知识增值，或是说信息量增加的思维活动。

创新思维结果的实现需要人们付出艰苦的脑力劳动。一项创新思维结果的取得，往往需要经过长期的探索、刻苦的钻研，甚至多次的挫折之后才能取得，而且创新思维的能力也要经过长期的知识积累、智能训练才能具备。创新思维过程，还离不开推理、想象、联想、直觉等思维活动，所以，从主体活动的角度来看，创新思维又是一种需要人们（包括组织者、职业经理）付出较大努力，运用高超能力的一种思维活动。

有一个故事，是这样的。

一位画师为了考察四个学生的创新思维能力，要求每个学生在一张相同大小的白纸上用最少的笔墨表现出最多的骆驼。第一位学生想，把骆驼画得越小，数目就越多，于是便用很细的笔在纸上密密麻麻地画满了一只只骆驼；第二个学生想，每只骆驼只需画一个脑袋便可表示，于是他在同样大小的纸上画满了骆驼的脑袋；第三个学生则又把骆驼的脑袋缩小为一个外形相似的小点，这样画出的骆驼自然比前面两位多出不少；第四位学生则与前三者完全不同，他先画了一只骆驼从山谷出口往外走，然后又画了一只从山谷入口只露出一个脑袋和半截脖子的骆驼。结果第四位学生的画获得了好评。

以上故事中，第四位学生是如何运用创新思维的？

在这个例子中，前三位学生尽管动了不少脑子，但由于他们运用的思路都是传统的，因此只画出了有限的骆驼；第四位学生运用了丰富的想象力，在一张纸上画出了无数的骆驼，他所运用的这种思维就是创新思维。

第二节　创新思维的作用

一、创新思维可以不断地增加人类知识的总量

创新思维可以不断推进人类认识世界的水平。创新思维因其对象的潜在特征，表明它是向着未知或不完全未知的领域进军，不断扩大着人们的认知范围，不断地把未被认识的事务变为可以认知和已经认识的事物。科学上每一次的发现和创造，都为人类由必然王国进入自由王国不断地创造着条件。

二、创新思维可以不断地提高人类的认知能力

创新思维的特征已表明，创新思维是一种高超的艺术，创新思维活动及过程中的内在的东西是无法模仿的。这内在的东西即创造性思维能力。这种能力的获得依赖于人们对历史和现状的深刻了解，依赖于敏锐的观察能力和问题分析能力，依赖于平时知识的积累和知识面的拓宽。而每一次运用创新思维的过程就是一次锻炼思维能力的过程，因为要想获得对未知世界的认识，人们就要不断地探索前人没有采用过的思维方法、思考角度去进行思考，就要独创性地寻求没有先例的办法和途径，然后通过正确、有效地观察问题、分析问题和解决问题，从而极大地提高人类认识未知事物的能力。因此，认识能力的提高离不开创新思维。

三、创新思维可以为实践开辟新的局面

创新思维的独创性与风险性特征赋予了其敢于探索和创新的精神。在这种精神的支配下，人们不满足于现状，不满足于已有的知识和经验，总是力图探索客观世界中的还未被认识的本质和规律，并以此为指导，进行开拓性的实践，开辟出人类实践活动的新领域。相反，若没有创新思维，就只在已有的知识和经验上坐享其成，就不可能得到进步。

四、创新思维是人类的主要活动方式和内容

历史上曾经发生过的工业革命部分实现了把人从体力劳动中解放出来的目的。目前世界范围内的新技术革命带来了生产的变革，全面的自动化把人从机械劳动中解放出来。而人工智能技术的推广和应用，使人类将一些简单的、具有一定逻辑规则的思维活动交给人工智能去完成，从而又部分地把人从简单的脑力劳动中解放出来。这样，人类就有充分的精力把自己的知识、智力用于创新思维活动，把人类的文明推向一个新的高度。

第三节　创新思维障碍

一、思维定式

曾经，一位心理学家举了一个这样的例子，来说明什么是"思维定式"。

这位心理学家曾和乔打赌说："如果给你一个鸟笼,并挂在你房中,那么你就一定会买一只鸟。"乔同意打赌,于是心理学家就买了一只非常漂亮的瑞士鸟笼给他,乔把鸟笼挂在起居室桌子边。结果大家可想而知,当人们走进来时就会问乔:"乔,你的鸟什么时候死了?"乔立刻回答:"我从未养过一只鸟。""那么,你要一只鸟笼干吗?"乔无法解释。后来,只要有人来到乔的房子,就会问同样的问题。乔的心情因此变得很烦躁,为了不再让人询问,乔干脆买了一只鸟装进了空鸟笼里。心理学家后来说,去买一只鸟比解释为什么他有一只鸟笼要简便得多。这说明人们经常会首先在自己头脑中挂上鸟笼,最后就不得不在鸟笼中装上些什么东西。

（一）什么是思维定式

思维定式（Thinking Set），也称"惯性思维",是由先前的活动而造成的一种对活动的特殊的心理准备状态,或活动的倾向性。在环境不变的条件下,定式使人能够应用已掌握的方法迅速解决问题。而在情境发生变化时,它则会妨碍人类采用新的方法。消极的思维定式是束缚创造性思维的枷锁。思维定式包括传统定式、书本定式、经验定式、名言定式、从众定式和麻木定式。

（二）思维定式的特点

思维定式有两个显著的特点:思维模式固化、强大的惯性或顽固性。

1. 思维模式固化

即通过各种思维内容体现出来的思维程序、模式,既与具体内容有联系,却又不是具体内容,而是许多具体的思维活动所具有的逐渐定型化了的一般路线、方式、程序、模式。

2. 强大的惯性或顽固性

思维定式不仅逐渐成为人们的思维习惯,甚至深入人们的潜意识,成为不自觉的、类似于本能的反应。尤其表现在,要改变一种思维定式是有一定难度的,首先需要有明确的认识,其次要有自觉克服思维定式的行动;最后要有克服思维定式的勇气和决心。

思维最大的敌人,是习惯性思维。世界观、生活环境和知识背景都会影响人们对事物的态度和思维方式,不过最重要的影响因素是过去的经验。生活中有很多经验,它们会时刻影响人们的思维。试回答一下下面的问题:

请问什么东西具有以下三个特征:它是黄的、圆的、酸的?

大多数情况下,很多人的回答都是橘子、柠檬、苹果……而这些答案好像都是人们对味觉的一种体验。大家可以对此进行思考,想想除了味觉的体验,我们还有什么样的感觉,比如视觉、嗅觉、听觉等是否也能想出其他的事物?

我们应该突破固有观念,从不同的层次来展现具有这三种特性的事物。第一层是味觉,比如柠檬、杏、橘子、黄西红柿、苹果等（自然生长的可食用的）；第二层依然是味觉,比如富含维生素的水果糖、奶酪、药丸、冰激凌球等（人工制造的可食用的）；第三层是嗅觉,比如发酸的网球、酸蛋黄、被揉成一团的脏袜子等（虽不能吃也可以是酸的）；第四层是视觉,比如一个黄色圆脸的哭泣着的孩子等（比喻意义上的酸）；最高层次的是情绪,比如一切不能满足我们需要的东西,会使我们感到心酸的、失望的、不满的等(比喻意义上的酸)。

思维定式就是我们看问题想问题的习惯方法,我们看问题想问题都有个固定的套路,当我们第一眼看到某个人或者某件事时,往往首先采取这种习惯套路去思考和判断。我们每个人都带着一种习惯模式或者思维定式来看世界。有时我们的思维模式与外界事物的本质和规律正好近似,那么我们可以很快就对这个事物做出正确的判断;只有当我们的心智模式与事物的本质或规律不相吻合的时候,才会妨碍我们产生新的思维,这种心智模式就变成了心智枷锁。想要实现思维创新,就必须打破心智枷锁。

二、偏见思维

案例 2-1

被淹死的驴子——经验偏见

一头驴子背盐渡河,在河边滑了一跤,跌在水里,那盐溶化了。驴子站起来时,感到身体轻松了许多。驴子非常高兴,获得了经验。后来有一回,它背了棉花,以为再跌倒,可以同上次一样轻很多,于是它走到河边的时候,便故意跌倒在水中。可是棉花吸收了水,驴子非但不能再站起来,而且一直向下沉,直到被淹死。

无独有偶,下面这则古老的寓言故事也令人印象深刻。

从前,有个卖草帽的人,每天,他都很努力地卖着帽子。有一天,他叫卖得十分疲累,刚好路边有一棵大树,他就把草帽放在身旁,坐在树下打起盹来,等他醒来时,发现身旁的草帽都不见了,抬头一看,树上有很多猴子,而每只猴子的头上都有一顶草帽。他十分惊慌,因为,如果草帽不见了,他将无法养家糊口。突然,他想到猴子喜欢模仿人的动作,他就试着举起左手,果然猴子也跟着他举左手;他拍拍手,猴子也跟着拍拍手。他想机会来了,于是他赶紧把头上的草帽拿下来,丢在地上。猴子也学着他,将草帽纷纷扔在地上。他于是高高兴兴地捡起所有草帽回家去了。回家之后,他将这件奇特的事,告诉了他的儿子和孙子。

很多很多年后,他的孙子继承了家业。有一天,在他卖草帽的途中,也跟爷爷一样,在大树下睡着了,而草帽也同样地被猴子拿走了。孙子想到爷爷曾经告诉他的方法。于是,他举起左手,猴子也跟着举起左手;他拍拍手,猴子也跟着拍拍手,他心想:"果然,爷爷说的话真管用。"最后,他摘下草帽丢在地上;可是,奇怪的事发生了,猴子竟然没有跟着他做,还是直瞪着眼看他,看个不停。不久之后,猴王出现了,把他丢在地上的草帽捡起来;还很用力地对着他的后脑勺打了一巴掌,说:"开什么玩笑!你以为只有你有爷爷吗?"

(以上信息根据网络资料整理而成)

以上案例中,驴子为何死于非命?孙子为何不能像爷爷当年那样拿回被猴子拿走的草帽?每一个人都能够看得出:这其中很重要的一个原因,是他们都机械地套用了经验,受了经验偏见思维的影响，他们未能对经验进行改造和创新。有时经验使我们昂首否定，有时经验又让我们低头认错，人们总是跳不出经验，它甚至让一切最大胆的幻想都打上了个人经验的偏见，就像作家贾平凹所描述的某一个农民的最高理想："我当了国王，全村的粪一个不可拾，全是我的。"这似乎就是人们说的"乡村维纳斯效应"。

什么是"乡村维纳斯效应"？德波诺在《实用思维》一书中饶有兴味地描述了这种常见的社会现象："在偏僻的乡村，村里最漂亮的姑娘会被村民当作世界上最美的人（维纳斯），在看到更漂亮的姑娘之前，村里的人难以想象出还有比她更美的人。"在村里，它是真理，在全世界，它就是偏见。

偏见思维就是指人们根据一定表象或虚假的信息做出判断，从而出现判断失误或判断本身与判断对象的真实情况不相符合的现象。偏见思维一旦产生，又没得到及时纠正，而被人一直信为教条，就很难被改变。偏见思维可分为经验偏见、利益偏见、位置偏见、文化偏见等，这些都是因为个人心中早已形成的偏见思想所导致的。这种偏见思维严重地影响着创新思维的出现，和思维定式一样会成为人们的心智枷锁，如果不能及时去除这种心智枷锁，创新思维就很难发挥作用。

无论是思维定式还是偏见思维，都在很大程度上限制了我们的创新思维，就像心智枷锁一样把我们探索未知的心理给束缚了。要想解除这种心智枷锁，就要转变我们的思维方式，训练我们的创新思维，运用科学的方法把自己的脑洞打开，让创新思维战胜我们的心理枷锁。

第四节　创新思维类型

一、批判性思维

批判性思维到底是什么？其实到现在为止，业界也没有给出一个公认的定义。我们比较同意这样一种说法，批判性思维是一种问为什么的态度，一种以正确推理和有效论据为基础，审查、评估与理解事件、解决问题、做出决策的认知思维方式。也就是一种面对做什么或者相信什么而做合理性决定的一系列思考技能和方法的日常思维方式。

（一）批判性思维的三个环节

批判性思维一般包括三个环节：质疑、求证和判断。质疑就是提出问题，对任何观点和主张，不论它是谁提出来的，也不管它有多少人相信，都要敢于提出质疑。质疑不是为了怀疑而怀疑，要讲究证据，无论是赞同还是不赞同，都要寻找支持和否定的事实和证据，这就是求证。求证过程中要不断寻找支持某一观点的证据，还要找不支持甚至反对的证据，即要有正论，也要有反论，最终做出合乎逻辑和理性的判断。这种思维过程就是批判性思维。

（二）创新思维的两个阶段

批判性思维属于创新思维的一部分，创新思维包括两个阶段，第一个阶段是创意的萌发，在这一阶段，批判性思维作用不大，甚至可能还会起反作用。创意的萌芽就是要打破思维定式，包括不受规则与逻辑的限制，在这个阶段，过早的使用批判性思维可能把灵感的火花扼杀在了摇篮里；但是到了第二个阶段，也就是创意的形成阶段，需要对创意的雏形进行筛选、整理、加工与完善，这时批判性思维就可以派上用场了。创意要变成可行性方案，需要批判性思维。

二、求异思维

> **案例 2-2**
>
> ### 司马光砸缸
>
> 有一次，司马光跟小伙伴们在后院里玩耍。院子里有一口大水缸，有个小朋友爬到缸沿上玩，一不小心，掉进了缸里。缸大水深，眼看那孩子快没顶了。别的孩子一看出了事，吓得边哭边喊。司马光却急中生智，从地上捡起一块大石头，使劲向大水缸砸去，只听到"砰"的一声，水缸破了，缸里的水流出来了，被淹的小孩得救了。这是我们熟悉的司马光砸缸的故事，这是一个典型的求异思维的例子。
>
> （以上信息根据网络资料整理而成）

求异思维是创新思维的一种，创新思维主要表现在"新"上，不论是新技术、新产品、新方法、新理论、新思想等，都要强调"新"。但是"新"的前提是什么？"新"的前提或者说必要条件是"异"。如果不能"立异"，也就无所谓"标新"了。所有的创新首先要"求异"，异于旧的形式，异于旧的内容，异于旧的功能，异于旧的结构，异于旧的特征……因而，求异才能创新，要标新必须立异。换句话说，"求异"是一切创新思维的共同特征。

求异思维就是突破常规思维，只从单方向、正面思考的习惯，遇到问题善于从异于以往的方面，善于从反面和侧面去思考的一种思维方式。吸尘器发明者的最初想法是：把灰尘吹走，但怎么也做不到。然后只好转变了思维方式，既然吹走的办法不行，干脆吸进来不就可以了？这种思维方式的形成要求我们一旦遇到常规方法解决不了问题时，一定要让思考方向适时地"转弯"，甚至是180度大转弯，这往往可以收到"柳暗花明又一村"的效果。

求异思维的应用领域非常广泛，不论是科学发现、技术发明，还是企业经营管理、文艺创作，到处都可以追寻到它的踪迹。当然，我们提倡求异思维，但绝不是提倡"求歧"，如果一味地求异而忽视了创新结果的社会价值，就会走上歧路。

三、发散思维

（一）什么是发散思维

心理学家认为，发散思维是创造性思维的重要特点，是测定创造力的重要指标之一。发散思维是指从一个点出发，向四面八方扩散，寻求更多的答案。它不同于常规思维，平时我们遇到问题，往往是提出一个解决方案，然后去分析方案的可行性，如果行不通，就不再去想其他的方案，思维就此搁浅。发散思维则要围绕一个问题，尽可能多的提出解决方案，先不管方案是否可行，先求多，求新，求独创，求前所未有，允许异想天开和标新立异。发散思维既无一定的方向，也无一定的范围，不墨守成规，不拘于传统，鼓励从已知的领域去探索未知的领域。正如美国心理学家吉尔福特说的那样：发散思维是从所给的信息中产生信息，着重点是从同一来源中产生众多的输出，并且很可能会产生转移作用。

> 游戏2-1
>
> **体验发散思维**
>
> 有一个盛满水的玻璃杯，请你在不打破杯子、不倾斜杯子的前提下，在三分钟内想出多种方法取出杯中的全部水。请问你能想出多少种方法？

（二）发散思维通常是从三个方面加以衡量的

1. 流畅性

仔细思考下以上游戏，你想到了多少种主意？

流畅性是衡量发散思维数量的一个重要指标，是指针对某一特定信息在短暂时间内作出多种反映的能力。一个人在规定的时间内按照要求所表达的东西越多，标志着思维的流畅性越好。

上面的游戏中，有人在规定的时间内提出了14种方案：

（1）用吸管吸水；

（2）用棉麻吸水；

（3）用海绵吸水；

（4）利用动物，比如尖嘴鹤，用嘴来吸水；

（5）用水泵吸水；

（6）用针管吸水；

（7）挤压滴管吸水；

（8）用热风一直吹、直到水被蒸发；

（9）用太阳晒、直到水被晒干；

（10）自然蒸发法；

（11）加热蒸发法；

（12）在杯中插入木条、放入冰箱，等冰冻后再拿出；

（13）将水杯放在锅中直接蒸，直到水被蒸发；

（14）在水杯中倒入酒精，然后点燃将水烧没。

也有人只想到了两三个方法，这表现出了个体在发散思维流畅性中的个体差异。

2. 变通性

你想到了多少种不同的主意？

变通性又称灵活性，是指思想具有多方向，触类旁通，随机应变，不受定式的约束，因而能产生超长的构思，提出不同凡响的新概念，这就要求在思维遇到困难时能随机应变，及时调整思考方式而不只是进行单向发散，从而能提出类别较多的答案。

从上面的游戏中，我们看到了思维的变通性，第一条思路是"吸"；第二条思路是与"吸"相反的"吹"；第三条思路则变成了"挤"；第四条思路转到利用低压使沸点降低；第五条思路是利用物态转变；等等。

3. 独创性

你想到了多少与众不同的主意？

独创性是指思维的独特性，是指人们在思维中产生不同寻常的"奇思妙想"的能力。这一能力可使人按照不同寻常的思路展开思维，突破常规知识和经验的束缚，得到标新立异的思维成果。独创性要求思维具有超乎寻常的新异成分，因此它更能代表发散思维的本质。

总之，真正有创造性的发散思维应该是流畅性、变通性、独特性三者兼备的。在流畅性提供大量思想的基础上，不断变换思维的方向，最终得到独特性的结果，因此流畅性是基础，变通性是条件，独创性是目标。

（三）如何进行发散思维

以教你如何写爱情小说为例。

有人对中国古代历史上诸多的爱情故事及言情小说进行了探究，发现：故事的年代、地点、人物虽然总在变化，但是故事本身都可以用四个步骤来概括，简称"爱情四部曲"。

当然，这四部曲也可以用于今天的小说创作。四部曲当中有八个关键要素，只要对这八个要素进行思维发散，然后再用集中思维进行最佳组合，就可以设计出无穷无尽的构思。

四部曲是：第一步：书生遇难；第二步：小姐搭救；第三步：后花园私订终身；第四步：应考及第，衣锦团圆。

相应的八个关键要素就是：书生、遇难、小姐、搭救、后花园、私订终身、应考及第和衣锦团圆。

下面分别对这个八个要素进行发散思维。

第一，书生：

（1）古代书生；

（2）现代大学生；

（3）研究生；

（4）高中生；

（5）留学生；

（6）画家；

（7）音乐家；

（8）未成名的工程师；

(9) 小老板；

(10) 警察；

(11) 青年科学家；

(12) 医生；

(13) 作家；

(14) 歌手；

(15) 运动员；

(16) 所能想到的各种身份；

(17) 以上身份都换成女性——女书生；

……

第二，落难：

(1) 没有路费；

(2) 被困冰雪中；

(3) 山中遇难；

(4) 遭遇强盗；

(5) 失恋；

(6) 患病；

(7) 游泳遇险；

(8) 车祸；

(9) 画卖不出去；

(10) 遭遇意外损失；

(11) 科学研究遇到难题；

(12) 开演唱会无人光顾；

(13) 晕倒街头；

(14) 比赛失利；

(15) 小说不能出版；

(16) 政治遇难；

……

第三，小姐：

(1) 古代大家闺秀；

(2) 现代大学生；

(3) 酒吧女郎；

(4) 高中生；

(5) 留学生；

(6) 空姐；

(7) 歌星；

(8) 女医生；

(9) 导游；

(10) 警察；

(11) 营业员；

(12) 所有能想到的各种身份；

(13) 换成男性——书生及其他身份；

……

第四，搭救：

(1) 捐赠资助；

(2) 收留；

(3) 开导鼓励；

(4) 帮助脱险；

(5) 抢救生命；

(6) 献血；

(7) 请求朋友帮助；

(8) 跳水救人；

(9) 帮助补习功课；

(10) 送医院看护；

(11) 找人资助开演唱会；

(12) 赞助留学；

……

第五，后花园：

(1) 后花园；

(2) 公园；

(3) 医院；

(4) 酒吧；

(5) 国外；

(6) 古城；

(7) 运动场；

(8) 演唱会大厅；

(9) 学校；

(10) 飞机上；

(11) 公安局；

(12) 博物馆；

(13) 星巴克；

(14) 网络上；

(15) 旅行途中；

(16) 山顶；

……

第六，私订终身：
(1) 接吻；
(2) 默许；
(3) 交换信物；
(4) 求婚；
(5) 结婚；
(6) 通信；
(7) 给予鼓励；
(8) 和他去旅游；
(9) 帮助事业获得成功；
(10) 互相研究科研内容；
……

第七，应考及第：
(1) 中状元；
(2) 中探花；
(3) 考上研究生；
(4) 留学博士；
(5) 考生大学；
(6) 成功创业；
(7) 演唱会空前；
(8) 做官；
(9) 成名；
(10) 成为主治医师；
(11) 大病痊愈；
……

第八，衣锦团圆：
(1) 结婚；
(2) 随他远走他乡；
(3) 变心；
(4) 父母不同意；
(5) 离婚；
(6) 私奔；
(7) 死掉；
(8) 没有结局；
(9) 留下一封信；
(10) 长相思；
……

根据这八个关键词进行联想并组合，就是一个爱情故事的主线。以电视连续剧《太阳的后裔》为例，按照以上思路将八要素套入该电视连续剧的话，就是以下情节：

书生：宋仲基饰演的柳时镇；

落难：在执行任务时候受伤并消失；

小姐：宋慧乔饰演的姜暮烟；

搭救：随同一起参加任务并陪同等待；

后花园：战场；

私订终身：接吻，求婚；

应考及第：在战场上活着回来；

衣锦团圆：两人幸福地在一起。

当然，这部电视剧中还有好几个爱情故事，它们交错在一起，共同组成一部令观众喜欢的电视剧。

四、集中思维

集中思维是指在发散思维的基础上，将获得的若干信息或思路加以重新组织，使之指向一个正确的答案、结论或最好的解决方案。具体来讲，集中思维就是对发散思维提出的多种设想进行整理、分析、选择，再从中选出最有可能、最经济、最有价值的设想，再加以深化和完善，使之具体化、现实化，并将其余设想中的可行部分也补充进去，最终获得一个最佳答案。

发散思维和集中思维都是创新思维的重要组成形式，两者互相联系，密不可分。任何一个创新过程，都必须经过由发散到集中，再由集中到发散，多次循环往复的思维过程，直到问题的解决。

发散思维体现了"由此及彼""由表及里"的思维过程，而集中思维体现了"去粗取精""去伪存真"的思维过程。也就是，先要"多谋"，再来"善断"。

在创新活动中，只有通过发散思维，提出种种新设想，然后才谈得上如何通过集中思维从中挑选出好的设想，可见，创造性首先表现在发散思维上。当然发散思维和集中思维是辩证统一的，都是为了达到创新、创造的目的。

五、侧向思维

> **案例2-3**
>
> **茅台酒一摔成名**
>
> 1915年，巴拿马举行国际品酒会，很多国家都送酒参展，当时品酒会上酒中珍品琳琅满目，美不胜收。当时的中国政府也派代表携国酒茅台参展，虽然茅台酒质量上乘，但由于首次参展且装潢简朴，因此在参展会上遭到冷遇。西方评酒专家因此对中国美酒不屑一顾。

就在评酒会的最后一天，中国代表眼看茅台酒在评奖方面无望，心中很不服气，情急之中突生一计。他提着酒走到展厅最热闹的地方，装作失手，将酒瓶摔破在地，顿时浓香四溢，招来不少看客。中国代表乘机让人品尝美酒，大家品尝过后不约而同地对茅台酒赞不绝口，都一个劲地举起大拇指表示："这个茅台酒真的很不错哦！"此事没多久便成为一大新闻传遍了整个会场。此后会场里人人都争着到茅台酒陈列处抢购，认为中国茅台酒比白兰地、香槟更有特色。此时茅台酒的名气大大提升，它那浓郁的香气也惊动了评酒专家，他们不得不对中国的茅台酒刮目相看。最终中国代表捧着名酒奖牌胜利而归。

因为中国代表的这一摔，摔出了中国名酒的风采，茅台酒从此令世人瞩目。

(以上信息根据网络资料整理而成)

简言之，常规思维就像水从山坡上流下来，汇集在凹地，而后又流入河道一样，任由水流沿着常规的通道流动；侧向思维则像是有人有意开挖新渠道来改变水流，或者在旧渠道上筑坝堵水，让水溢出，促使新的水流（也就是创意）如喷泉般涌出。

侧向思维是一种能产生新想法的思维方式，它的创造性品质来源于两点：其一，它可以使人排除"优势想法"所造成的直来直往的线性思维，避开经验常识逻辑的羁绊；其二，它能帮助人借鉴表面上看来与问题无关的信息，从侧面迂回或横向寻觅去求解问题。以上茅台酒的案例便是侧向思维的典型表现。

六、联想思维

案例2-4

一顿特殊的午餐

在英格兰，有人曾做过这样一个有趣的实验。在一次有许多人参加的午餐会上，主办方特意聘请了一位有名的厨师为来宾烹饪美食。据专家评论，这位厨师做出的饭菜即使算不上十里飘香，也能被确认是色、香、味俱全的美食，经常被就餐者一扫而空。

可是这一次，实验者别出心裁地对他做好的饭菜进行了"颜色加工"。他们将烹调好的美味牛排加工成乳白色，将色拉（西餐中的一种凉拌菜）染成发黑的蓝色，把咖啡泡成混浊的土黄色，将芹菜变成了并不高雅的淡红色，将牛奶弄成血红色，将豌豆染成了黏糊糊的漆黑色。

满怀喜悦的来宾们本来至此都想大吃一顿美食的，但当这些菜肴被端上桌子时，大家面对这一桌美食却发起呆来。只见有的迟疑不前，有的怎么也不肯就座，有的虽狠下心勉强吃了几口，却表示自己吃后都恶心得直想吐。

而另一桌来宾的就餐经历却与这一桌来宾的大相径庭。同样是这样一桌颜色奇特的午餐，却遇到了一些被蒙住眼睛的就餐者，这桌菜肴的命运可就大大的不妙了，很快就被他们吃了个精光。这些蒙眼就餐者对着这一桌午餐吃得意犹未尽，吃完后还对美食赞不绝口。

(以上信息根据网络资料整理而成)

这顿午餐的"魔术师",即实验者,通过上述实验证明了这样一个道理:联想具有很强的心理作用。看到这桌美食的人,由于食物异常的颜色而产生了种种奇特的联想:由乳白色牛排想到肥肉,由红色牛奶联想到猪血,由黑色豌豆联想到腐臭的鱼子酱,是联想妨碍了他们的食欲。另一桌被蒙住眼睛的客人由于没有这些异样的联想而食欲大增。

那么,什么是联想呢?

1. 联想的定义

联想是指人们通过某一事物、现象由此及彼地想到另一事物、现象的思维活动。人们通过联想,甚至可以使得看上毫不相关的事物之间发生联系。也可以说,联想是人们通过对两种以上事物之间存在的关联性和可比性,去扩展头脑中固有的思维,使其由旧见新,由已知推出未知,从而获得更多的设想、意见和推测。

联想可以是概念与概念之间的联想,也可以是方法与方法之间的联想,还可以是形象与形象之间的联想。由下雨想到潮湿,由烟雾想到白云,看到狮子想到猫,都是联想。联想可以将两个或多个相似、相近或相反的对象联系起来,发现它们之间的相似、相近或相反的属性,从中受到启发,发现未知,从而产生创新。联想思维是重要的创新思维方式之一,科学技术上的许多科学发现与技术发明都源于人们的联想。

2. 联想的类型

(1) 相关联想。

相关联想是由一事物想到与它相联系的方面,是由一种事物联想到在属性、空间或时间上与之相关的另一事物的思维活动。世界上的事物总是在属性上、空间上或时间上蕴含着与其他事物的联系,发现这些,巧妙地扩展事物的联系圈,把属性上、空间上或时间上距离较远的事物联系在一起,就能产生出一个个新的创意。

相传扬州八怪之一的郑板桥,有一次在大雨中去好友家赴宴祝寿,酒后主人请他题诗祝寿。郑板桥想也不想,刚提笔在纸上写了"奈何"二字,弄的大家都很惊讶,担心他出言不吉,冲撞了主人。哪知郑板桥紧接着又写了"奈何""可奈何",使得众人更加惊奇。郑板桥不顾这些,落笔又写下了第四个"奈何",接下来龙飞凤舞,一挥而就。众人一看,不禁拍案叫绝,都不约而同地称赞这真是一首绝妙的贺寿诗:

奈何奈何可奈何,奈何今日雨滂沱。
滂沱雨祝李公寿,寿比滂沱雨更多!

郑板桥巧接回环,众人为之折服。室外大雨如注,仿佛为李公祝寿,也为郑公叫好。

郑板桥用的就是相关联想,由"雨滂沱"想到了眼前的"寿更多"。

将菜谱做成餐盘的形式,是不是非常有创意呢?在意大利2015年米兰世界博览会上,一种名为"午餐书"的菜谱餐盘赢得了该届世博会餐盒系列设计比赛的第一名。它由来自世界各地的不同菜谱组成,既传达了相关的烹饪信息,也可以供人们在米兰世博会期间当作真正的餐盘使用。这个创意也是用到了相关联想。

(2) 相似联想。

相似联想是由某一事物想到与其相似的另一些事物的思维活动。相似性是人脑对事物内在联系的一致性的认识。从多角度观察不同事物,就会发现与不相干的事物实质上存在着相似性。如现象的相似、原理的相似、结构的相似、功能的相似、材料的相似等,这些事物的相似性可以成为相似联想的引线。

原沈阳重型机械厂有一位老工人,发现在洗油污很多的工作服时,就算打很多肥皂都出现不了泡沫。他猛然间想到:原来泡沫怕油,如果用油来处理带酚污水池的泡沫问题,效果一定好。经过反复试验后,真的获得了意想不到的效果。

(3) 对比联想。

对比联想既指对于性质或特点相反的事物之间的联系的思维活动,又指对于一个事物的各种对立面之间的联系的思维活动。由不同事物之间存在着相反的特征或对立的属性,联想到其他事物,如由大想到小,由上想到下,由长想到短,由好想到坏,由远想到近,由白天想到黑夜;等等。对比联想容易使人看到事物的对立面,转变思路,从而催生巧妙的创意。

案例2-5

丑陋玩具

一天,美国艾士隆公司董事长布什耐在外面散步,他发现有几个孩子正在玩一只小虫子。这只小虫子不仅满身污泥,而且长得十分丑陋,可是这几个孩子却玩得津津有味,乐此不疲。这一情景让布什耐联想到:市场上销售的玩具清一色都是形象美丽的,凡是动物玩具,个个都面目清秀、乖巧可爱。假如生产一些丑陋玩具投放市场,销量又将如何呢?

他决定试一试,于是他让设计人员快速研制了一批丑陋玩具投放市场:有橡皮做成的玩偶"粗鲁陋夫",它们长着枯黄的头发、绿色的皮肤;有用一串小球组成的"疯球"玩具,每个小球上都印着丑陋不堪的面孔……没想到这些丑陋玩具上市后,竟然被一炮打响。丑陋玩具在市场上大受欢迎,给艾士隆公司带来了丰厚的利润,尽管这些丑陋玩具的价格大大高出一般玩具,但销量依然长盛不衰。

此案例便是对比联想的典型创意。

(以上信息根据网络资料整理而成)

---

3. 联想的方法

(1) 自由联想法。

自由联想法,指的是自我不受限制的联想,可以从多个方面、多种可能性寻找问题的答案。

比如,2012年美国总统大选之前,有一个饼干厂推出了一种用两位总统候选人头像做包装的饼干,两种饼干的口味、质量、价格完全相同,一些媒体对两种饼干的销售情况很感兴趣,从人们购买意向推断两位候选人的受欢迎程度,广为跟踪报道。结果,这种"免费广告"让该饼干迅速成为知名品牌。这种利用总统大选推出人像饼干的做法,就是巧妙运用了自由联想法。

(2) 强制联想法。

强制联想是指把思维强制性地固定在一对事物中，并要求对这对事物产生联想。如何在花和椅子两个事物之间进行强制联想，试试，怎么把二者联系在一起呢？可以这样想，花—花型—镂花椅子；花—花香—带花香味的椅子；花—花色—印有花色图案的椅子；等等。将看起来毫无关联的两个事物强行联系在一起，思维的跳跃较大，能帮助我们克服经验的束缚，产生新设想或开发新产品。强制联想一般通过焦点法来实现。

焦点法是以某一特定事物为焦点，依次与选择的事物构成联想点，寻求新产品、新技术、新思想的推广应用和对某一问题的解决途径。焦点法是美国赫瓦德创造的方法。

下面以沙发设计为例，如图2-1所示，将焦点法的实施过程作一说明。

图2-1 焦点法实施过程（一）

①将要研究的项目定为焦点，沙发即为思考焦点。
②任选一个内涵丰富的事物作为刺激物。如选择荷花为刺激物，如图2-2所示。

图2-2 焦点法实施过程（二）

③提取刺激物的特征，与焦点联系起来思考，提出各种沙发新设想。
④将上述想法继续推进，如上面第2个设想"充气薄膜沙发"，分别以"充气"和"薄膜"进一步设想。充气—用时充气—便携式囊袋充气后为沙发—浮在水面上的沙发……；薄膜—超轻沙发—变色沙发—自修复沙发—可变形沙发……
⑤经过分析、比较、判断，从上述设计方案中选出有市场竞争力的沙发，再进行制作。

利用焦点法产生的联想的结果有的可能很荒唐，有的则有一定价值，有的需要根据某个答案进行更深层次地联想。在使用焦点法时，每产生一个层次的联想，就意味着突破该事物的一种属性，强制联想可以形成很多待用的解决方案。

(3) 仿生联想法。

仿生联想法是通过研究生物的生理机能和结构特性，设想创造对象的方法。自然界的生物经过亿万年的优选、演变，存在着人类取之不尽、用之不竭的创造模型。

飞机的原型是什么？是飞鸟。
飞机夜间安全飞行的原型是什么？当然是蝙蝠。
气球的原型是什么？是蒲公英的种子。
跑步的钉鞋原型是什么？是虎和猫的脚，因为虎和猫行走或紧急停止时没有能量损失。

尼龙搭扣的发明者叫乔治，是一位瑞士人，工程师。他平时很喜欢打猎，但他每次打猎归来裤腿和衣物上都会粘满一种草籽，即便是用刷子也很难刷干净，非得用手一个一个地摘下才行。

有一次，他把刚摘下来的草籽用放大镜进行仔细观察，竟然大吃一惊：原来在这些小小的草籽上有很多小钩子，正是这些小钩子牢牢地钩住了他的衣裤。

受到这些草籽的启发，他想，难道不可以用许多带小钩子的布带来替代纽扣或者拉链吗？经过多次试验和研究，他制造了一条布满尼龙小钩的带子和一条布满尼龙小环的带子。两条带相对一合，小钩恰好钩住小环，牢牢地固定在一起，必要时可以再把它们拉开。乔治依靠他对自然界的深入观察而发明的这种尼龙扣，受到了消费者的喜爱，如今已得到普遍运用。

七、想象思维

想象思维是人脑对存储的形象进行加工、改造或重组，从而形成新形象的思维活动。想象思维可以说是形象思维的具体化，是人脑借助表象进行加工操作的最主要形式，是人类进行创新及其活动的重要的思维形式。

可以说，想象思维无处不在。

（一）想象思维的特征

1. 形象性

想象思维是借助形象或图像展开的思维活动。在这里，借助的是形象或图象，而不是数字、概念或符号。所以，我们可以根据他人的描述，在头脑中塑造出各种各样的形象。比如，我们可以在读下面这首诗时想象出诗人当时所处的具体场景：

《天净沙·秋思》
枯藤老树昏鸦，
小桥流水人家，
古道西风瘦马，
夕阳西下，
断肠人在天涯。

2. 概括性

想象思维是对外部世界的整体把握，概括性很强。就像爱因斯坦说的："想象力比知识更重要，因为知识是有限的，而想象力概括着世界上的一切，推动着进步，而且是知识进化的源泉。"

3. 新颖性

想象中出现的形象是新的，它不是表象的简单再现，而是在已有表象的基础上加工改造的结果。

4. 超越性

想象中的形象源于现实，但又不同于现实，它是对现实形象的超越，正是借助这种对现实形象的超越，我们才产生了无数发明创造。

（二）想象的分类

想象可以分成无意想象和有意想象两种类型。

1. 无意想象

无意想象是指一种无目的、无计划地不受主观意志支配的想象。

这种想象不受思维框架的束缚，是一种非常自由、活跃的思维状态。梦是无意想象的极端形式，梦虽然是无意想象，但也是由一定的动因引起的。

第一，身体部位的某些变化。如当人感到饥饿时，往往梦到自己在找食物。

第二，外部刺激的作用。如睡觉时风刮树叶的沙沙声，可使人梦到下雨。睡觉时把手压在心脏跳动的部位，就会做令人心生恐惧的梦。

第三，日有所思，夜有所梦。根据英国剑桥大学哈钦森教授大量的问卷调查显示，70%的对社会有贡献的学者回答道：在他们的创造性活动中，梦境发挥了重要的启示作用。这是因为这些学者在做科研工作时，即使是在梦里，也总是在思考自己所从事的科研工作。

2. 有意想象

有意想象是一种有目的、有意识地受主观意志支配的想象。

有意想象可以划分为两种类型：再造型想象和创造型想象。

再造型想象是指根据语言文字的描述或图样的示意，在大脑中随即形成相应的形象的思维活动。

创造型想象指完全不依据现成的描述和引导而独立地创造出新形象的思维活动。如在发明创造过程中，那些形成新概念、构思新形象、设计新产品、研制新技术的过程，都是创造型想象。

（三）提高想象思维的具体方法

在了解和熟知了想象思维的特征和分类之后，就要掌握如何提高想象思维的具体方法。

1. 组合

人们为什么可以想象出一些本来不存在的东西？又是怎么控制大脑将想象的东西变得从未见过？这是因为，人们想象事物时，其实是用储存的各种类别信息的片段进行组合并模拟事物的，由于组合可以多种多样，当然也可以组合出没有的事物。在这些组合中，属性的组合最为明显。比如：先想象一个海绵垫子被一个重物用力压下变形后的样子，我们似乎就能看到这个海绵垫子凹下去的样子。接下来，我们赋予这个垫子"瓷"的属性，然后再想象用重物用力去挤压这个海绵垫子，是不是感觉现在我们眼前浮现的垫子不再凹进去了呢？这也就说明，我们可以通过把不同事物的某些特征在脑海中结合在一起的方式来形成新的创意。

2. 夸张

夸张就是对客观事物的形象中的某一部分进行改变，无限突出其特点，从而产生新形象。例如收集阳光的罐子，用太阳能电池板做成罐子的盖，将一盏LED灯藏在罐子中，将罐子放在阳光下暴晒8个小时。晚上，收藏在罐中的"阳光"，会带给你别样的光明。

3. 拟人化

拟人化就是对客观事物赋予人的形象和特征，从而产生新的形象。利用拟人化来对事物进行创新的事物及案例非常多。例如最近市面上流行的渴了会晕倒的花盆，如果花盆中的水分含量过低，花盆会"晕倒"，用花盆的姿态来动态表示花盆中的水分含量，仿佛花盆也会"说话"。

4. 典型化

典型化就是根据一类事物的共同本质特征来创造新形象。例如，在文艺创作中作家通过艺术想象和虚构，对现实社会生活中的复杂现象进行拆分、提炼、概括、集中，塑造出既富有鲜明个性又具有一定社会意义的人物形象。常见的典型化途径有几种：一是以自己熟悉的某一生活原型做"模特"，再融入所熟悉的其他生活原型的信息；二是将散见在各个生活原型中的信息进行提炼加工，拼凑成具有鲜明个性特征的典型形象；三是将生活中虽属少见，但预示着某种新生力量的事件和人物进一步开掘、扩大，塑造出具有一定社会意义的典型形象。

八、灵感思维

爱迪生说过："天才，那就是1%的灵感，加上99%的汗水。"

灵感是一种在自己无法控制、创造力高度发挥的突发性心理状态下思维迸发出的火花。当灵感产生时，人们可能会突然找到过去长期思考而没有得到的解决问题的办法，发现一直没有发现的答案。灵感是一种顿悟。灵感思维则是一个过程，也是灵感产生的过程。即经过大量的、艰苦地思考之后，在转换环境时突然得到某种特别的创新性设想的思维方式。"踏破铁鞋无觅处，得来全不费工夫"，形容的就是灵感发生时的情形。

灵感在何时何地出现，受到什么启迪或触发而产生，都是不可预期的，这取决于创造者对问题理解的深浅度，对外界刺激的敏感度等因素，灵感触发的出现往往有意外性和不期而至性。有意召唤，它偏偏不来；无意寻觅，它却突现面前，这就是灵感引发的随机性。

1. 灵感的特点

（1）突如其来，让人茅塞顿开。所谓的突如其来，是说它是在人不注意的时候，在人没有想到它的时候，突然出现。它的出现带有偶然性。

（2）它不为人的意志所左右，也不能预定时间。人们无法通过意志让灵感产生，也无法事先计划它的到来，它总是"不期而至"。创造者常常用"出其不意""从天而降"等词来形容灵感发生时的状况。

（3）瞬间即逝，飘然而去。灵感出现的过程极其短暂，往往只经过一瞬间、一刹那的时间，便稍纵即逝。人们把它比作火花，比作闪电，说来就来，说走就走，来时不可挡，去时不可留。明末文人金圣叹曾写道："饭前思得一文，未及作，饭后作之，则为另一文，前文已不可得。"说明了做文章时灵感闪现的特点。

要使灵感保持得长久，就应该随身携带纸笔。当灵感来临时，立即拿笔把它写下来，就是留住灵感的最好办法！即使当时没有笔，也可以采取其他方式记录，但是不能仅靠脑子去记忆。

2. 灵感产生的规律

灵感除了以上特点外，还是有一定的规律可循的。

（1）灵感产生于大量的、艰苦的创造活动后。灵感思维的基础在于创造性活动，如果没有创造性活动，也就不会有灵感。大量的、艰苦的创造性活动使大脑神经绷紧，思维能力达到突破的边缘，故一旦有一个诱因，只要自己需要的信息刚露头，就能立即引起大脑神经的强烈共鸣，灵感就此产生。

（2）灵感产生于大量的信息输入后。灵感的产生，如同电压加到一定的高度，突然闪光，电路接通，就能大放光芒。因此，在进行创造性活动的过程中，不断地往头脑中输入大量的信息，也是产生灵感的前提之一。

（3）灵感产生于一定的诱因。大量的信息、大量的创造性活动使得创造力处于饱和状态，此状态需要一定的诱因，才能产生质的飞跃。诱因一般产生在紧张思考之后的暂时松弛状态，比如，在进行散步、赏花、喝茶等轻松活动时。我国唐宋八大家之一的著名北宋诗人欧阳修自称："吾生平所做文章在三上，乃马上、枕上、厕上也。"也就是说，紧张思考之后的短暂松弛状态有利于灵感的产生。

案例2-6

引发零售业变革的条形码

2011年，伍德兰和希尔弗双双入选美国全国发明家名人堂。两人上大学时，希尔费偶然听到一名商店管理人员请校方引导学生，研究商家怎么才能在结账时捕捉商品信息，之后希尔弗将此事告诉了伍德兰。此事之后的某一天，伍德兰正在沙滩上用手指乱画。他回忆那一刻："我把四根手指插入沙中，不知为什么，我把手拉向自己的方向，划出四条线。我说'天哪！现在我有四条线。它们可以宽，可以窄，用以取代点和长划。'"这就是条形码诞生的灵感。如今，全球每天大约50亿件商品可接受条形码扫描技术进行识别。

（以上信息根据网络资料整理而成）

九、"六顶帽"思维

被称为"创新思维之父"的英国心理学家爱德华·德·波诺博士提出了著名的"六顶思考帽"。该方法用六种颜色的思考帽来代表六种思考问题的角度，每一种颜色都会引起人们的一种联想，每一种颜色对应着一种思考问题的角度（见表2-1）。这种独特的思考方法受到了各级政府、企业的肯定，得到了他们的积极推广，在微软、杜邦、IBM、麦当劳、可口可乐、通用汽车等世界知名企业中得到了广泛应用。

表 2-1　六项思考帽

六项思考帽子	颜色联想	思考角度
白色思考帽	中性和客观	搜索并展示客观的事实和数据
红色思考帽	直觉和情绪	表达对事物的感性看法
黑色思考帽	冷静和严肃	用小心谨慎的态度指出观点的风险所在
黄色思考帽	希望和价值	用乐观积极的态度指出关键的价值所在
绿色思考帽	活跃和生机	运用创新思维提出新的观点
蓝色思考帽	理性和沉稳	对整个思考过程及其他思考帽的控制和组织

（一）什么是"六项思考帽"

"六项思考帽"要求我们在同一时间只做一件事情，从不同的角度进行思考，如果想知道某件事的相关信息，那么就戴上白色思考帽；想表达自己的直觉对那件事的看法，那么就戴上红色思考帽；想找出事情的潜在危险，那么就戴上黑色思考帽；想知道事情有哪些价值，那么就戴上黄色思考帽；想寻求新的思路和解决问题的新方法，那么就戴上绿色思考帽；最后，我们戴上蓝色思考帽从宏观上来思考其中涉及的所有因素，就会对我们要处理的事情给出一个公正的看法，从而做出正确的决断。

六项思考帽可以分为三对：白色和红色，黑色和黄色，绿色和蓝色。这两两对立的三对思考问题的方向可以把问题考虑得很周全，并且达到相互平衡的效果。

1. 白色思考帽

白色思考帽的思考角度是搜索并展示客观的事实和数据。戴上白色思考帽，我们的大脑就类似一台电脑，搜索与某个问题想的所有信息，然后把信息显示在屏幕上，不掺杂任何情感因素。我们应该客观地将事实放在桌面上，中立地对待所有信息，排除个人感觉、印象等情绪化的判断。戴上白色思考帽的目的是获得纯粹的实情，而不是证明自己的观点，因此不要只选择对自己有利的信息，也不要害怕所收集的信息之间是直接对立或冲突的。

2. 红色思考帽

红色思考帽的思考角度是表达对事物的感性看法，它是反映情绪和直觉的思考。人们通常认为情绪化和非理性的表达会扰乱思考，优秀的思考者应该冷静地权衡利弊，而不能受情感的左右。无论如何回避，人类还是有感性的一面，只是人们把它伪装在了逻辑的里面。红色思考帽给人们提供了"合法"地表达情绪、情感的机会，这种疏导比压抑更有利于解决问题。事实上，情绪对思考的影响主要表现在三个方面：第一，强烈的背景情绪会左右我们的思考。第二，人们常常带着一种情绪对某个问题做出毫无根据的判断。第三，在思考结束后，我们做出任何决策最终都要诉诸情感。

红色思考帽让每个人都有权力把自己的感情自由地释放出来，这让有些人误解了红色思考帽的意义，把它当作情感发泄的工具。实际上，红色思考帽更像一面镜子，会如实地把人们的负面情感反映出来。

3. 黑色思考帽

黑色思考帽思考问题的角度是用小心谨慎的态度指出任一观点的风险所在。为了避免潜在的危险、障碍和困难，为了避免浪费时间、精力和金钱，我们应该考虑不利仪式因素。戴上黑色思考帽就是要把不好的可能性一一罗列出来。黑色思考帽让我们把注意力集中在找出潜在的危险、困难和障碍之上，指出需要注意的事项以及某项计划与过去的经验、价值观、政策、战略等不相符的地方，提醒我们对一些问题保持警惕，以保证我们不犯错。黑色思考帽与红色思考帽表达观点的方式截然相反，红色思考帽完全是情绪化的表述，不需要任何理由，而黑色思考帽符合西方批评思想的传统。任何批判都要以逻辑为基础，任何否定都要有站得住脚的理由，没有根据的批判和否定不具有任何意义。

4. 黄色思考帽

黄色思考帽的思考角度是用乐观、积极的态度指出任一观点的价值所在。提到黄色，我们会想到阳光、乐观、积极向上。黄色思考帽就是一项让我们保持乐观的思考帽，戴上黄色思考帽的思考者应该尽力指出任何一个观点的价值，尽力把任何建议付诸实践。这要比戴上黑色思考帽困难，因为人们有躲避危险的本能，对可能存在的危险非常敏感，但是对可能存在的价值却比较迟钝。黄色思考帽可以培养我们对价值的高度敏感性，引导我们花时间去寻找价值。

5. 绿色思考帽

绿色思考帽的思考角度是运用创新思维提出新的观点。提到绿色，我们会联想到草木在春天长出的嫩芽。绿色思考帽就是一项充满生命力的思考帽，它让我们超越常规的思维模式，寻找新的解决问题的方法，探索更多的可能性，使事情得到更好地解决。戴上绿色思考帽之后，每个人都扮演着创造者的角色，都要从旧观念中跳出来，努力提出新想法，或者对已有的意见进行修正和改进。

6. 蓝色思考帽

蓝色思考帽的思考角度是对整个思考过程和其他思考帽的控制和组织。提到蓝色，我们会联想到广袤的天空和广阔的海洋。蓝色思考帽的意义在于总揽全局，可以说蓝色思考帽是对之前的思考过程的全盘思考。在会议开始的时候，主持人应该运用蓝色思考帽把需要解决的问题描述出来，指出思考的目标和预计的结果。然后，安排其他思考帽的使用顺序。在会议过程中，蓝色思考帽要控制其他思考帽的运用，保证每个人按照各个思考帽的思考角度进行思考。此外，它还可以宣布更换思考帽。在讨论结束的时候，蓝色思考帽还负责进行总结，做出总结性决定。一般由主持人戴上蓝色思考帽，但是主持人也可以要求与会人员戴上蓝色思考帽提出建议。

蓝色思考帽给人们指明了思考的方向，从而让他们能够进行步调一致的思考。蓝色思考帽对于个人的单独思考同样适用，它让我们的思考有系统、有组织，这样的思考过程更有效率。

（二）关于六项思考帽的思维训练

下面，我们试着运用六项思考帽，来思考一下：超市是如何看待购物袋收费这件事的？

◎白色思考帽

超市行业包装袋的年消耗额高达50亿元，一家营业面积在8000平方米左右的大型超市每年会使用40万元购买购物袋。

北京市的塑料袋的年使用量达51.95亿个，重达1.7万吨。相关测算机构的数据表明，如果有偿使用塑料袋，超市购物袋使用量将下降50%以上。

目前，超市购物袋大多是塑料袋，其材料大多是聚乙烯，这种聚乙烯材料即使埋在地下两三百年也很难降解，并且会不断散发有毒气体。人们因此将难降解的塑料垃圾造成的环境污染称为"白色污染"。

环境与发展研究所进行的民意调查显示，将近99%的被调查者认为，人们应该减少使用塑料袋以减少白色污染；65%以上的被调查者同意对塑料袋的使用收费或上税。

据已实施了"有偿使用塑料袋"的麦德龙超市介绍，目前麦德龙的顾客中，购买塑料袋的顾客约占总顾客量的8%。

很多超市把顾客的商品进行分类包装，一次购物往往会用三四个购物袋。极少数的顾客自备购物袋。

◎红色思考帽

超市真的关心环保吗？

他们为了赚钱，每个塑料袋收费2角，太贵了。

我不觉得塑料袋会污染环境，媒体宣传得太夸张了。

我已经习惯免费购物袋了，接受不了收费购物袋。

我宁可花钱，也要用塑料袋。

◎黑色思考帽

不用塑料袋不方便，用的话还要花钱，总之会有负面影响。

顾客会产生抵触心理。

超市会流失大量顾客。

◎黄色思考帽

促使人们自备购物袋，减少白色污染。

激发人们的环保意识。

可以让人们养成节约的习惯。

超市可以节省开支、增加利润。

◎绿色思考帽

超市应该免费提供可降解塑料袋或其他无污染的购物袋替代品，如无纺布袋。

超市为了鼓励顾客不用购物袋，可以回馈给那些自备购物袋的人几颗糖或一小包纸巾。

超市应销售可重复使用的布袋或纸袋。

◎蓝色思考帽

确定白色、红色、黑色、黄色、绿色这个讨论顺序，并规定每个思考帽使用的时间为5分钟，可以根据具体情况适当延长思考时间。

每次使用完一种思考帽之后做一个小总结。比如，戴上白色思考帽思考之后得出一个结论：塑料袋不但污染环境，而且浪费钱财，大部分人赞成收费。

适时宣布更换思考帽。比如，当人们用太多时间使用红色思考帽的时候，及时宣布摘下红色思考帽，戴上黑色思考帽。

最后从宏观上分析一下：

理智上大家都赞同对购物袋进行收费以便于环保，但是从情感上来说，大家又有点难以接受超市对购物袋进行收费的做法。因此，超市应该以人为本，想想别的途径而不是直接用收费的方式来控制塑料袋的使用。

创新方法

▶▶▶ 学习目标

＊熟悉常用的创新方法
＊试着掌握常用的一两种创新方法

第一节 思维导图

一、思维导图的定义

思维导图是由英国学者东尼·博赞发明的。思维导图（The Mind Map），又叫心智图，是把我们大脑中的想法用彩笔画在纸上，它把传统语言智能、数字智能和创造智能结合起来，是表达发散性思维的有效图形思维工具。作为21世纪全球革命性思维工具、学习工具、管理工具，思维导图已经应用于生活和工作的各个方面，包括学习、写作、沟通、家庭、教育、演讲、管理、会议等。据悉，当今世界上，至少有2.5亿人运用思维导图带来的学习能力和清晰的思维方式，成功改变了自己的思维习惯，极大地提高了自身的生活质量。

思维导图是一种革命性的学习工具，它的核心思想就是把形象思维与抽象思维很好地结合起来，让你的左右脑同时运作，将你的思维痕迹用图画和线条写在纸上，从而促使你理清思路，极大地提高自身的智慧水平。

思维导图使用了所有已被定义的创造性思维技巧。当我们绘制思维导图时，我们会产生一些大脑能量，这些能量会激发我们寻找通常处于思维边缘的一些想法。因为绘制思维导图的过程是愉快的，能激发我们玩的天性，从而解放我们的思维，开启创造无数观点的可能性。一旦我们绘制出一幅思维导图，许多要素就能够一目了然（见图3-1），这就增加了创造新联系和发现新联系的可能性。

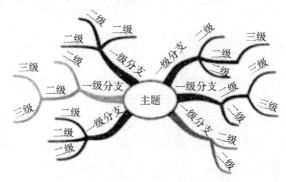

图3-1 思维导图

二、如何绘制思维导图？

其实绘制思维导图非常简单，就是借助文字将你的想法"画"出来，绘制思维导图的工具包括：一张白纸、彩色水笔和铅笔。东尼·博赞给我们提供了绘制思维导图的7个步骤，具体如下：

（1）从一张白纸的中心画图，周围留出足够的空白。从中心开始画图，可以使你的思维向各个方向自由发散，能更自由、更自然地表达你的思想。

（2）在白纸的中心用一幅图画表达你的中心思想。因为一幅图画可以抵得上1 000个词汇或者更多，图画不仅能刺激你的创造性思维，帮助你运用想象力，还能强化记忆。

（3）尽可能多地使用各种颜色。因为颜色和图像一样能让你的大脑兴奋。颜色能够给你的思维导图增添跳跃感和生命力，为你的创造性思维增添巨大的能量。此外，自由地使用颜色来进行绘画，本身也是一个非常有趣的体验过程。

（4）将中心图像和主要分支连接起来，然后把主要分支和二级分支连接起来，再把三级分支和二级分支连接起来，依次类推。

（5）让思维导图的分支自然弯曲，不要画成一条直线。曲线永远是美的，你的大脑会对直线感到厌烦。美丽的曲线和分支，就像大树的枝权一样更能吸引你的眼球。

（6）在每条线上使用一个关键词。所谓关键词，是表达核心意思的字或词，可以是动词或名词。关键词应该是具体的、有意义的，这样才有助于回忆。

（7）自始至终使用图形。如图3-1所示，思维导图上的每个图形，就像中心图形一样，可以胜过千言万语。所以，如果你在思维导图上画出了10个图形，那么就相对于记了数万字的笔记。

第二节 头脑风暴法

> **案例 3-1**
>
> **如何清除电线积雪？**
>
> 美国北方每年的冬天都十分寒冷，尤其是进入12月份，大雪纷飞，很多电线上积满冰雪，那些大跨度的电线常被积雪压断，严重影响通信。很多人试图解决这一问题，但都未能如愿以偿。后来，电讯公司经理运用了奥斯本的头脑风暴法，终于解决了这一难题。
>
> 他召开了关于如何清除电线积雪的头脑风暴座谈会，提前通知参加会议的不同专业技术人员，收集资料做好准备。会议在几天后召开。经过主持人的引导，大家放下包袱自由自在地讨论开来。
>
> 有人提出设计一种专用的电线清扫机；有人想到用热水来化解冰雪；也有人建议用振荡技术来清除积雪；还有人提出能否带上几把大扫帚，乘坐直升机去扫电线上的积雪……
>
> 对于这种"坐飞机扫雪"的设想，大家心里尽管觉得滑稽可笑，但在会上也无人提出批评。相反，有一位工程师在百思不得其解时，听到用飞机扫雪的想法后，大脑突然受到冲击。他想，每当大雪过后，出动直升机沿积雪严重的电线飞行，利用高速旋转的螺旋桨就可以将电线上的积雪迅速扇落。他马上提出"用直升机扇雪"的新设想，顿时又引起其他与会者的联想，有关用直升机扫雪的主意一下子又多了七八条。不到一个小时，与会的10名技术人员共提出了90多条新设想。
>
> 会后，公司组织专家对所有设想进行分类论证。专家们认为设计专用清雪机，采用电热或电磁振荡等方法清除电线上的积雪，在技术上虽然可行，但研制经费大，周期长，一时难以见效。那种因"坐飞机扫雪"激发出来的几种设想，倒是一种大胆的新方案，如果可行，将是一种既简单又高效的好方法。经过现场试验，发现用直升机扇雪真能奏效，一个久悬未解的难题，终于在头脑风暴中得到了解决。
>
> （以上信息根据网络资料整理而成）

一、什么是头脑风暴法

头脑风暴法是美国学者A. F.奥斯本提出的，该方法主要是指与会人员在正常融洽和不受任何限制的气氛中进行讨论，大家积极思考，畅所欲言，又被称为"奥斯本智力激励法"。"头脑风暴"一词，原指精神病患者头脑中短时间出现的思维混乱现象，病人会产生大量的胡思乱想。奥斯本借用这个概念来比喻思维高度活跃，因打破常规的思维方式而产生大量创造性设想的状况。实施头脑风暴法的目的是促使人类运用大脑激发出创新思维，进而产生出新的想法、新的观念。

(一) 激发头脑风暴的几个因素

头脑风暴作为一种新兴的思维方式，其核心为高度自由的联想。激发头脑风暴的机理主要有以下几个因素。

1. 环境因素

针对一个问题，往往在没有约束的条件下，大家会十分愿意说出自己的真实想法，并很热情地参与到大家的讨论中。而这种讨论通常是在十分轻松的环境下进行的，因为这样能最大限度地促使人类发挥思维的创造性，最终产生较好的效果。

2. 链条反应

所谓的链条反应是指在会议进行的过程中，往往通过一个人的观点可以衍生出与之相关的多种想法甚至创新上更加出奇的想法。这是因为人类在遇到任何事物的时候，都会条件反射，联系到自身的情况进行联想式的发散思维。

3. 竞争情节

有时候，也会出现大家争先恐后发言的情况。那是因为在这种特定的环境下，由于大家的思想都十分活跃，再加上好胜心理的影响，每个人的心理活动频率会十分高，而且内容也会相当的丰富。

4. 质疑心理

这是另一个群众性的心理因素，简单地说就是赞同还是不赞同的问题，当某一个人的观点提出后，其他人在心理上有的是认同的，有的则是非常不赞同的，这种不赞同便是质疑心理的表现。表现在情绪上无非是眼神和动作，而表现在行动上就是提出与之不同的想法。

(二) 实施头脑风暴法的三个阶段

在了解了头脑风暴的激发机理后，还需要知道头脑风暴法的实施有三个阶段，分别是准备阶段、自由发言阶段、专家组质疑阶段。

1. 准备阶段

第一，确定会议的负责人和研究的议题，抓住议题的关键。

第二，敲定参会的人员与数量，一般情况下，5~10人为最好。然后，确定会议的时间、场所，准备好会议的相关资料，通知与会人员参加会议即可。

第三，在会议开始阶段，不宜上来就让大家开始讨论。因为在与会人员还未进入状态的情况下，讨论的效果不会很好，气氛也不会很融洽。所以我们先要暖场，和大家说一些轻松的话题，让彼此之间有些交流与沟通，不会显得生分。当会场气氛比较融洽时，主持人可以先介绍参会人员和议题，不要占用太多时间，以简洁为主。因为过多地描述在一定程度上会干扰大脑的思考。之后再组织大家进行讨论。在进行一段时间的讨论后，大家往往会有更多的关于议题的想法，但弊端是，有可能只是围绕着一个方向进行发散思维。这时主持人可以重新明确讨论议题，使大家在回味讨论的情况下重新就另一个议题开始讨论，从而在不同的方向上得到更多解决问题的思路或方案。

2. 自由发言阶段

自由发言阶段也叫畅谈阶段。畅谈阶段的准则是不允许私下互相交流，不能评论别人的发言，每个人只能简短发言等。在这种规定下，主持人要发挥自己的主导能力，引导大家进入一种自由的讨论状态。此外要注意会议的记录。随着会议的结束，会议上提出的很多新颖的想法要怎么处理呢？在会议结束的一两天内，主持人还要回访参加会议的人员，看是否还有更加新颖的想法，之后整理会议记录等。然后根据解决方案的标准，对每一个问题进行识别，主要是根据是否有创新性，是否有可施行性等条件来进行筛选。经过多次的斟酌和评判之后，最终找到最佳方案。这里说的最佳方案往往是一个或多个想法的综合。

3. 专家组质疑阶段

在统计归纳完成之后，就是要对提出的方案进行系统性地质疑并加以完善。这是一个独立的阶段。此程序分为三个步骤：

第一步：依次对所有与会者提出的想法和设想提出质疑。每一条都要有所质疑，并且要加上评论。怎么评论呢？就是根据事实进行分析和质疑。值得注意的是，通常在这个过程中，会产生新的设想，主要是因为设想无法实现，有限制因素。而新的议题产生后一般就要有所针对地提出相关修改意见。

第二步：和直接头脑风暴的原则一样，对每个设想编制一个评论意见一览表。主持人再次强调此次议题的重点内容，使参加者能够明白如何进行全面评论。对已有的思想不能提出肯定意见，即使觉得某个设想十分可行也要有所质疑，整个过程要一直进行到没有可质疑的问题为止。然后从所有的评价和建议中总结和归纳出可行的设想。以上整个过程要记录在案，以备事后查证。

第三步：对上述提出的意见再次进行删选。这个过程是十分重要的，因为在这个过程中，我们要重新考虑所有能够影响方案实施的限制因素，这些限制因素对于最终结果的产生十分重要的。值得一提的是，专家组成员应该是一些专业技术水平高、遇事善于果断决策的专家。因为假如有时候某些决策要在短时间内做出来的话，这些专家就会派上很大的用处。

（三）实施头脑风暴法的注意事项

在整个头脑风暴的过程中需要注意的事项有以下几点：

第一，要对整个会议进行初步的设想，对你要参加的议题要有所了解。

第二，不要对参加会议的其他人员有私人情绪，对每个人的发言都要公平对待，不要以私交不好的原因而去质疑或是指责别人的想法。

第三，为了使与会者不受任何因素的影响，最好在一个十分安静的房间内举行会议，使大家不受外界因素的干扰。

第四，要对自己有心理暗示。你的提议不是没有用的，恰恰相反，也许正是你的提议会决定最后的决策，要摆正心态，不要觉得你的发言就能得到所有人的赞同，也不要认为你的发言绝对不会被采用。

第五，假如你的提议没有被选中或是得不到别人的认同，也不要失落，不要去坚持。把它看作是整个头脑风暴的原材料。

第六，在你思考了一段时间后，很有可能你的脑力已经坚持不住了。你可以选择出去散一下步，吃点东西等，缓解自己的这种压力，从而整理思绪重新参与到团队中来。

最后，要学会记笔记，因为有些细节很可能在不经意间就被遗漏掉了，所以用笔记录是十分重要的步骤。千万不要忽略了这一步。

二、头脑风暴法的其他形式

（一）默写式智力激励法

德国学者鲁尔巴赫根据德意志民族性格内向、惯于沉思的特点，改进了奥斯本的头脑风暴法中畅谈会的做法，形成了默写式头脑风暴法，也就是默写式智力激励法。默写式智力激励法的基本原则与奥斯本头脑风暴法相同，不同的是默写式智力激励法不通过口头表达，而是采用填写卡片的方法来实现，并确定每次会议每组有 6 人参加，每人在 5 分钟内提出 3 个创意，所以它又被称为"635 法"。

举行"635 法"会议时，由主持人宣布议题，并对与会者提出的疑问进行解释，而后发给每个人几张设想卡片，每张卡片上标有 1、2、3 三个号码，号码之间留有较大的空间，以便其他人填写新的设想。

在第一个 5 分钟内，每个人针对议题填写三个设想，然后把卡片传给右边的人。在下一个 5 分钟内，每个人可以从别人所填的三个设想中得到启发，再填上三个设想。如此多次传递，半小时可传 6 次，一共可产生 108 个设想。

"635 法"可以避免由于熟人争着发言而使设想遗漏的问题。

"635 法"与奥斯本头脑风暴法不同之处在于，与会者不能说话，只要求个人开动脑筋。

（二）卡片式智力激励法

卡片式智力激励法也称卡片法，又可分为 CBS 法和 NBS 法两种。

CBS 法由日本创造开发研究所所长高桥诚根据奥斯本头脑风暴法改良而成，特点是对每个人提出的设想进行质询和评价。

NBS 法是日本广播电台开发的一种智力激励法。会议由 5～8 人组成一个小组，会前宣布讨论主题，时间约为 1 小时。会上发给每人 50 张卡片，桌上放 200 张卡片备用。在前 10 分钟内与会者根据会议主题独自填写卡片，每张卡片填写一个设想，每人提出 5 个以上的设想；接下来的 30 分钟里要与会者按座次轮流解释自己的设想，并把卡片放在桌子上，轮流进行解说。每人一次只能介绍一张卡片，并把它放在桌子上；与会者发言完毕后，将内容相似的卡片集中起来，并加上标题，按标题将卡片分好类，横排成一列。最后 20 分钟，大家可以相互评价和探讨各自的设想，从中诱发出新的设想。

（三）三菱式智力激励法（MBS）

奥斯本头脑风暴法虽然能产生大量的设想，但由于它严禁批评，这样就难于对设想进行评价和集中，日本三菱树脂公司对此进行改革，创造出一种新的智力激励法——MBS 法，又称"三菱式智力激励法"。

MBS法由10~15人参加，活动进行时，首先主持人提示主题，要求出席者将与主题相关的设想分别写在纸上，然后轮流提出自己的设想并进行详细说明，接受他人的提问或质询，之后主持人以图解方式进行归纳总结，再进入最后的讨论阶段。

（四）逆向式智力激励法

逆向式智力激励法要求与会者对他人的设想百般挑剔，而提出设想者则据理力争，在不断的争论中，逐步使设想成熟和完善。

由于此法违背奥斯本头脑风暴法的"延迟判断"原则，因此适合在相对训练有素、相互熟悉的与会者之间使用，而不宜在设想提出开始阶段使用，可用于对设想进行筛选时使用，以选出有价值的设想。

（五）德尔菲法

德尔菲法（Delphi method），是采用背对背的通信方式征询专家小组成员的预测意见，经过几轮征询，使专家小组的预测意见趋于集中，最后做出符合市场未来发展趋势的预测结论。德尔菲法又名"专家意见法"或"专家函询调查法"，是依据系统的程序，采用匿名发表意见的方式，即团队成员之间不得互相讨论，不发生横向联系，只能与调查人员发生关系，通过反复填写问卷，收集问卷填写人的共识或各方意见，这种方法可用于团队沟通，应对复杂任务难题的管理技术。因此德尔菲法又称"专家规定程序调查法"。该方法主要是由调查者拟定调查表，按照既定程序，以函件的方式分别向专家组成员进行征询；而专家组成员又以匿名的方式（函件）提交反馈意见。经过几次反复征询和反馈，专家组成员的意见逐步趋于集中，最后获得具有准确率很高的集体判断结果。

第三节 列举法

一、属性列举法

属性列举法也称为"特征列举法"，是20世纪50年代在美国布拉斯加大学的克劳福德教授提出的。属性列举法是一种通过列举、分析事物特征，应用类比、移植、替代、抽象等方法变换特征以获得发明创意的方法。克劳福德教授认为，创造既不单凭灵感，也不是机械地将不同产品结合起来，而是对研究对象有用的特点进行改造，并在进行改造时积极吸收其他物体的特点，因此要尽量多地列举研究对象的特征。

属性列举法通过对研究对象的特性进行详尽分析，迫使人们将复杂的问题分解，并逐项思考、探究，进而诱发创造性设想。我们学会这种方法，并充分地进行练习后，会提高大脑的发散性加工能力，会提高分析问题时的条理化程度，从而提高创新效率。

（一）属性列举法的操作程序

在明白属性列举法的含义后，要明确属性列举法的操作程序，主要有以下几个步骤：

第一，确定研究对象。

第二，讨论研究对象的特征，一般采用日本学者上野阳一提出的区分事物属性的三种方式进行。

(1) 名词性特征，包括产品的结构、材料、整体、部分组成及制造工艺的名称。

(2) 动词性特征，包括产品的主要功能及辅助性功能，附属性功能。

(3) 形容词性特征，包括人对产品的各种感觉。比如视觉，包括大小、颜色、形状、图案、明亮程度等；触觉，包括冷热、软硬、虚实等。

第三，从需要出发，分析产品的各个特征，对比其他产品，寻求产品在功能与特征上的可替代、可更新或可完善方案。

第四，将新增特征与原特征进行综合，提出与产品相关的新设想。

(二) 属性列举法的注意事项

属性列举法适用于在已有产品的基础上进行新产品开发和革新，在使用时应注意四个方面：

第一，研究对象的确定应十分具体，若研究的是产品，应是具体的某一型号的产品；若研究的是问题，应是具体的哪一个问题，因为抽象的研究得不到应有的效果。

第二，列举属性时越详细越好。

第三，进行思维转换时应注意到思维定式。

第四，所研究的题目宜小宜大，一般来说，要着手解决的问题越小、越简单、越具体，就越容易成功。对于较为庞大、复杂的物体，应先将它拆分为若干个小部件，分别应用属性列举法进行研究，然后综合考虑。

第五，进一步分析与评价创造性思考的结果，筛选有价值的创造性设想。

(三) 关于属性列举法的思维训练

下面，我们以台式电扇为例，进行一次关于属性列举法的思维训练。

1. 仔细观察

观察台式电风扇，弄清各个部分的功能、结构、原理、材料等特征。

2. 分析、列举

按属性列举的操作程序进行属性分析、列举。

(1) 名词性特征：

整体：台式电风扇；

部件：电机、扇片、网罩、支架、底座、遥控器；

材料：钢、铝合金、铸铁；

制造方法：浇注、机械加工、手工装配。

(2) 动词性特征：

功能：扇风、调速、摇头、升降。

(3) 形容词性特征：

性能：亮度、转速、转角范围；

外观：圆形网罩、圆形截面柱、圆形底座；

颜色：银白色、浅紫色、米黄色。

3. 进一步提出改进设想

（1）针对名词性特性思考以下问题：

①扇叶的数量能否改变？如三叶电风扇、四叶电风扇、五叶电风扇等。

②扇叶的材料能否改变？如驱蚊电风扇、加香电风扇等。

③改进控制按钮能否改变？如遥控电风扇、声控电风扇、模糊控制电风扇等。

（2）针对动词特性思考以下问题：

①能否改变送风方式？如改为移动送风、摆动送风、振动送风、利用涡轮增压技术送风等。

②能否改变冷热两用的电风扇？如冷暖风扇等。

③能否利用电风扇的噪声催眠？如带催眠曲的电风扇，带音乐的电风扇等。

④可否增加其他附加功能？如产生负离子、增加氧气、净化空气、紫外线杀毒、节能环保电扇等。

（3）针对形容词特性思考以下问题：

①有级调速能否改为无级调速？

②电风扇的网罩形状是否可以多样？如采用椭圆形或方形、动物造型、花朵造型、卡通人物造型等。

③颜色能否多变？如随温度变色电风扇，彩色电风扇，五色电风扇等。

二、缺点列举法

任何事物都不是完美的，俗话说"金无足赤，人无完人"，任何事物都有它的缺点所在。所谓缺点列举法，就是通过对已有的、熟悉的事物进行深入分析，在对其缺点意义列举的基础上，找出相应的解决方案，从而完成创新的方法。缺点列举法是一种易于掌握而又应用广泛的方法。用这种方法不需要多么高深的学问，只需要抛弃那种安于现状的心理状态，培养"吹毛求疵"的作风，就能取得创新的成果。当然，对企业来说，如果能站在消费者立场上，切实解决产品的缺点，就能进一步满足消费者的需求，从而得到市场的认可，带来可观的收益。

（一）缺点列举法可以从以下角度进行思考

（1）事物的功能，能否实现预定的功能，实现功能时性能如何？效率如何？能耗如何？对环境产生的影响如何？

（2）原理是否先进？有没有更先进的技术？

（3）结构是否简单？有没有可以省略的部分？

（4）制造工艺、方法，有没有缺陷？成本能否降低？

（5）使用中操作是否省时、省力、方便？是否符合人机工作原理？

（6）维护是否要花费很高的代价？能否改变维护的方法？

（7）价格是否过高？性价比如何？

（8）外观设计是否符合时尚潮流？是否符合人们的审美需求？

（二）缺点的类别

我国创造学研究者肖云龙通过深入研究分析与鉴别后，根据缺点的不同作用把缺点分为关键性缺点、潜伏性缺点和可逆用缺点三类。

1. 关键性缺点

一般情况下，对事物功能有重大影响的缺点往往被认为是关键性缺点。如电动工具绝缘性能差，较之其重量偏重、外观欠佳来说重要得多；工艺品的包装不精美，较之工艺品本身的色彩欠佳更重要。

2. 潜伏性缺点

潜伏性缺点，就是潜在的近期没有表现出来的，但会对未来带来重要影响的缺点。比如，电子产品在使用过程中会对人体产生辐射作用、塑料制品报废后不能降解。抓住别人还没有意识到的潜伏性缺点，及时提出改进设想，是突破创新的妙招之一。

3. 可逆用缺点

事物皆有两重性，缺点和问题可以向有利的方面转化。缺点在一定条件下可转化为优点，据此我们可以化害为利，变废为宝。也就是说，事物的缺点未必务求必克，有时也可逆用，产生奇迹般的创新。

三、希望列举法

希望列举法是对某一创造对象提出种种希望，经过归纳，沿着所提出的希望去进行创造的方法。希望就是人们心理期待达到的某种目的或出现的某种情况，是人类需要心理的反映。创造者从社会需要或个人需要的希望出发，通过列举希望来形成创造目标或课题，在创造方法上就叫作"希望列举法"。比如，人们希望夜间上下楼梯时，楼梯灯能自动亮、自动灭，于是就发明了光声控开关；人们希望洗手后手能快速干燥，于是发明了电热干手机；人们希望擦楼上玻璃窗不会发生危险，于是发明了磁性双面擦窗器、自洁玻璃、擦玻璃机器人等；人们希望能在通信联络时看到对方的形象，于是就发明了可视电话、视频网络通信。

（一）希望列举法的步骤

（1）激发和收集人们的希望。

（2）仔细研究、鉴别人们的希望，以形成"希望点"。

希望总是很多，但能不能形成创造课题的希望点，就需要分析和鉴别。表面希望与内心希望的鉴别，要能透过表面希望，发现内心的真正希望，要能鉴别现实希望与潜在希望。而一般希望与特殊希望的鉴别方法是：大多数人的希望是一般希望，少数人的希望就是特殊希望。

（3）以"希望点"为依据，创造新产品以满足人们的希望。

（二）希望列举法的适用范围

希望列举法适合任何创造课题，不同于缺点列举法。缺点列举法是围绕现有物品的缺点提出各种改进设想，这种设想不会离开已经设计完的物品，因而是一种被动的创造发明方法。而希望列举法是从发明者的意愿提出各种新的设想，它可以不受原有物品的束缚，想象自由空间大，是一种积极、主动的创造发明方法。

第四节 组合法

一、什么是组合法

组合法是将两种或者两种以上的事物或理论的部分或全部进行有机的结合、变革、重组，从而诞生新产品、新思路或形成独一无二的新技术的方法。组合法是对事物创造性的综合，综合的结果创造出新思想、新概念、新技术、新产品。参与组合的事物，相辅相成，优势互补，共同发挥作用，组合后不仅是量的叠加，更是质的突变，不仅参与组合的事物原有功能被保留，组合后又产生了新的效应，即1+1>2。

传统的救生圈在救援时反应速度慢，一个救生圈只能在同一时间给一个落水者使用，当发生大规模海难时，需要大量的救生圈，且被救者因为单个救生圈易被海浪冲散，又会面临新的危险，因此这种传统的单个救生圈在应对突发海难时无法及时起到有效的救援作用。

为了解决这个问题，浙江大学学生利用组合法创新思维，发明了"网式救生系统"，平时救生网压缩折叠后存储在一个救生包中，发生海难时，将救生包抛向落水者，按下按钮就能在短时间内给救生网充气，形成网式救生圈。单个救生网还能互相连接，形成更大的救援系统，避免落水者分散失踪，可为数十甚至上百待救人员提供第一时间救助。

有人对1900年以来的480项重大创新成果进行了分析，发现从1950年以后，原理突破型成果的比例开始明显降低，而组合型发明开始成为技术创新的主要方式。据统计，现代技术创新中组合型成果已经占到了60%～70%。这也验证了晶体管发明者之一的肖克莱所说的一句话："所谓创新，就是把以前独立的发明组合起来。"例如牙膏+中药=药物牙膏；电话+视频采集+视频接收=可视电话；毛毯+电热丝=电热毯；自行车+蓄电池+电机=电动自行车。生活中这种组合发明的例子比比皆是，组合法是一个很好的创新的方法。

二、组合法的实现方式

根据组合的事物不同，组合法的实现方式也分为很多种，下面介绍四种常见的组合方式。

（一）主体附加

主体附加就是在原有的事物中补充新内容，在原来的产品上增加新附件的创新方法。

主体附加有四个要点：

第一，是在组合创新中，主体不变或变化不大，即原有的技术思想或者产品基本保持不变。

第二，是附加的部分只起到补充完善主体的作用，不会导致主体产生大的波动。

第三，是附加部分有两种，第一种是已有的产品（如自行车附加的铃铛、后视镜、里程表等），第二种是根据主体的情况专门设计的产品（如自行车专用雨罩、专用货物架等）。

第四，是附加物大都是为主体服务的，用于弥补主体的不足。

瑞士军刀原为士兵随身携带的必备工具，它以功能齐全、质量上乘、造型别致等特点，被世界各国视为珍品。雅号为"瑞士冠军"的瑞士军刀是这个"家族"的典型产品，它以刀和柄为主体，附加上开罐器、开瓶器、木塞拔、螺丝刀、剥线器、钻孔锥、剪刀、钩子、木锯、凿子、钳子、叉子、放大镜等20多种工具。这把相对一个工具箱功效的军刀，其长度仅有9厘米，重185克，与我们常用的电工刀相差无几。这把军刀结构布局极其合理和紧凑，繁而不乱，多而不虚，其完美程度令人拍案叫绝。瑞士军刀的生产，就是运用了主体附加组合的创新方法。

（二）同类组合

把两个相同或者相近的事物简单叠合就是同类组合。同类组合的原理是以量变促质变，弥补单个事物单独使用时功能或性能上的缺陷，以得到新的功能、产生新的意义。而这种新功能或新意义，是事物单独存在时不具有的。

同类组合的要点是：

第一，组合的对象是两个或者两个以上的同一事物。

第二，组合前后，参与组合的事物，其基本原理、基本结构一般没有根本变化。

第三，在保持原有功能和意义的前提下，用数量增加来弥补原功能的不足，或求取新的功能、产生新的意义，而这种新功能和新意义是事物单独存在时不具有的。

用订书机装订书、本、文件、票证时，常常要用到两三个订书钉。需要操作者按压订书机两三次。钉距、钉与纸的三个边距全凭眼睛定位。因此装订尺寸不统一，质量差，功效也很低。福建有位青年运用同类组合的方法，将两个相同规格的订书机设计到一起，通过控制和调节中间结构，就可以适应不同装订的要求，每按压一次，既可以同时订出两钉，也可以只出一个钉，钉距还可以根据需要进行调节。这样的订书机既保证了装订质量，又提高了装订效率。

（三）异类组合

异类组合是指两种或两种以上不同领域的思想、理论方法的组合，或两种及两种以上不同功能的产品的组合。

异类组合的三个要点是：

第一，组合对象来自不同方面，一般没有主次关系。

第二，参与组合的对象从意义、原理、构造、成分、功能等任一方面互相渗透，整体变化显著。

第三，异类组合是异中求同，相对于主体附加来说，创造性更强。异类组合绝不是事物的简单叠加，而是围绕一个中心互相取长补短，创造出新事物。

（四）辐射组合

辐射组合是扩散思维的表现形式。它是以一种事物为中心，将其原理或结构或材料或方法等应用到多种事物中的方法，其中的中心事物被称为"辐射源"。我国山西省百余种形式的面条，就印证了这种辐射组合方法的高效性，如图 3-2 所示的山西面食创新。

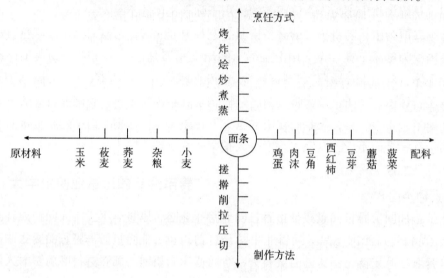

图 3-2　山西面食创新

辐射组合的要点是：确定辐射源后，充分运用扩散思维，从已有的信息出发，不受限制地向四周扩散，直到才思用尽。

1960 年，美国青年学者梅曼根据爱因斯坦提出的"受激辐射"理论，发明了世界上第一台红宝石激光器。该激光器的特点是：高性能、高亮度、高热效应、高集中度。几十年来，人们把激光的原理与其他领域组合，形成了许多新技术，如激光打孔、激光切割、激光焊接、激光手术、激光理疗、激光测距、激光制导、激光通讯、激光育种、激光唱片、激光照相、激光照排、激光武器等。

第五节　移植法

移植法，就是指将某个领域中已有的原理、技术、方法、结构、功能等，移植应用到其他领域，导致新设想诞生的方法。

一、运用移植法的必要条件

运用移植法首先遇到的问题是：移植什么？为什么移植？这涉及移植法的应用条件。经验表明，下面三点是运用移植法的必要条件：

第一，用常规方法难以找到理想的设计方案或解题设想，或者利用本专业领域的技术知识根本就无法找到出路。

第二，其他领域存在解决相似或相近问题的方式、方法。

第三，对移植结果能否保证系统整体的新颖、先进和实用有一个估计或肯定性判断。当具备这三个条件时，采用移植法的创新活动才具有实质性的意义。

二、移植法的类型

移植法有四种类型，分别是原理移植、功能移植、材料移植、方法移植。

（一）原理移植

原理移植是指把某一领域的原理移植到另一不同的领域，从而产生新设想的方法。

比如，超声波技术原用于清洗、测量、探伤、熔解、研磨、切割等方面。近年来，通过对超声波技术的进一步开发，使某些传统产品产生了"革命性变化"。日本研制的超声波洗衣机，洗衣服时，洗衣机把超声波和空气流一起压入水中，从而使衣物中的油脂和污垢脱离纤维，将衣物洗干净。美国研制出了靠高频超声波缝合技术，利用超声波振动后的摩擦发热，以极高的速度将衣料片熔接在一起，这种缝合技术比用针线缝出来的衣物更美观、更坚固。市场上新近还推出了超声波牙刷，刷牙时，从牙刷毛中喷出一束细小的水柱，并产生气泡和超声波，不仅清洁效率高，而且对牙龈有保健按摩作用。

（二）功能移植

功能移植是指将某项技术独特的功能应用到其他领域，使得该项功能得到扩展的方法。如拉链过去一般只能用在衣服与鞋上，近年来有人把拉链用在自行车外胎上，甚至用在外科手术伤口的缝合上。

又比如，气泡移植技术的出现。

气泡有什么功能呢？通过发酵技术在面团中产生气泡，做出来的馒头或者面包，比没有气泡的面点好吃多了，不仅口感好，也更利于人体消化吸收。那么，气泡这样的"功能"能否移植到其他领域呢？答案是肯定的。美国人把"气泡"功能移植到了橡胶生产中，把能产生气泡的发泡剂掺入生橡胶，橡胶熟化后就会像面包一样膨胀，于是就有了橡胶海绵。德国人把"气泡"功能移植到了塑料加工中，发明了美观便宜的泡沫塑料。

日本真正的原创技术并不是很多，但他们很善于把新技术应用到工业和民用领域，从而产生很好的经济效益。日本人把"气泡"功能移植到冰激凌中，产生了口感松软的雪糕。他们还将"气泡"移植到了香皂和肥皂中，诞生了泡沫香皂和泡沫肥皂。另外，日本人还把"气泡"功能移植到了水泥制品中，发明了气泡混凝土预制板。这种材料因为良好的隔音和绝热性能而广泛用于高层建筑中。

（三）材料移植

材料移植就是将原有材料进行创造性的应用，从而带来新的使用功能和使用价值的方法。产品的使用功能和使用价值，除了取决于技术创造的原理功能和结构功能外，也取决于物质材料。物质材料的每一次创造性应用，在带来新的使用功能和使用价值的同时，也使人们对它产生新的认知。物质材料在各种产品上的广泛应用，大大开阔了人们的眼界。

比如，在人们的心目中，桥只能用砖头、木料、藤条、钢材、铁索、钢筋混凝土等材料建成。然而，科学家们在千方百计地开发建桥新材料的过程中，破天荒地想到用玻璃架桥。

玻璃透明、质地较轻，传统观念中的玻璃是易碎材料，它能否承受重力和负载振动，作为结构材料移用到建桥行业，造出晶莹剔透的玻璃桥呢？保加利亚的科学家们经过多次试验，用玻璃建造了一座宽 8 米、长 12.5 米、重 18 吨的玻璃桥，载重汽车飞驰而过，玻璃桥安然无恙。科学家们终于将玻璃植入建筑行业，使其发挥了新的作用。

（四）方法移植

方法移植是从问题出发去寻找其他现有成果以解决问题。属于解决问题的途径和手段的移植。

比如，在家里养一只可爱的宠物猫，在享受乐趣的同时又会增添很多烦恼，小猫锋利的爪子会划破沙发和地板，抓伤主人，必须要不停地为小猫剪指甲，甚至有人通过风险很大的猫爪切除手术来避免这一问题。有位兽医从手术之后给小猫戴上的护套受到启发，发明了小猫爪套。在给小猫修剪指甲后，在爪套中注入特殊的粘贴胶水，罩住猫脚爪上锋利的指甲，就达到了目的。不仅小猫的爪子戴上爪套之后变得更柔软，而且五颜六色的猫爪手套使得小猫显得更加可爱了。

第六节　奥斯本检核表法与和田十二法

一、奥斯本检核表法

世界上第一张检核表是由美国的奥斯本设计的。所谓的检核表，就是围绕需要解决的问题或者创新的对象，把所有的问题罗列出来，然后一个个来讨论，以促使突破旧的思维框架，引向创新设想。

目前，在不同的领域流传着许多检核表，但知名度最高的还是要数奥斯本的检核表，并且后来许多的方法都源于奥斯本检核表。奥斯本检核表几乎适用于任何类型与场合的创新活动，因此享有"创新方法之母"的美称。

奥斯本检核表主要从以下方面考虑创新的应用。

（一）能否借用？

现有的东西有无其他用途？保持原状不变，能否扩大用途？稍加改变，有无别的用途？运用扩散思维的方法，想方设法广泛开发它的用途。例如，利用直升机产生强大的气流扫雪，发明吹雪机，效果良好。

哈佛大学社会学系的两名女生发明的一种插座足球，借用了充电电池的功能，就满足了人们对足球的爱好与对照明的需要。这种插座足球既可以用来踢，又可以把动能转化为电能储存起来。插座足球的外形与普通足球没多大差别，其存储电力的原理是将踢球时的能量存储在一节电池里，而这节电池可以用来给电灯、手机等小电器充电。踢 30 分钟球所存储的能量足够令 LED 灯亮 3 个小时。在投资者的帮助下，两名女生完成了这项发明，并由此展开了一系列测试。很多孩子都玩过这种足球的"初始版"，随后，他们又根据需要不断加以改进，令其重量更轻。后来他们成立了一家社会企业，继续致力于将有趣性和社会服务性相结合的发明，如今该企业的年收入已经达到 200 万美元。

（二）能否他用？

能否从别处得到启发？能否借用别处的经验和发明？过去有无类似的东西可以模仿？现有的发明能否引入其他的创造设想之中？

比如，在军事上借用"紫外线黑光的魔法"技术，实现飞机安全降落到军舰上，第二次世界大战中，指挥官 R. 莫特的任务主要是在每次飞行后检查并指挥飞机在军舰甲板上降落。然而，在黑夜里，飞机难以看清航标信号，不易降落在甲板上，如果加强照明，则军舰有暴露给敌人的危险。这时，他想起在纽约万国博览会上看到的"紫外线黑光的魔法"，受到启发，于是指令所有的飞机降落指挥官都穿上一种带有发光物质信号装置的制服，使得飞机驾驶员借助于紫外线便可以看清信号装置，顺利降落，而敌人什么也看不见。

（三）能否改变？

是否可以对现有的东西作出某些改变？可以改变一下形状、颜色、音响、味道吗？是否可以改变一下型号模具或运动形式？改变之后，效果如何？

比如，近年来洗衣机洗涤方式的各种全新变化。海尔全瀑布洗衣机采用立体洗涤，能有效地溶解洗衣粉、清除污渍，提高洗净比 30% 以上。这种洗衣机采用的是仿生模拟手搓洗涤方式，在其内桶中央有一搓洗棒，可作 300 度以内的往复摆动，形成上下翻转的水流，使领口、袖口处也可洗得干干净净。

美国一公司开发的电磁洗衣机则是利用高频电磁微振技术，使其洗衣时去污力特别强，且比一般洗衣机更节电、更省水。

韩国一公司开发的气泡洗衣机利用空气泵产生气泡，再利用气泡破裂技术提高洗涤效果，且用此技术洗涤的衣物比用一般洗衣机洗的衣服磨损小多了。

意大利开发的喷雾洗衣机是利用喷雾来清洗衣物。俄罗斯开发的冷沸腾洗衣机可在几秒钟内将洗涤桶上部的空气抽走形成负压，使水呈沸腾状态，衣服在泡沫旋涡中反复搅动两分钟就可洗净，不用任何洗涤剂，无震动、无噪音、无污染、不伤衣物。

（四）能否扩大？

能否增加使用功能？能否扩大应用范围？能否更高些、更长些、更厚些，能否再附加一些价值？能否增加其他材料？能否添加零部件？能否增加强度、寿命、价值？

比如，将一层透明的薄片或其他薄片挤压在两层玻璃中间，可以制成一种防震、防碎和防弹的安全玻璃；在牙膏中掺入某种药物，可制成防酸、脱敏、止血、抗龋齿等有治疗保健作用的牙膏。

在水泥中加入钢筋可使它既承压又抗拉，加入气泡可减轻重量，且隔音隔热，加入颜色使建筑物赏心悦目。

美国的一家公司用聚丙烯加固并经特殊处理后制成无缺陷水泥，使其比普通水泥弹性提高 30 倍，抗冲击性提高 1 000 倍，刚度高于铝，韧性与有机玻璃相当，且防水、抗酸、抗碱、耐寒不开裂。

煤气没有气味，一旦泄露危害很大。"乙硫醇"臭气非常强烈，空气中只要有 5 000 亿分之一就能闻到，所以，在煤气中加入极微量的"乙硫醇"，就可以有效地判断煤气是否泄露。

（五）能否缩小？

能否更小点？能否微型化？能否做到浓缩、更低、更短、更轻？能否分割？

比如，最初发明的收音机、电视机、电子计算机、收录音机等体积都很庞大，结构也非常复杂，经过多次改革，它们被小型化、袖珍化了，结构也简单多了。日本索尼公司的微型盒式磁带录音机只有一张名片那么大，东芝公司的微型照相机仅7厘米，"卡西欧"微型电视机屏幕只有5厘米。

瑞士人首先想到将挂钟缩小为怀表，又进一步缩小为手表。

法国制成的小摩托车重量仅2.5千克，时速可达80千米/时。

我国留美学生李文杰1992年发明了世界上最小的电池，只有红细胞的1%，用于集成电路上，其功能却是普通电池的100倍。上海一家公司制造出直径只有200微米的电动机，如今广泛用于医疗微创手术。

此外，折叠床、伞、扇、包、箱子，可以装在眼镜架上的袖珍收音机、笔记本大小的迷你复印机，迷你型电吹风、小型冰箱洗衣机、便携式录音机等产品，都受到消费者的欢迎。

（六）能否代用？

可用什么代替？能否采用其他材料、其他素材、其他工序或是其他动力？能否选择其他场所、其他方法？

比如，要使宇宙飞船把在月球上收集到的各种信息发回地面，供人类研究，就必须在月球上架设一架像大伞似的天线。如此一来，宇宙飞船就得要携带很多精密仪器上月球。可是宇宙飞船容积非常有限，怎样才能把很占空间的天线带上月球呢？科学家为此绞尽脑汁。后来，人们从材料选择方面入手，即用温度超过40℃的形状记忆合金做成天线，冷却后把天线折叠成球团放进飞船里，送到月球上面后使天线"记忆"起原来的形状，自动展开而达到预定的状态，从而创造性地解决了这个难题。

（七）能否调整？

能否替换要素？能否采用其他顺序或其他布局？能否改变步调或改变日程表？

比如，1985年年初，上海某纺织厂按出口要求生产了20万条织缎西装手帕，投放国内市场，却一直销售不出去。万般无奈之下，他们对每件产品都按一定的装饰要求，折成手帕花，再印上吉利喜庆的图案，用印有"西装手帕"字样的透明塑料口袋包装。在销售时，不仅没打折，还提价20%，最终，这20万条改装的西装手帕在不到一个月时间内就全部被抢售一空。

（八）能否颠倒？

能否作用颠倒、位置颠倒、因果颠倒？是否可以将开头与结尾对换？

（九）能否组合？

是指能否对现有事物加以适当组合，或作原理组合、方案组合、材料组合、部件组合、形状组合、功能组合、目的组合等。

人们常常把某种新的科学技术同各种方法组合起来，如发现超声波技术后，就创造了超声波研磨法、超声波焊接法、超声波切割法、超声波理疗法、超声波洗涤法等。产品之间的组合更是层出不穷，如把电动机同各种机械、工具、玩具组合，把电子计算机同各种机械组合成一种自动机械；把各种类型的机床结合成一部组合机床；输液瓶外侧附加电子光控电路成为注射报警器；把收音机和录音机组合，把照相机和闪光灯组合；等等。

二、和田十二法

和田十二法是在借鉴奥斯本检核表法和其他创造方法的基础上，由我国创造学研究者在上海和田路小学实验后提炼总结出来的，它表述简捷，便于掌握，从十二个角度提问，更具有启发性和发散性，有助于对问题理解得更深刻。

（一）加一加

在这件东西上添加些什么或把这件东西跟其他东西组合在一起，能否成为一个新东西？这新东西有什么新的功能？

例如，把载重车加长一点，就成为大平板车，可以运输超长物件；把火车车辆加高一层，就变成了双层车厢，增加载客量。

（二）减一减

能在某件东西上减去什么部分吗？能把某样东西的重量减轻一点吗？在操作过程中减少次数行不行？这些从形态上、重量上、过程中的"减一减"能产生什么好的效果吗？

例如，将眼镜框去掉，就有了无框眼镜；再减小一下镜片，将所有框架去了，就有了隐形眼镜。

（三）扩一扩

把某样东西放大、扩展来达到你想要达到的目的。将这样东西放大、扩展（声音扩大、面积扩大、距离扩大等）后，它的功能与用途会有哪些变化？这件物品除了大家熟知的用途外，还可以扩展出哪些用途？

例如，将普通手电筒的镜片换成放大镜的镜片，就可以照到比普通手电筒更高、更远的距离外的物体。再将手电筒的外形扩大一下，就有了超大号手电筒或探照灯。

（四）缩一缩

把某件东西压缩、折叠、缩小，它的功能、用途会发生什么变化？

例如，将一般饼干进行压缩后就变成了压缩饼干；将台式电脑缩一缩就变成了手提电脑；将热水瓶在体积上缩一缩就变成了保温杯；等等。

（五）变一变

它是指改变原有物品的形状、尺寸、颜色、滋味、浓度、密度、顺序、场合、时间、对象、方式、音响等，从而形成新的物品。

例如，swatch 手表款式多变，注入了心情、季节、时尚等元素，更受消费者的欢迎；当年的摩托罗拉 V70 会旋转的手机是变换款式抢先获得高额利润的典范。

（六）改一改

把某件东西的一部分或缺点、不足之处一一减去来达到你想达到的目的。某件东西在使用过程中，还有那些缺点或不足？把这些缺点与不足分析一下，看看哪个缺点是主要的或必须马上解决的，立即动手进行改进。

例如，雨伞的手把太长，改变了一下手把的长度，就变成了可收缩雨伞。

（七）联一联

某件事情的结果跟它的起因有什么联系，能从中找到解决问题的办法吗？把两样或几样似乎不相干的事物联系起来，会发现什么规律，能帮助我们解决什么问题？

例如，蒙牛将航天载人火箭与牛奶联系在一起，借势提升了知名度。

（八）学一学

有什么事物可以让自己模仿、学习一下？模仿它的某些形状、结构或学习它的某些原理、方法。这样做，会有什么良好的效果？这样会创造出什么新的东西？

例如，福特汽车公司老板福特看到本公司生产线上装配一辆 T 型车需要 12.5 小时，他认为太慢了，决心改进，但是又无良策。他夫人建议他去参观一下其他行业的工厂，看看他们运输材料的过程。他听后就到罐头厂去参观，看到这里的整块猪肉从切碎、蒸煮到装罐、运输的所有过程都完全使用滑轮传输，不用人力，又快又简便。回厂后，他召集技术人员设计制造了装配汽车的运输带，将装配一辆车的时间降到了 83 秒，极大地提高了装配速度。

（九）替一替

是指用其他的事物或方法来代替现有的事物，从而进行创新的一种思路。有些事物尽管应用的领域不一样，使用的方式也各有不同，但都能完成同一功能，因此，可以试着替代，既可以直接寻找现有事物的代替品，也可以从材料、零部件、方法、颜色、形状和声音等方面进行局部替代。

例如，某公司用纸代布，制成纸衬衣领、领带领、纸太阳帽、纸内衣、纸结婚礼服等一次性产品，这些产品色彩鲜艳，造型别致，价格低廉，在国际市场上甚为走俏。

（十）搬一搬

将原事物或原设想、技术移至别处，使之产生新的事物、新的设想和新的技术。想一下，把一件事物移到别处，还能有其他的用途么？将某个想法、原理、技术搬到别的场合或地方，能派上别的用处吗？

例如，把电视机上的拉杆天线"搬"到教师的讲台上，就成了可伸缩的"教棒"；把去油污力强的洗涤剂拿去洗碗就是清洁剂、拿去洗头就是洗发水，拿去清洗厕所就是洁厕剂；等等。

（十一）反一反

"反一反"就是将某一事物的形态、性质、功能及其正反、里外、横竖、上下、左右、前后等加以颠倒，从而产生新的事物。"反一反"的思维方法又叫逆向思维，一般是从已有事物的相反方向进行思考。

例如，田忌赛马的故事告诉我们，顺序颠倒，要素不变可以改变竞争的结局。

（十二）定一定

"定一定"是指对某些发明或产品定出新的标准、型号、顺序，或者为改进某种东西，为提高学习和工作效率，以及防止可能发生的不良后果做出的一些新的规定，从而进行创新的一种思路。

产品的营销从某种意义来说就是定位，比如：海飞丝的定位：可以去头屑；飘柔的定位：使头发更柔顺；潘婷的定位：更好地护发。时下流行的各路名师各有各的定位，各有各的绝活。

以上便是和田十二法。将这十二法总结一下，便是一个方便大家快速记忆的口诀，也称"和田十二法口诀"，即：

加一加、减一减、扩一扩、缩一缩、变一变、改一改、联一联、学一学、替一替、搬一搬、反一反、定一定。

第七节 TRIZ 方法

苏联发明家阿奇舒勒等人通过对世界上近 250 万件高水平发明专利的分析研究，总结出人类进行发明创造过程所遵循的 40 个原理和法则。建立了一个由解决技术问题，实现创新开发的各种方法、算法组成的综合理论体系，简称 TRIZ。

TRIZ 是从俄文翻译过来的，意思是"发明问题的解决理论"，国内也形象地翻译为"萃智"或者"萃思"，取其"萃取智慧"或"萃取思考"之义。TRIZ 理论成功地揭示了创造发明的内在规律和原理，着力于澄清和强调系统中存在的矛盾，其目标是完全解决矛盾，获得最终的理想解。

一、TRIZ 的九大理论体系

（一）TRIZ 的技术系统八大进化法则

阿奇舒勒的技术系统进化论可以与自然科学中的达尔文生物进化论和斯宾塞的社会达尔文主义齐肩，被称为"三大进化论"。TRIZ 的技术系统八大进化法则分别是提高理想度法则、完备性法则、能量传递法则、协调性法则、子系统的不均衡进化法则、向超系统进化法则、向微观级进化法则、动态性和可控性进化法则。技术系统的这八大进化法则可以应用于产生市场需求，定性技术预测，产生新技术，专利布局和选择企业战略制定的时机等。它们可以用来解决难题，预测技术系统，产生并加强创造性问题的解决工具。

（二）最终理想解

TRIZ 理论在解决问题之初，首先抛开各种客观限制条件，通过理想化来定义问题的最终理想解（Ideal Final Result，IFR），以明确理想解所在的方向和位置，保证在问题解决过程中沿着此目标前进并获得最终理想解,从而避免了传统创新设计方法中缺乏目标的弊端,提升了创新设计的效率。如果将创造性解决问题的方法比作通向胜利的桥梁,那么最终理想解就是这座桥梁的桥墩。最终理想解有4个特点:①保持了原系统的优点;②消除了原系统的不足;③没有使系统变得更复杂;④没有引入新的缺陷。

(三) 40个发明原理

阿奇舒勒对大量的专利进行了研究、分析和总结,提炼出了TRIZ中最重要的、具有普遍用途的40个发明原理,分别是分割、抽取、局部质量、非对称、组合、多用性、嵌套、质量补偿、预先反作用、预先作用、预先防范、等势、反向作用、曲面化、动态化、部分超越、维数变化、机械振动、周期性作用、有效作用的连续性、快速、变害为利、反馈、中介物、自服务、复制、廉价替代品、机械系统的替代、气压与液压结构、柔性壳体或薄膜、多孔材料、改变颜色、同质性、抛弃与再生、物理/化学参数变化、相变、热膨胀、加速氧化、惰性环境、复合材料。

(四) 39个工程参数及阿奇舒勒矛盾矩阵

在对专利研究过程中,阿奇舒勒发现,仅有39项工程参数在彼此相对改善和恶化,而这些专利都是在不同的领域上解决这些工程参数的冲突与矛盾。这些矛盾不断地出现,又不断地被解决。由此他总结出了解决冲突和矛盾的40个创新原理。之后,将这些冲突与矛盾解决原理组成一个由39个改善参数与39个恶化参数构成的矩阵,矩阵的横轴表示希望得到改善的参数,纵轴表示某技术特性改善引起恶化的参数,横纵轴各参数交叉处的数字表示用来解决系统矛盾时所使用创新原理的编号,这就是著名的技术矛盾矩阵。阿奇舒勒矛盾矩阵为问题解决者提供了一个可以根据系统中产生矛盾的两个工程参数从矩阵表中直接查找化解该矛盾的发明原理。

(五) 物理矛盾和四大分离原理

当一个技术系统的工程参数具有相反的需求,就出现了物理矛盾。比如说,要求系统的某个参数既要出现又不存在,或既要高又要低,或既要大又要小,等等。相对于技术矛盾,物理矛盾是一种更尖锐的矛盾,创新中需要加以解决。物理矛盾所存在的子系统就是系统的关键子系统,系统或关键子系统应该具有为满足某个需求的参数特性,但另一个需求要求系统或关键子系统又不能具有这样的参数特性。分离原理是阿奇舒勒针对物理矛盾的解决而提出的,分离方法共有11种,归纳概括为四大分离原理,分别是空间分离、时间分离、条件分离和整体与部分的分离。

(六) 物-场模型分析

阿奇舒勒认为每一个技术系统都可由许多功能不同的子系统组成,因此,每一个系统都有它的子系统,而每个子系统都可以再进一步地细分,直到分子、原子、质子与电子等微观层次。无论大系统、子系统、还是微观层次都具有功能,所有的功能都可分解为2种物质和1种场(即二元素组成)。在物-场模型的定义中,物质是指某种物体或过程,可以是整个系统,也可以是系统内的子系统或单个的物体,甚至可以是环境,这些都要取决于当时的实际情况。场是指完成某种功能所需的方法或手段，通常是一些能量形式，如磁场、重力场、电能、热能、化学能、机械能、声能、光能等。物-场分析是 TRIZ 理论中的一种分析工具，用于建立与已存在的系统或新技术系统的问题相联系的功能模型。

（七）发明问题的标准解法

标准解法是阿奇舒勒于 1985 年创立的，共有 76 个，分成 5 级，各级中解法的先后顺序也反映了技术系统必然的进化过程和进化方向。标准解法可以将标准问题在一两步中快速进行解决，它是阿奇舒勒后期进行 TRIZ 理论研究的最重要的课题，同时也是 TRIZ 高级理论的精华。标准解法也是解决非标准问题的基础，非标准问题主要应用 ARIZ（发明问题解决算法）来进行解决，而 ARIZ 的主要思路是将非标准问题通过各种方法进行变化，转化为标准问题，然后应用标准解法来获得解决方案。

（八）发明问题解决算法

ARIZ（Algorithm for Inventive problem Solving）被称为"发明问题解决算法"，是 TRIZ 的一种主要工具，是解决发明问题的完整算法。该算法采用一套逻辑过程，逐步将初始问题程式化。该算法特别强调矛盾与理想解的程式化，一方面技术系统向理想解的方向进化，另一方面如果一个技术问题存在矛盾需要克服，该问题就变成一个创新问题。

ARIZ 的理论基础由以下三条原则构成：

（1）ARIZ 是通过确定和解决引起问题的技术矛盾；（2）问题解决者一旦采用了 ARIZ 来解决问题，其惯性思维因素必须被加以控制；（3）ARIZ 也不断地获得广泛的、最新的知识基础的支持。

ARIZ 最初由阿奇舒勒于 1977 年提出，随后经过多次完善才形成比较完善的理论体系，ARIZ 理论体系包括九大步骤：分析问题；分析问题模型；陈述 IFR 和物理矛盾；运用物-场资源；应用知识库；转化或替代问题；分析解决物理矛盾的方法；利用解法概念；分析问题解决的过程。

（九）科学效应和现象知识库

科学原理尤其是科学效应和现象的应用对发明问题的解决具有超乎想象的、强有力的帮助。应用科学效应和现象应遵循 5 个步骤，解决发明问题时会经常遇到需要实现的 30 种功能，这些功能的实现经常要用到 100 个科学有趣现象。

二、TRIZ 理论的核心思想

TRIZ 理论的核心思想主要体现在三个方面。

第一，无论是一个简单产品还是复杂的技术系统，其核心技术都是遵循着客观的规律发展演变的，即具有客观的进化规律和模式。

第二，各种技术难题、矛盾和矛盾的不断解决是推动这种进化过程的动力。

第三，就是技术系统发展的理想状态是用尽量少的资源实现尽量多的功能。

三、TRIZ 理论在现实中的应用

通过下面的分析，让我们来了解一下 TRIZ 理论中创造性问题分析方法在现实问题解决中的应用。埃及神话故事中会飞的魔毯曾经引起我们无数遐想，那么我们不妨一步步分析一下这个会飞的魔毯。

现实生活中虽然有毯子，但毯子都是不会飞的，原因是地球引力，毯子具有重量，而且毯子比空气重。那么在什么条件下毯子可以飞起来？我们可以施加向上的力，或者让毯子的重量小于空气的重量，或者希望来自地球的重力不存在。

如果我们分析一下毯子及其周围的环境，会发现这样一些可以利用的资源，如空气中的中微子流、空气流、地球磁场、地球重力场、阳光等，而毯子本身也包括其纤维材料、形状、质量等。

那么，利用这些资源可以找到一些让毯子飞起来的办法，比如毯子的纤维与中微子相互作用可使毯子飞翔；在毯子上安装提供反向作用力的发动机，毯子在没有来自地球重力的宇宙空间由于下面的压力增加就会悬在空中（气垫毯）；利用磁悬浮原理，或者毯子比空气轻。

以上这些办法有的比较现实，但有的仍然看似不可能实现。比如即使毯子很轻，但也比空气重，对这一点我们还可以继续分析。比如毯子之所以重是因为其材料比空气重，解决的办法就是采用比空气轻的材料制作毯子，或者毯子像空中的尘埃微粒一样大小；等等。

通过上面一个简单分析过程，我们会发现，神话传说中会飞的毯子确实有走向现实的可能，从中或许我们可以得到很多有趣甚至十分有用的创意。这个简单的应用展示了 TRIZ 理论中的创造性问题分析原理：即它首先从幻想式构想中分离出现实部分，对于不现实部分，通过引入其他资源，将一些想法由不现实变为现实，然后继续对不现实部分进行分析，直到全部变为现实。因此，通过这种反复分析的办法，常常会给看似不可能的问题带来一种现实的解决方案。

简单来说，TRIZ 理论中的这些创造性思维方法不但能够有效地打破我们的思维定式，扩展我们的创新思维能力；而且提供了科学的问题分析方法，保证我们按照合理的途径寻求问题的创新性解决办法。

第二篇 创业篇

▶ 第四章 创业准备
▶ 第五章 创业筹划
▶ 第六章 创业实施

第四章

创业准备

> **学习目标**
> * 认识创业意识培养的重要性
> * 了解创业者应具备的素质与能力
> * 掌握创业机会的发掘方法
> * 掌握创业团队组建的相关知识

梅林·奥尔森说过:"人生中最痛苦的事,莫过于不得不承认自己没有做好充分准备。"如果只对创业充满激情和创意,而没有做好相应的努力和准备,那么即使遇到再好的机会,也会因为你无法把握而使创业无法取得成功。

第一节 创业意识的培养

创业意识的形成,不是凭一时的冲动或凭空想象一下就形成了的,它源自人的一种强烈的内在需要,即创业需要。创业需要是创业活动的最初诱因和最初动力。当创业需要上升为创业动机时,就形成了心理动力。创业动机对创业行为产生促进、推动作用,有了创业动机,才可能开始创业实践活动。而创业兴趣可以激发创业者对创业的激情,使创业意识得到进一步升华。一般在创业实践活动取得一定的成效时,便会激发创业者对创业兴趣的进一步提高。

创业理想是属于创业动机范畴,是对未来奋斗目标的向往和追求,是人生理想的组成部分。有了创业理想,就意味着创业意识已基本形成。创业者为了实现创业理想,在创业活动中经过艰苦磨炼,又逐渐建立起创业的信念。创业信念是创业者从事创业活动的精神支柱。创业世界观是创业意识的最高层次,是随着创业者创业活动的发展与成功而使创业者的思想和心理境界不断升华而形成的,它使创业者的个性发展方向、社会义务感、社会责任感、社会使命感有机地结合在一起，把创业目标视为奋斗目标。

一、创业意识教育的基本内涵

创业意识是指创业实践中对人起动力作用的个性倾向，包括需要、动机、兴趣、理想、信念和世界观等。创业意识集中表现了创业素质中的社会性质，支配着创业者对创业活动的态度和行为，并规定着态度和行为的方向、力度，具有较强的选择性和能动性，是创业素质的重要组成部分，是人们从事创业活动的强大内驱动力。近年来，随着改革的推进，大学生的就业意识已有明显变化，但是被动就业的思想仍然占据主导地位。就业形势日益严峻，知识经济快速发展，被动就业的意识已越来越不适应时代发展的要求，强化大学生的主动创业意识已成为高校思想政治教育的一项重要内容。

创业意识教育是创业教育的重要内容。创业意识教育是一种理念，这种理念旨在向学生教授并传输一种创业意识，使他们的创新思维在创业过程中得以激发和发展。而在创业教育实施的过程中，其首要的任务是积极引导教育者与受教育者对创业意识产生兴趣，要创业就得从培养创业意识入手，意识是行动的指南，是探索与构建创业教育运行机制的必要前提。

培养和强化大学生的创业意识，为社会培养创业者是社会发展的客观要求。大学生是未来社会的中流砥柱，提高其创业意识和就业能力，实现其充分就业和成功创业，才能从根本上促进社会的繁荣与稳定，并且为社会经济奠定可持续发展的基础。目前，我国处于社会主义初级阶段，要把我国建成富强、民主、文明、和谐的社会主义现代化国家，实质上是全国各族人民的一场伟大的集体创业，这场伟大的集体创业需要每个人的自觉创业意识和创业行动。

二、大学生创业意识的培养途径

作为高校来讲，要真正有效地培养大学生的创业意识，应从以下几个方面着手：

（一）开展走进成功企业活动，以榜样的力量激发大学生的创业意识

通过开展走进成功企业活动，探索出一条激发学生创业意识，促进大学生树立创业理想的途径。作为高校来讲，通过开展走进成功企业活动，一方面以社会实践活动为纽带，组织大学生考察企业创业的经历和经营状况，让他们在火热的社会生活中明白创业的艰辛、感受艰苦奋斗的精神，克服追求享受，贪图安逸的懒惰思想。另一方面，高校也应建立一批大学生青春创业实践基地，为学生提供创业实践的便利，如创业见习基地、创业实习基地和创业园等，实现产、学、研一体化。同时，高校对建设创业实践基地给予人力、物力、财力上的保障。扩大对创业实践基地的投入，从经费上给予保证；给予重点扶持，从场地上给予保证；配备得力的指导教师，在人力上给予保障。总之，从各个方面充分调动师生参与实践基地建设的积极性、主动性，营造良好的创业社会实践氛围。

（二）指导学生开展科技创新和创业活动，是创业意识培养的有效途径

创业教育是实践性很强的教育活动，创业实践活动是创业教育的特定课程模式，也是培养大学生创业意识、创业能力的具体途径。在各种校园文化活动中培养和强化大学生的综合

能力和创业意识,是一种鲜明生动的教育方式,也是一种非常有效的教育途径,可根据具体的教育目标和要求,进行创业的专题教育活动,通过一系列活动,广泛地培养和提高大学生的综合创业能力。同时,高校还要积极进行有利于促进大学生创业意识培养的改革。比如:成立大学生科技创新创业指导机构,完善科技创新管理体制,激励学生将业余时间投入到创新创业活动中,鼓励有余力的学生结合专业特长和研究兴趣参加教研室的教学研究和基础研究工作,等等。另外,高校要多为有意创业的大学生,提供必要的软、硬件设施,大力开展以"挑战杯"大学生科技竞赛、企业经营模拟大赛、数学建模竞赛、创业设计大赛等为主要形式的科技创新系列活动,合理利用科研资源拓宽大学生科技创新创业领域,全面提升大学生的创业意识和创业技能。

(三) 完善创业教育指导体系,扩展大学生创业平台

创业教育是开发和提高学生创业基本素质的教育,是一种培养学生事业心、进取心、开拓精神、冒险精神,从事某项事业、企业、商业规划活动的教育。创业教育要从创业意识、创业精神、创业品质、创业能力的培养等方面着手,提高大学生的创业基本素质,强调学生自我谋职能力的重要性,培养具有开创性的社会主义现代化建设者和接班人。在创业教育过程中,要让学生逐步树立和培养解放思想、实事求是、积极探索、勇于创新、艰苦奋斗、迎难而上、努力学习、自强不息、谦虚谨慎、不骄不躁、同心同德、顾全大局、勤俭节约、清正廉洁、励精图治、无私奉献等创业精神。在创业教育中,对学生的创业能力的培养是创业教育的重中之重;对于专业技术能力、经营管理和社交沟通能力、分析和解决实际问题的能力、信息接受和处理能力、把握机会和创造机会的能力等综合方面的培养也不容忽视。良好的创业品质有助于创业者及时调整心态,冷静面对并妥善处理创业中的困难和挫折。在创业教育过程中,要不断地更新创业案例,积极引导学生运用所学知识不断开辟新的创业方向,扩大自身的创业平台。

(四) 深化创业教育教学改革,建设创业精品课程

课程是学校实现教育目的的主要载体和手段,课程体系和教学内容的改革在教育教学改革中处于核心地位。高校的学科教育根据大学生创业的实际需要,各门学科都应主动根据学科内容和教学特点,有机渗透创业意识、创业能力的教育与培养,将创业意识、创业能力的教育和学科课程融为一体,同步进行。如文科类学科可以积极进行创业思想、创业品质的教育,而理科类学科可以积极进行创业知识、创业能力的教育等。当然,高校应开设专门的创业类学科课程,如大学生职业规划与发展、大学生创业指导、演讲与口才、商业英语、市场预测、经济法规等课程,引导学生主动学习职业规划、经营管理、人际交往、公共关系、信息处理、市场营销等方面的知识。同时还应多设置选修课程,使学生根据自己的兴趣爱好和特长来选择自己想学的课程,满足各类学生的发展需要。同时注意以精品课程建设为突破点,着力打造一批具有时代特征的高水平课程;以整体教学内容改革为面,推进高校教学质量的全面提升,在制度上形成良性机制与有力保障,在配套工程上形成配合与支撑,加快创业精品课程的建设步伐。总之,通过大学生创业教育,培养大学生的创业意识。同时,要注意从多方面培养大学生的创业兴趣,使大学生把创业作为实现人生价值、人生目标的途径。

在创业实践过程，多支持与帮助他们，坚定大学生的创业信心和创业信念，使之有百折不挠、艰苦创业的创业信念。

（五）营造良好创业教育环境，形成人人参与创业的氛围

环境陶冶在班级环境、校园环境等文化建设上，要自觉渗透创业意识的教育。第一，加大宣传力度，要自觉形成突出和强化创业意识的人文环境，形成提倡大学生创业的舆论氛围，形成提倡大学生创业的价值观念。第二，在校风、教风、学风建设中突出与强化创新创造，形成创造性教学的风气，形成"学习为创造、创造中学习"的良性循环。形成人人争创造、人人学创新、人人想创业的文化环境，从而潜移默化地培养和强化大学生的创业意识。第三，在学校的制度建设上，鼓励师生创新、创造、创业。第四，要树立创业典型，广泛宣传成功创业者的创业事迹、创业方法、奋斗经历和创业经验，为大学生树立学习的榜样。

三、大学生创业意识的自我培养

大凡有成就的人，无不经过艰苦创业。创业的过程也是锻炼的过程，同时也是不断学习提高、不断发展的过程。通过创业，可以使自己的事业得到发展，实现自身价值的最大化，可以激活人才资源和科技资源，使得许多新创意、新科技、新发明、新专利迅速转化为现实的产品，实现对社会贡献的最大化。21世纪的知识经济给社会带来了巨大变革，尤其是知识产业化、信息产业化的迅速发展，既给我们带来严峻的挑战，也给我们提供了发展的机遇。作为一名大学在校生或毕业生，要树立和培养自己的创业意识，重点应从以下几个方面进行培养和锻炼。

（一）树立远大理想，坚定报国信念

坚持用科学的理论武装头脑，树立正确的人生观、价值观和世界观，坚定为实现中华民族的共同理想、为祖国的现代化建设奉献自己的智慧和力量的决心。

（二）不畏艰难，敢于拼搏

培养强烈的事业心和责任感，刻苦钻研、勤奋工作，努力学习，牢固掌握专业知识及技能；树立高标准、严要求，不怕困难，百折不挠，勇于创新、敢于创业，要有不畏艰难，敢于拼搏的精神，正确对待创业过程中的困难与挫折。

（三）培养脚踏实地的工作作风

在日常工作与学习中，要坚持解放思想与实事求是相统一，既要敢想敢干，又要求真务实；积极参与各种创业与创新活动，在实践中增强自身的创业能力。

（四）积极投身社会实践，养成善于观察、勤于思考的良好习惯

在实践中锻炼和完善自己，进一步了解社会、完善自我。通过对事物的观察和思考，培养独立思考和独立解决问题的能力，激发创业需要，树立创业理想，坚定创业信念。

（五）坚定信念，积极进取

创业活动过程会遇到很多困难，如果没有坚定的创业信念，仍抱着随遇而安的安逸思想，是不可能创业成功并成就一番事业的。一旦确立了要创业的决定，就要坚定信念，积极进取，不安于现状，随时准备将创业动机转变为创业实践。

第二节 创业知识的储备

创业者的知识素质对创业起着举足轻重的作用。在知识大爆炸、人才竞争日益激烈的当今社会，单凭热情、勇气、经验或只有单一专业知识，要想成功创业是很困难的。创业者需要有创造性思维，要作出正确决策，还必须掌握广博的知识，具有一专多能的复合型知识结构。

一、创业者应具备的相关知识

（一）国家关于创业的法律、政策方面的知识

创业活动总是处在宏观的社会背景之下的，政府对于创业的态度、政策及法律直接影响创业者所处的创业环境。当前，为鼓励大学生创业，政府颁布和完善了相关的法律法规，出台了一系列优惠政策，为大学生创造了一个良好的创业环境。在注册登记、金融贷款、税费减免、员工待遇等方面都为大学生创业提供了方便。

《中华人民共和国公司法》《中华人民共和国合伙企业法》《中华人民共和国个人独资企业法》等相关法律的出台也为大学生创业提供了法律保障。大学生在创业准备期，一定要熟悉与创业有关的相关政策、法规，为自己的创业打下法律基础。我国实行法定注册资本制，如果不是以货币资金出资，而是以实物、知识产权等无形资产或股权、债权等出资，则需要了解有关出资、资产评估等法规规定。企业设立后，需要进行税务登记，需要会计人员处理财务，这其中涉及税法和财务制度，需要了解企业需要缴纳的营业税、增值税、所得税等相关知识。如果需要聘用员工，这其中涉及劳动法和社会保险问题，需要了解劳动合同、试用期、服务期、商业秘密、竞业禁止、工伤、养老金、住房公积金、医疗保险、失业保险等诸多规定。在创业过程中，还需要处理知识产权问题，既不能侵犯别人的知识产权，又要建立自己的知识产权保护体系，需要了解著作权、商标、域名、商号、专利、技术秘密等各自的保护方法。

此外，还要了解《中华人民共和国合同法》《中华人民共和国担保法》《中华人民共和国票据法》等基本民商事法律以及行业管理的法律法规。如果设立特定待遇的企业，则有必要了解有关开发区、高科技园区、软件园区（基地）等方面的法规、规定，这样有助于选择创业地点，以享受税收等优惠政策。

大学生社会经验不足，在企业实际运作中还会遇到各种法律问题，所以在创业前应多学习《中华人民共和国合同法》《中华人民共和国公司法》《中华人民共和国产品质量法》等相关法律法规。确保企业在利益受到侵犯时以法律为武器，保护自己的合法权益。

（二）创业所在领域的专门知识

我们说创业要选择自己擅长的行业，因为在这个行业，创业者往往具有丰富的专业知

识。创业者一旦进入一个行业，就必须尽可能多地掌握这个行业的专门知识。只有对本行业的供需状况、市场前景以及从事本行业的专业知识和技能了然于胸，才能避免盲目性和投机性，争取最大的成功概率。通常情况下，在一个自己完全不了解的行业进行创业，因为自己不具备所从事行业的专业知识，要想获得成功是很难办到的。

（三）相关的商业知识

创业在某种程度上也是一种商业活动，因此在创业过程中对相关商业知识的储备也必不可少。

1. 合法的开业知识

大学生创业者必须了解相应的创办企业的程序以及相关的法律法规知识。例如：有关私营及合伙企业、有限公司的法律法规，怎样进行验资，怎样申请开业登记，哪些行业不允许私营，哪些行业的经营须办理有关行业管理手续，怎样办理税务登记，纳税申报有哪些规定和程序，如何领购和使用发票，银行开户程序和有关结算规定，成为一般纳税人有哪些条件，如何纳税，怎样获得税收减征免征待遇，怎样进行账务票证管理，国家对偷漏税等违法行为有哪些制裁措施，增值税率及计征方法，工商管理部门怎样进行经营检查，行业管理部门如何进行行业管理和检查等。

2. 企业战略知识

（1）企业总体战略。

企业总体战略的主要内容有：

①产品——市场战略。包括市场渗透、市场发展、产品发展以及多元化战略。

②战略态势的选择。包括稳定型、增长型、紧缩型和混合型战略。

③企业合并战略。包括企业合并战略的基本概念、企业合并战略的类型、企业采取合并战略的原因、企业合并战略实施中应注意的问题。

④战略联盟。包括战略联盟的概念及特点、战略联盟组建的动因、战略联盟的形式、组建战略联盟时应注意的问题。

（2）企业经营战略。

企业经营战略的主要内容有：

①企业一般竞争战略。包括成本领先战略、差异化战略、目标集中战略、处于分散行业中的企业战略选择、处于规模经济显著行业中的企业战略选择。

②居于行业不同发展阶段的企业竞争战略。包括新兴行业中的企业竞争战略、成熟行业中的企业竞争战略、衰退行业中的企业竞争战略。

③进攻战略和防御战略。进攻战略主要有全线出击战略、抢先进攻战略、侧翼进攻战略、迂回进攻战略、游击战略等。防御战略主要有稳定型（维持型）战略、紧缩型（防守型）战略、转移型战略等。

④经营战略定位。包括品牌战略、产业战略、资本经营战略、人才战略、价格战略、知识产权战略、空间战略、融资战略、体制战略、技术创新战略、国际化战略等。

（3）企业技术创新战略。

企业技术创新战略的主要内容有：领先创新战略、跟随创新战略、技术模仿战略、专利保护战略、技术应用战略、知识产权保护战略、人才战略、产学研合作创新战略等。

（4）国际化经营战略。

国际化经营战略的主要内容有：

①国际化经营战略的模式与选择。包括国际化经营战略的模式及模式理论、国际化经营战略的选择、国际化经营战略的规划。

②战略体系。包括产品战略、竞争和联合战略、成长战略、公共关系战略。

③企业国际化经营战略的实施与控制。

3. 创办企业的常用词汇与重要文案知识

（1）创办企业常用的词汇。

①企业法人。被工商管理机构认定的企业名称。

②法定代表人。代表企业法人的负责人。公司法定代表人依照公司章程的规定，由董事长、执行董事或者经理担任，并依法登记。

③公司章程。设立公司必须依法制定公司章程。公司章程对公司、股东、董事、监事、高级管理人员及其从业人员均具有约束力。章程中所规定的内容都是非常重要的事项，对以后发展有非常重要的作用。

④成立时间。依法设立的企业，由工商登记管理机关发给企业营业执照。营业执照的签发日期为企业的成立日期。

⑤注册资金和从业人数。注册资金是指在申请开业时注册的资金。从业人数是指参加经营活动的所有人员。

⑥企业性质。指企业法人所有制的形式。包括全民（国有）、民营、个体。

⑦企业组建形式。主要有个人独资企业、合伙企业、公司制企业三种。

⑧注册地址和经营地址。注册地址是指企业法人办事机构的注册所在地。在填表过程中，与之相关的房产是自有、还是租赁，以及该经营场所的面积等情况。而经营地址是指企业从事经营活动的地点，具体指厂址、店铺、门市部的所在市（区）、县、乡镇（村）及街道门牌等地址，以及经批准的摊位地址或本辖区流动经营的范围等。

⑨经营范围和经营方式。经营范围是指经核准经营的行业和商品的类别。经营方式则包括自产自销、代购代销、来料加工、零售、批发、批零兼营、客运服务、货运服务、代客储运、代客装卸、修理服务、培训服务、咨询服务、固定或流动服务等。

⑩其他。包括经营期限、主要设备和主要设施等。

（2）公司章程及合伙企业协议的基本内容。

①有限责任公司章程的主要内容有：公司名称和住所；公司经营范围；公司注册资本；股东的姓名或者名称；股东的出资方式；出资额和出资时间；公司的机构及其产生办法、职权、议事规则；公司法定代表人；股东会议上认为需要规定的其他事项；股东应当在公司章程上签名、盖章。

②股份有限公司章程的主要内容有：公司名称和住所；公司经营范围；公司设立方式；

公司股份的总数、每股金额和注册资本；发起人的姓名或者名称、认购的股份数、出资方式和出资时间；董事会的组成、职权和议事规则；公司法定代表人；监事会的组成、职权和议事规则；公司利润分配办法；公司的解散事由与清算办法；公司的通知和公告办法；股东大会会议上认为需要规定的其他事项。

③合伙企业协议的基本内容包括：合伙企业的名称和主要经营场所的地点；合伙目的和合伙企业的经营范围；合伙人的姓名及其住所；合伙人出资的方式、数额和缴付出资的期限；利润分配和亏损分担办法；合伙企业事务的执行；入伙与退伙；合伙企业的解散与清算；违约责任；合伙协议可以载明合伙企业的经营期限和合伙人争议的解决方式。

4. 公司成立后的基本权利、责任和义务

创业者成立公司后，应了解公司需要承担的责任、义务和自身的权利。要点如下：

（1）公司是企业法人，有独立的法人财产，享有法人财产权。公司以其全部财产对公司的债务承担责任。有限责任公司的股东以其认缴的出资额为限对公司承担责任；股份有限公司的股东以其认购的股份为限对公司承担责任。

（2）公司从事经营活动，必须遵守相关法律法规，遵守社会公德、商业道德、诚实守信，接受政府和社会公众的监督，承担社会责任。

（3）公司的发起人、股东不能虚假出资，公司成立后，股东不得抽调出资。

（4）要依法建立财务制度。

（5）依法进行公司登记与变更。

（6）公司必须保护职工的合法权益，依法与职工签订劳动合同，参加社会保险，加强劳动保护，实现安全生产。公司应当采用多种形式的教育方式，加强公司职工的职业教育和岗位培训管理，提高职工素质。

（7）公司职工可依照《中华人民共和国工会法》组织工会，开展工会活动，维护职工合法权益。

（8）在公司中，根据《中国共产党章程》的规定，设立中国共产党的组织，开展党的活动。公司应当为党组织的活动提供必要条件。

（9）有限责任公司成立后，应当与股东签订出资证明书。出资证明书应当载明下列事项：

①公司名称。

②公司成立日期。

③公司注册资本。

④股东的姓名或者名称、缴付的出资额和出资日期。

⑤出资证明书的编号和核发日期。

⑥出资证明书由公司盖章。

5. 营销知识

创业者必须懂得一定的市场营销知识。例如市场调查与预测，消费者的心理与消费特点，定价策略，产品促销策略，销售渠道和方式，营销管理等。

6. 资金及财务知识

创业者在创业初期及创业企业运营过程中，会用到相关的资金及财务知识。例如货币金融知识，信用及资金筹措知识，资金核算及记账知识，证券、信托及投资知识，财务会计基本知识，外汇知识等。

7. 相关行业知识

无论在哪个行业创业，都需要对该行业的相关知识有一个基本的了解，并对与该行业相关的法律法规做进一步了解。

如果大学生选择在服务领域进行创业，必须熟知服务行业管理的法律法规、各专业服务行业的行业规则、业务知识。

8. 人际交往方面的知识

创业也是一种社会性的活动，与整个社会有着千丝万缕的关系。创业者同时也是一个社会人，需要在社会上同各种人交往，获取资源，求得发展。对创业者而言，无论是融资、销售，还是宣传、合作，都离不开整个社会，甚至很多时候，创业者自身拥有的社会资源和人际关系会对创业活动形成关键性的影响，所以创业者还应具备公共关系、人际交往等社会知识。所谓事世洞明皆学问，人情练达即文章。一个深谙世事的创业者，在社会中可能如鱼得水、游刃有余；而一个不食人间烟火的创业者，在复杂的社会中很有可能会遭遇人际壁垒甚至会铩羽而归。

二、大学生学习创业知识的途径

大学生创业时，虽然需要有创业的激情和梦想，但也不能进行盲目地创业，要在创业前进行充分准备，才能提高创业的成功率。对于打算创业的大学生来说，学习相关的创业知识是非常必要的。可以通过以下几种途径学习获得创业知识：

1. 大学课堂、大学图书馆与大学社团

目前，大部分高校开设了以创业教育为主要内容的必修课、选修课或网络课程。大学生可以依托这些课程或者查阅图书馆的图书资料，学习自主创业的相关知识。在大学里，积极参与和创业活动有关的社团活动，不但能学到一些创业的知识，而且能锻炼自身的各种综合能力，这也是创业者积累经验必不可少的实践过程。

2. 媒体资讯

一是纸质媒体，人才类、经济类媒体是首要选择。例如，从《21世纪人才报》《21世纪经济报道》《IT经理人世界》等上面可以学到很多有关创业的新闻。二是网络媒体，管理类、人才类、专业创业类的网站是必要选择，例如，从中国营销传播网、中华英才网、中华创业网等上面可以看到很多最新的创业资讯。三是电视媒体，其中中央电视台播出的《创意中国星》《创业英雄汇》等节目，介绍了大量的创业知识和经验。此外，各地的创业中心、创新服务中心、大学生科技园、科技信息中心等都可帮助大学生学到很多的创业实践知识。

3. 与商界人士广泛交流

你可以在你生活的周围，找有创业经验的亲戚、朋友、同学、网友、老师交流，获取最直接的创业技巧与经验。你甚至还可以通过电话、电子邮件或者即时通信工具与商界人士进行交流，或咨询与你的创业项目有密切联系的商业团体，争取得到他们的支持与指导。

4. 曲线创业

也就是说，先就业、再创业。对于在校生或刚毕业的大学生来说，自己在各方面的阅历和经验都不够充分，不足以支撑自己单独去创业，此时，就可以先到实体单位锻炼几年，积累一定的知识和经验后再创业。通常情况下，先就业再创业的学生的创业项目通常与过去的工作密切相关。在准备创业的过程中，你可以利用与企业管理者交流的机会获得更多的来自企业与市场的第一手的创业知识。

5. 创业实践

大学生的创业实践是学习创业知识的最好途径。间接的创业实践学习主要可借助学校举办的某些课程的角色性、情景性模拟参与来完成。例如，积极参加校内外举办的各类大学生创业大赛、创业计划书大赛、发明专利展等活动，可增强自身创业经验的积累。利用课余时间，对创业企业家的成长经历、创业企业经营的案例开展系统研究，也可间接学习创业知识。直接的创业实践学习主要可通过课余、假期在外的兼职打工、求职体验、参与策划和市场调查研究，以及试申请专利（知识产权局）、试办著作权登记（版权局）、试办商标申请（工商局）、业余参加某些职业知识与证书班培训等事项来完成；也可通过举办创意项目活动、参加或参观高校交流会展览、创建电子商务网站、谋划书刊出版事宜、尝试做自由撰稿人等多种方式来完成。

总之，创业知识广泛存在于大学生的学习、生活之中，只要善于学习，总能找到施展才华的途径。但在信息泛滥的社会里，去粗取精，去伪存真也是很重要的。善于学习和总结永远是赢者的座右铭。

第三节 创业者必备的素质和能力

一、创业者必备的素质

古人云："有制之兵，无能之将，不可以败；无制之兵，有能之将，不可以胜。"在复杂的创业环境之中，创业者不但是任务的执行者，更是方向的开拓者和战略的决策者，创业者在创业过程中充当的是开疆拓土的将领角色。创业者的素质决定着创业方向的把握和创业计划的实施，而这些最后往往决定了创业的成败。

（一）创业者的特征

从成就动机理论出发，对成功创业者的特征进行分析，就可以发现，那些拥有创业心理特征的人员比不具备创业心理特征的人员具有更高的实施创业行为的倾向。概括起来，创业者的自我意识应该自信、自主；情感应该理性、执着；性格应该坚强、果断、勇敢。成功的创业者大多胸中丘壑万千，不以物喜，不以己悲，为了理想中目标的实现，不为一点成绩而沾沾自喜、忘乎所以，也不为任何困难而萎靡不振、裹足不前。具体言之，创业者的特征主要有以下几点。

1. 热爱所从事的行业

美国苹果电脑公司创始人史蒂夫·乔布斯在回忆自己的成功之路时有过这样一段阐述：很多人这样问："我想开一家公司，我该做什么？"而我提出的第一个问题是："你所热爱的是什么？你开的公司想要做什么？"他们大都笑道："不知道"。我给他们的建议是：去找份工作让自己忙碌起来，直到你找到答案为止。你必须对你自己的想法充满热情，强烈感受到愿意为它冒险的心情，如果你只想拥有一家小公司的话，那就算了吧。

俗语说："女怕嫁错郎，男怕入错行"，而在人生三大不幸的现代版解读中，学一个不喜欢的专业、找一个不喜欢的工作这两种情况也赫然在列。由此可以推断，如果创业者对自己选择的事业缺乏足够的兴趣，而仅仅是为创业而创业，那么其中的痛苦当然不言而喻。兴趣和爱好是从事一项事业的基础，对于创业者来说，只有对自己的事业具有浓厚的兴趣，才会在创业的过程中保持长久的工作热情和创业激情，才会树立起不达目的永不放弃的坚强决心和克服困难一往无前的无畏勇气，而这些往往是创业成功的先决条件。

人们常常羡慕李想大器早成，但可曾知道他初一时就将几乎所有的零花钱用来购买自己喜欢的IT杂志，甚至为买到其中的一本而跑遍石家庄的每一家邮局？人们往往赞叹网易总裁丁磊在整个互联网界的名气，但很少有人知道他在创业之初没车没房没存款，以一种几乎与生俱来的对计算机的痴迷而全身心地投入到互联网事业中去，几十年如一日地为了理想而奋斗的故事。

一位美国著名作家写过一本书，书名叫作《最珍贵的礼物》，里面介绍了可以帮助人们找到自己最感兴趣的事情的两个方法，一是假若你只有临死前的24小时，1个小时给你立遗嘱，那么另外23小时你最想要做的是什么？另一个是如果你抽奖中了一百万美元，你想去做什么？

当然，我们也许无需用如此极端的方式来发现我们的兴趣，因为可能每个人都清楚自己的兴趣所在，那么创业者在创业时一定要选择自己最感兴趣的行业，不要企图在一个自己完全不感兴趣的领域创造奇迹。只有这样，才有资格，也才有机会拥抱成功。

2. 与众不同的创新精神

创新是民族的灵魂，是国家兴旺发达的不竭动力。同样，也可以说，创新是创业的灵魂，是公司兴旺发达的不竭动力。

是什么使微软从小公司一夜成名？比尔·盖茨的解释是："我们拥有当时巨人没想到的点子，我们总是在思考，曾经遗漏过什么可以使我们保持胜利的东西？如何才能成为一个成功的创业者？"崔普·霍金斯这样回答："要成为一个企业家，一定要记住，真正的企业家要富有创意，创意人创业不是为了赚钱，而是因为他们无从选择，必须完成它"。

创业是一项创新活动，很多未知的或不可预料的不确定性因素掺杂其间，虽然有成功的经验可以借鉴，失败的教训能够吸取，但迈克·戴尔曾说过"创业没有准则"。欧·肯迪曾说："一般的通论都是不对的，所以创业就是要开创一项事业，没有一种可以复制的模式让我们一劳永逸"。那么，一个具有创新精神的创业者要想取得创业的成功，就不是一件难以想象的事了。

3. 敢于冒险的精神与搏击风浪的勇气

乔治·爱略特曾经说过："世上没有一个伟大的业绩是由事事都求稳操胜券的犹豫不决者创造的。"有一个类似玩笑的问答：什么样的人最适合创业？答案是：赌徒。道理很简单，创业本身就是一项冒险活动。赌徒最有胆量，敢下注，赢得起也输得起，所以他们最适合创业。科学研究发现，赌徒的心理承受能力远远强过普通人，而创业正是最需要强大心理承受能力的一项活动。作为一个创业者，一定要有敢于冒险的精神与搏击风浪的勇气。

4. 切合实际的理性精神

有一个故事是这样的：一个人问一个哲学家，什么叫冒险，什么叫冒进？哲学家说，比如有一个山洞，山洞里有一桶金子，你要进去把金子拿出来。假如那山洞是一个狼洞，你这是冒险；假如那山洞是一个老虎洞，你这就是冒进。这个人表示懂了。哲学家又说，假如那山洞里的只是一捆柴火，那么，即使那是一个狗洞，你也是冒进。这个故事告诉我们，冒险是这样一种东西，你经过努力，有可能得到，而且那东西值得你去付出。否则，你只是冒进，死了都不值得。

前面提到创业需要赌徒般的冒险精神，但冒险不等于冒进，更不等于蛮干，创业也需要理性，需要对市场冷静的观察和分析以及对形势清醒全面的认识。大学生创业充满着未知和变数，所谓创业理性，最基本的要求是准确地自我了解、自我定位，并对创业进行合理的安排。一个期待创业的大学生必须还原自己，而不是拔高或贬损自己，必须清醒地知道自己是否有强烈的挑战精神，是否有足够的动手能力、应变能力，是否意志坚定、做事果断，以及是否具备必要的亲和力和领导能力。除此之外，还要有对于创业点、创业途径、创业方式的准确选择和对于创业前景的科学预测。

不少大学生具有创业的激情，但仅有激情是远远不够的，创业是一项复杂艰苦的工作。在这个过程中，创业者事先要有充分的准备，在观察分析的基础上得出一个清晰的创业思路，选择一种可行的创业模式和一个合适的创业项目，踏踏实实做事，才更有可能取得成功，如果仅凭一时激情，好高骛远，不切实际，那么最终的结果往往只能是失败。

5. 百折不挠的精神

珍珠的形成过程是这样的：大海里的珠蚌，当它开启蚌壳后，会有砂石等异物侵入，会使它感到非常痛苦，为减轻痛苦，它的腺液分泌出一种碳酸钙化合物，将砂粒等异物层层包裹，这样经过3年、5年甚至更长的时间，这层胶质层越积越厚，最终形成一粒粒晶莹剔透的珍珠。也就是说珠蚌痛苦的时间越长，蚌内形成的珍珠的价值就越大。创业的过程也许没有珍珠形成前这般痛苦，但是其中经历的艰辛与磨难也非常人能忍受。但只要自己有百折不挠的精神，就一定会品尝到成功的甜蜜。

我国香港长江实业集团董事局主席李嘉诚说过一段成功感言："成功实际上是相对

的。创业的过程，实际上就是恒心和毅力坚持不懈的发展过程，这其中并没有什么秘密，但要真正做到中国古老的格言所说的勤和俭也不太容易。而且，从创立之初开始，还要不断地学习，把握时间。我自己从创业开始，平均每天工作16个小时，而且每星期至少有一天是通宵达旦的。"

可见，创业也是一项极端艰苦的活动，不要期望得到命运的垂青而一帆风顺、马到功成，我们往往看到成功创业者的无限风光，而成功的背后，却是创业者们在痛苦与磨难的深渊中苦苦挣扎。

6. 心存善念、善于分享

优秀的领导者，不一定自己能力有多强，只要懂信任，懂放权，懂珍惜，就能团结比自己更强的力量，从而提升自己的身价。相反，许多能力非常强的人却因为过于完美主义，事必躬亲，觉得什么人都不如自己，最后只能做最好的公关人员、销售代表，成不了优秀的领导者。

美国艾奥瓦大学的研究者、著名心理学家勒温和他的同事提出了三种不同的领导风格，即专制型、民主型和放任型。同时他们研究发现，这三种不同的领导风格，会造成三种不同的团体氛围和工作效率。专制型的领导者只注重工作的目标，仅仅关心工作的任务和工作的效率，他们对团队的成员不够关心，被领导者与领导者之间的社会心理距离比较大，领导者对被领导者缺乏敏感性，被领导者对领导者存有戒心和敌意，容易使群体成员产生挫折感和机械化的行为倾向。民主型的领导者注重对团体成员的工作加以鼓励和协助，关心并满足团体成员的需要，营造一种民主与平等的氛围，领导者与被领导者之间的社会心理距离比较小。在民主型的领导风格下，团体成员有较强的工作动机，责任心也比较强，团体成员自己决定工作的方式和进度，工作效率比较高。放任型的领导者采取的是无政府主义的领导方式，对工作和团体成员的需要都不重视，无规章、无要求、无评估，工作效率低，人际关系淡薄。由此可见，民主型领导是一种相对较好的领导方式。因为在这种方式下，领导和员工之间有着相对密切的互动和分享，他们齐心协力，成为一个紧密的整体，他们团结协作、密切配合，从而大大提高了工作效率。

就创业者而言，创业活动往往不是个人的英雄行为，而是创业者带领一个团队或者作为团队的一员共同努力的一个过程。在这个过程中，创业者需要和团队其他成员分享目标、愿望、理念以及利益，只有这样，才能在团队中建立一种支持性的机制，有利于困难的克服和目标的达成。

7. 良好的商业道德

诚信是一个企业生存和发展的根本。一个品德低下的、时刻只为自己的个人利益而不顾集体利益的人；即使能够创建起企业，最终也难免昙花一现，生命力不会长久。"不信不立，不诚不行"，企业只有对顾客、对社会、对员工讲究诚信，顾客、社会和员工才会为企业的发展锦上添花，企业的发展才有土壤。

8. 强健的体魄与充沛的精力

所谓身体素质，是指身体健康、体力充沛、精力旺盛、思路敏捷。现代小企业的创业与经营是艰苦而复杂的，创业者工作繁忙、时间长、压力大，如果身体不好，必然力不从心，难以承受创业重任。

考察所有成功的创业者，在创业的道路上无不充满艰辛，付出了常人难以想象的劳动和汗水，超负荷的工作背后，必须有一个健康的身体作为支撑。

微软公司刚起步的时候，冲劲十足、精力充沛的盖茨和保罗根本就不知道什么是疲倦和劳累，他们在一间灰尘弥漫的汽车旅馆中租用了一间办公室，开始了艰苦的创业旅程。他们挤在那个杂乱无章、噪音纷扰的小空间中，没日没夜地编写程序，饿了就吃个比萨饼充饥，实在累得受不了就出去看场电影或开车兜兜风。其实，盖茨一直是一个以工作狂而著称的人物，即使到了39岁结婚的时候，他还经常加班工作到晚上10点以后，对于以前任何一个亿万富翁来说，这都是不可想象的事。尽管微软公司一向以员工习惯性加班拼命工作而闻名，但那些工作得天昏地暗的员工还是心悦诚服地说，他们之中几乎没有谁比盖茨更辛苦。

现在有一种流行的说法是：40岁以前拿命换钱，40岁以后拿钱换命。这种说法可能有点极端，但对于一个创业者来说，一个健康的身体，无疑是取得创业成功的必要基础，换句话说，只有拥有健康的身体，才能承受巨大的工作压力，保持持久的创业激情，做出斐然的工作成绩，并到达创业成功的顶峰。

（二）不适于创业者的特征

虽然说我们鼓励大学生创业，但也不是要求所有的大学生都要去创业。因为并不是所有的大学生都具备创业素质，都适合创业。社会心理学家研究发现，以下十类人都不适合创业。

1. 缺少职业意识的人

职业意识是人们对所从事职业的认同感，它可以最大限度地激发人的活力和创造力，是敬业的前提。而有些人却对所从事的工作缺少职业意识，满足于机械地完成自己岗位工作，缺少进取心、主动性，这与激烈竞争的创业环境不相宜。这种人不适合创业。

2. 优越感过强的人

自恃才高的人，往往优越感过强，喜欢我行我素，难以与集体融合。这种人不适合创业。

3. 唯命是从，只会说"是"的人

这类人缺乏独立性、主动性和创造性。若创业，也只能因循守旧，难以开展开拓性的工作，对公司发展不利。这种人唯命是从，只会按照指令办事，且从无个人主见，不适合创业。

4. 爱偷懒的人

这种人被称作"工资小偷"。他们付出的劳动和工资不相符合，只会发牢骚、闲聊，每天晃来晃去浪费时间，影响他人工作，这种人不适合创业。

5. 喜欢以偏概全的人

这种人总是对人带有偏见，只注意别人的缺点，看不到别人的优点；还喜欢贬低别人，抬高自己，还缺少全局观念，看不到任何事物的好的发展变化，在人格方面存在很大的缺陷；这种人很难创业成功。

6. 僵化死板的人

这种人思想僵化，为人死板，做事缺少灵活性，对任何事都只凭经验教条来处理，不肯灵活应对，习惯于将惯例当成金科玉律，这种人不适合创业。

7. 感情用事的人

感情用事者往往以感情代替原则，想如何干就如何干，不能用理智自控最终只会把事情办得越来越糟，这种人不适合创业。

8. 多嘴多舌的人

这种"多嘴多舌"的人，不管遇到什么事，都喜欢要插上几句话，表达自己的观点。而且一说起来便口若悬河、滔滔不绝。然而一旦要他按照自己的观点去执行时，却又一再拖延甚至不了了之。这种人只会纸上谈兵，不适合创业。

9. 胆小怕事的人

这种胆小怕事的人宁可因循守旧也不敢尝试革新，遇事推诿，不肯负责，且狭隘自私、毫无主见。这种人不适合创业。

10. 患得患失的人

这种患得患失的人稍有收获，便欣喜若狂；稍受挫折，便会一蹶不振，情绪大起大落，心情忽好忽坏，这种人不适合创业。

当然，以上理论并不是绝对的。因为很多人从事创业后，性格可以逐渐改变，性情也能够慢慢变好。所以创业者应该对镜自省，仔细考量自己所具备的创业素质，准确地自我定位并积极地进行自我完善。

虽然创业者要具备一定的条件，但并不是要求创业者必须完全具备所有创业成功人士的条件才能去创业，现实生活中要求创业者全部具备这些条件显然也是不切实际的，但创业者本人要有不断提高自身条件的自觉性，并积极通过不断地学习，促进自身创业素质的不断提高。哈佛大学拉克教授曾讲过这样一段话："创业对大多数人而言是一件极具诱惑的事情，同时也是一件极具挑战的事。不是人人都能成功，也并非想象中那么困难。但任何一个梦想成功的人，倘若他知道创业需要策划、技术及创意的观念，那么成功已离他不远了。"

二、创业者必备的能力

创业者的能力是决定创业前途的重要条件，总体来说，创业能力可以概括为三种，即专业能力、方法能力和社会能力，它们对创业的作用也有所不同。

（一）专业能力是创业的前提能力

专业能力是个人在所从事的职业岗位上所具备的专业技术能力。每一个人在创办自己的第一个企业时，应该从自己熟悉的行业中选择创业项目。当然，创业者也可借助他人特别是雇员的知识技能来办好自己的企业，但在创办自己的第一个企业时，如果能从自己熟知的领域入手，就能避免"外行领导内行"的尴尬局面，大大提高创业的成功率。

创业者应具备的专业能力主要体现在以下三个方面：

（1）创办企业中主要职业岗位的必备从业能力。

（2）接受和理解与所办企业经营方向有关的新技术的能力。

（3）将环保、能源、质量、安全、经济、劳动等方面的知识和法律法规运用于本行业实际的能力。

（二）方法能力是创业的基础能力

方法能力是指创业者在创业过程中所需要的工作方法，是创业的基础能力。创业者应具备的方法能力主要体现在以下九个方面：

1. 信息的搜集和处理能力

搜集信息、加工信息、运用信息的能力是创业者不可缺少的能力。创业者不但应具备从实际工作中不断学习的能力，随着科技进步和网络技术的普及，还应该具备从网络中搜集相关信息，并合理利用信息的能力。

2. 捕捉市场机遇的能力

发现机会、把握机会、利用机会、创造机会，是成功企业家的主要特征。

3. 分析与决策能力

通过消费者需求分析、市场定位分析、自我实力分析等过程，根据自己的财力、关系网、业务范围，依据"最适合自己的市场机会是最好的市场机会"的原则，作出正确决策，才能实现自己的创业目标。

4. 多种创新能力

从别人的企业中得到启发，通过联想、迁移等方式创造出更受市场欢迎的产品，使自己的企业别具特色。并通过这种特色使自己的企业在同业市场中占有理想的份额。

5. 申办企业的能力

要顺利办好一个企业，就要事前了解很多相关政策与企业申办流程，需要事先做好一些物质准备，需要及时向有关政府部门提供证明材料，更需要自己到一些部门去办一些手续，只有将这些手续都办齐了，一个企业才算是正式成立。

6. 确定企业布局的能力

怎样选择企业的地理位置，怎样安排企业内部的工作分区，怎样考虑企业性质等，都是创业创办过程中不可回避的问题。

7. 发现和使用人才的能力

一个成功的创业者，肯定是一位会用人的企业家，他不但能对雇员进行选择、使用和优化组合，而且还能运用群体目标建立群体规范和价值观，形成群体的内聚力。

8. 理财能力

这不仅包括创业实践中的资金筹措、奖金分配、工资发放等环节的财务管理能力，还涉及采购能力、推销能力，以及通过各种方式使企业资产增值的能力。

9. 统筹管理能力

成功的创业者,要对规划、决策、实施、管理、评估、反馈所组成的企业生产的全过程,具有统筹管理能力,适时对某些工序进行调节控制与组织管理能力。

(三) 社会能力是创业的核心能力

社会能力是指创业过程中所需要的行为能力,与情商的内涵有许多共同之处,是创业成功的主要保证,是创业的核心能力。创业者具备的社会能力主要体现在以下六个方面:

1. 人际交往能力

创业者不但要与消费者、本企业员工打交道,还要与供货商、金融和保险机构、本行业同仁打交道,更要与各种管理部门打交道,因此,创业者必须具有较强的人际交往能力。交际能力包括表达能力和反应能力。表达能力是充分有效地将自己的观点阐述给对方的能力,语言表达能力主要表现在语言的分量、逻辑性和幽默感等方面。尤其作为管理者,对客户进行充分有效地表达能够使客户充分理解企业的产品情况和企业文化,有利于推销自己;对本团队充分有效地表达能够使大家领悟企业的目标、面临的环境和要采取的对策,能够使大家更加有效地为完成共同的目标而努力。反应能力是交际能力的另一个方面,是表达能力的补充。在交际过程中,良好的反应能力能够帮助表达者随时领会和把握表达对象的需求和对表达内容的理解,有效调整表达的方式和内容。

2. 谈判能力

谈判能力指能够权衡利弊、随机应变,能够确认双赢方案和对方达成协议的能力。一个成功的企业,必然有很多商务谈判,谈判内容可能涉及供、产、销和售后服务等多个环节,创业者必须善于抓住谈判对手的心理和实质需求,运用"双胜原则"即自己和对方都能在谈判中取胜的技巧,使自己的企业获利。

3. 企业形象策划能力

在激烈的市场竞争中,在公众中树立良好的企业形象,是创业成功的主要条件。创业者应善于借助各种新闻媒体和各种渠道,宣传自己的企业,提高企业知名度。

4. 合作协调能力

创业者不但要与自己的合作者、雇员合作,也要与各种和企业发展有关的机构合作,还要与同行的竞争者合作。创业者要善于站在对方的角度,理解对方,体谅对方,要善于与他人合作共事,和睦相处。在创业团队运作过程中,创业团队与竞争者之间、创业团队与客户之间都存在这样或那样的摩擦,高超的协调能力能够化解矛盾,使创业团队能够获得良好的形象,能够提高可信程度,为合作打好基础。协调能力还可以融洽相关主体间的感情,增加合作的愿望和机会。良好的协调能力有利于信息的沟通,对于加强相互理解和利益共享有着切实的好处。协调能力体现在团队内部就是如何促使团队能够积极、高效地开展工作。协调能力一方面能够使团队成员之间关系融洽,另一方面使工作有条不紊,使得整个团队的工作效率达到最高。

5. 自我约束能力

创业者要善于根据本行业的行为规范，来判断、控制和评价自己和别人的行为；要善于根据自己的创业目标，有意识地约束和控制自己的行为，使创业目标更加清晰明了，创业过程更顺利。

6. 适应变化和承受挫折的能力

一个企业要想在竞争激烈、变化多端的市场中立足并发展，企业家就必须具有适应变化、利用变化、驾驭变化的能力。在经营过程中，有赔有赚、有成有败，企业家必须具有承受失败和挫折的能力，具有能忍受局部或暂时的损失而获取全局或长期收益的战略胸怀。

作为创业者，不仅要了解自己具有哪些创业能力，而且要从自己的实际情况出发，通过不断学习和锻炼，积累自己的创业经验，提高自己的创业能力，在实践中促进创业活动的成功。

第四节 创业机会的发掘与评价

一、创业机会的概念

创业机会是指在市场经济条件下，社会经济活动过程中形成和产生的有利于企业经营成功的因素，是一种带有偶然性并能被创业者认识和利用的契机。现实中人们遇到的机会有很多，抓住了机会，就一定能挖掘到利用这个机会的价值吗？事实上，并不见得。因为无论是个人还是企业，其能力总是有限的，所以不可能利用好每个机会。

二、创业机会的特征

（一）普遍性

凡是有市场、有经营的地方，客观上就存在着创业机会。创业机会普遍存在于各种经营活动过程之中。

（二）偶然性

对一个企业来说，创业机会的发现和捕捉带有很大的不确定性，任何创业机会的产生都有意外因素。

（三）消逝性

创业机会存在于一定的时空范围之内，随着产生创业机会的客观条件的变化，创业机会也会相应地消失。

三、创业机会的分类

（一）按创业机会的来源分

根据创业机会的来源，创业机会可分为问题型机会、趋势型机会和组合型机会三种。

1. 问题型机会

是指由现实中存在的未被解决的问题所产生的创业机会。问题型机会在人们的日常生活和企业实践中大量存在。例如，积压的库存、大量的退货、顾客抱怨、无法买到称心如意的商品、服务质量差等。在这些问题的解决过程中，会存在价值或大或小的创业机会，需要用心发掘。

> **案例 4-1**
>
> 河南一个林姓小伙子，夫妻两人到北京三里屯开了家蔬菜专卖店。卖菜是件苦差事，必须每天凌晨两点起身到批发市场去进货。一天，因为身体不适、小林进货时稍晚了点，就发现批发市场上品相较好的菜都被别人买走了，无奈之下，他只得批发了些个头较小的、品相不好的蔬菜回店里。
>
> 当然，那天的生意不怎么好。然而，他却惊奇地发现，购买他的菜的人却意外地比平时多，而且顾客大多是外国人。他一了解才知道，原来这些外国人听老人说，那些品相较好的菜可能是植物生长激素调节的，那些个头较小的蔬菜才是当地农户自己种的。于是，小林受此启发，开始转变蔬菜售卖方式，并将外国人改为目标顾客，专门从市场批发个头较小的蔬菜，他因此积累了一批固定的外国顾客。
>
> 有些外国人到店买菜并不方便，就建议他到外国人集中居住的地区开一家蔬菜专卖店。小林欣然应允，并在一些外国朋友的资助下开了一家规模更大的蔬菜专卖店。后来，小林为了适应外国顾客需求，打通了直接从国外进口蔬菜的运输渠道，他也因此将蔬菜生意越做越大，在北京树立起了自己的蔬菜店品牌，并开起了连锁店。
>
> （以上信息为作者收集的案例）

北京有多少人在卖菜？像小林遇到的问题又有多少人遇到过？但是，只有小林从中发现了商机，最终创业成功了。以上案例中，小林将问题看作是机会，并及时抓住机会，实现了创业成功。

2. 趋势型机会

是指在变化中看到未来的发展方向，预测到将来的潜力和机会。这种机会一般容易产生在时代变迁或重要领域改革的时期。在这种环境下，各种新的变革不断出现。能够及早地发现并把握这种机会的人，就有可能成为未来趋势的先行者和领导。

3. 组合型机会

是指将现有的两项以上的技术、产品、服务等因素组合起来，实现新的用途和价值而获得的创业机会。这种机会好比"嫁接"，对已经存在的多种因素进行重新组合，往往能获得与过去功能大不相同或效果倍增的结果。

（二）按目的-手段关系的明确程度分

根据目的-手段关系的明确程度，创业机会可分为识别型机会（目的-手段关系明确）、发现型机会（目的-手段关系有一方不明确）和创造型机会（目的-手段均不明确）三种。

1. 识别型机会

识别型机会，是指市场中的目的-手段关系十分明确时，创业者可通过目的-手段的关系来辨识的创业机会。例如，当商品供求之间出现矛盾或冲突，商品不能有效地满足市场需求时，就会出现大量的创业机会。常见的问题型机会大多属于此类型。

2. 发现型机会

发现型机会，是指目的或手段任意一方的状况未知，待创业者去发掘的机会。例如，某项技术被开发出来，但尚未有具体的商业化产品出现，因此，需要通过不断尝试该项技术的使用范围，制造出具有一定使用价值的商品，并进而挖掘其市场潜力，进一步将该产品推向市场。

3. 创造型机会

创造型机会，是指目的和手段皆不明确，只能通过创业者的努力去创造的机会。这就要求创业者要比他人更具先见之明，才能创造出有价值的市场机会。在目的和手段都不明确的情况下，创业者想要建立起连接关系的难度非常高。但这种机会通常可以创造出新的目的-手段关系，带来更多的创业机会，一旦机会被抓住并被充分利用，就将为创业者带来巨大的利润。

在商业实践中，以上三种类型的创业机会可能同时存在。一般来说，识别型机会多半处于供求尚未均衡的市场，创新程度较低，并不需要太繁杂的过程，拥有较多的资源就可以较快进入市场获利。而把握创造型机会就非常困难，它依赖于新的目的-手段关系的出现，而往往创业者拥有的专业技术、信息、资源规模等都相当有限，更需要创业者具有对创造性资源的整合能力与敏锐的洞察力，及时创造出新的机会并付诸实践，当然，把握机会的同时还必须承担巨大的风险。发现型机会最为常见，也是目前大多数创业研究的对象。

案例4-2

女研究生建自行车驿站，一年骑出百万元

2013年1月，参加完研究生入学考试的第二天，小侯决定到海南环岛骑行，庆祝考试顺利通过。虽然之前只到兰州附近骑行过一次，但她还是深信能在海南完成一次骑行。没想到的是，这一次骑行彻底改变了她以后的生活。

"帅哥，我租辆自行车。"热情好客的租车行老板"虫子"见到小侯，不停地向她推荐骑行线路，并提醒骑行过程中需要注意的事项。当了解到她是只身一人来海南骑行后，决定免费当向导，陪她骑行到三亚。土生土长的"虫子"是海南万宁人，对线路非常熟悉，骑行过程中时刻关心她，和她一起赏美景、尝美食。

第一次骑行之后，小侯把开驿站的想法告诉了"虫子"。原来，在骑行过程中，她发现骑行驿站比较少，加上没有地方休息，导致在骑行过程中不是很顺心。而和她有同感的，还有许多骑友。经调查，小侯发现，每年12月到次年3月，约3万国内自行车爱好者到海南环岛骑游，租车、住宿是必需的环节。如果开一家集环岛自行车出租和环岛青年旅行社于一体的骑行驿站，一定有市场。

两人统一意见后，小侯与"虫子"开始在岛上做调查，他们发现没有一家把租车和住宿结合起来的驿站。此外，如果在环岛游的线路上开连锁店，解决游客异地还车不便的问题，一定更有市场竞争力。两人开始在海口地区寻找地方，考察再考察、商量再商量之后，终于在2013年2月，两人在新埠岛租了一栋毛坯别墅，他们决定将这栋别墅改造成驿站。别墅有600平方米、7间房，可以安放40个床位。

驿站成立一个多月，生意惨淡，前来住宿、租车的旅客寥寥无几。经过与多位骑友沟通，小侯找到了原因。于是，小侯开始尝试在各大网站论坛上，特别是骑行论坛上推荐自己的驿站。

经过多次推广介绍之后，驿站生意开始有了起色，陆续有骑友过来租车住宿。"硬件不足，服务来补。"小侯说，热情周到的服务是驿站的一大特色。因为小侯与"虫子"两人都爱好骑行，熟知海南的风土人情，能给每一位骑友提供详尽的骑行攻略。驿站的名字很快在骑友中传开，甚至韩国、哥伦比亚的友人都慕名而来。

截至2017年年底，他们的驿站已经有了500辆自行车，小侯与"虫子"两人在三亚还开了一家直营店，在文昌、博鳌等地开了3家分店。说到新年打算，小侯表示下一步将在环岛骑行的中线和西线开更多家驿站，到时骑友就能享受到更加便捷的服务。同时，他们也开始跟旅行社谈合作，拟推出骑行旅游专线等。小侯深信，他们的驿站一定能借助国际旅游岛的建设发展起来，生意将会越来越好。

(资料来源：央广网江西分网，2015年5月19日，有删减)

以上案例中，小侯从自身的骑行经历入手，发现了现有骑行驿站的问题，如数量少、缺少休息的地方、服务不到位等，因而针对这些问题开设自己的骑行驿站，并侧重于解决上述问题，进而取得了成功。当然，小侯能分析出现有骑行驿站的问题，一方面是她注重观察身边骑友对此的态度，另一方面也对市场做了比较充分的调研准备。遇到商机需要先做市场调研，否则不了解市场的供求状况，很容易走弯路。通过市场调研可以发现问题，发现原来创业设想中不合理的部分，并及时改正。在创业之初，小侯就有较充分的调查，规避了一些可能存在的风险，为以后的创业打下一个坚实的基础。很多创业者认为花费时间做市场调研会消磨自己的创业热情，其实做市场调研也是创业的一部分，对市场需求都不了解，只能是闭门造车，这样反而会增加创业的风险，甚至导致创业失败。

四、创业机会的来源

(一) 技术变革方面

(1) 新技术替代旧技术，如数码摄影技术取代了焦片摄影技术。

(2) 实现新功能、创造新产品的新技术出现，如互联网。

(3) 新技术带来的新问题：新技术有利有弊，如何消除弊端，并使之商业化？例如，互联网上有不良信息传播，所以出现了网络信息过滤软件等；手机、电脑有辐射伤害，所以市场出现了防辐射衣服等相关产品。

（二）政府政策变化方面

（1）对某些行业进入限制条件的放宽、监管政策的放松，如民用航空、资源开采、民办教育、保险、金融等。

（2）政策导向的变化，如价格双轨制、国有企业改制、节能减排、计划生育（育儿培训）、住房制度改革、资格证书制度（培训市场）等。

（三）社会和人口因素的变化方面

（1）妇女解放：家政、洗浴、美容、健身等行业兴起。

（2）寿命延长：养老中心、老年人用品市场等越来越多。

（3）饮食文化：素食产品产业、有机动植物培育产业、健康养生行业等出现。

（4）社会发展的新要求：高端产品、留学热、私人订制等需求增多。

（四）市场需求方面

（1）市场出现了与经济发展阶段相关的新需求，如农村经济发展带来了家电、农用机械的畅销，居民可支配收入的增长使得少儿特长教育、留学服务、旅游成为当前国民的热门消费项目。

（2）从高收入人群中寻找隐含的商机，如保险、税务代理、管理咨询、个人理财顾问等。

案例4-3

高中毕业后干起家电维修的小胡和小姜，每天都以修收录机、电视机为生，但前者是一个经营上的"不安分者"，后者是一个循规蹈矩的"老实人"。

开店后不久，小胡发现当地的农民用上了自来水后，就觉得他们将来有可能使用洗衣机，有洗衣机便会有维修洗衣机的业务。于是，他买回两三台本地市场上最常见的品牌洗衣机以低廉的价格租给周围的人使用，目的之一是让人们尝尝洗衣机的甜头，目的之二是通过使用这些洗衣机，观察每台洗衣机的内部结构，对每一台洗衣机的保养和维修进行深入钻研。

果不其然，一年后，一台台洗衣机进入农村市场，这些洗衣机的代售与维修业务也就顺理成章地被小胡包揽了。而与小胡同时开店的小姜此时只能眼睁睁看着自己失去一次扩大经营范围的机会。

（以上信息为作者收集的案例）

以上案例中，为什么"不安分"的小胡能够成功，"老实人"小姜却没有成功？这说明了什么？

五、创业机会的识别

（一）发现创业机会

创业要抓住好的机会，把握住每个稍纵即逝的创业机会，就等于成功了一半。发现创业机会的方法，具体表现在以下几个方面：

1. 变化就是机会

环境的变化会给各行各业带来良机，人们透过这些变化可以发现新的市场前景。变化可以包括：产业结构的变化；科技进步；经济信息化、服务化；价值观与生活形态的变化；人口结构的变化。

2. 从"低科技"中寻找机会

随着科技的发展，开发高科技领域是时下热门的课题，但机会并不只属于高科技领域。在运输、金融、保健、饮食、流通这些低科技领域也有机会可以创业，关键在于怎么开发这些机会。

> **案例 4-4**
>
> ### 大学生"倒腾"二手货解决了生活费
>
> 向毕业生购买二手自行车，每辆自行车的进价为 40~50 元，然后再将这些自行车卖给新生和有需要二手自行车的老生，每辆车至少可赚 30 元。就在 2020 年上学期大学生小戴就卖出了 200 多辆二手自行车。浙江商业职业技术学院金融专业的小戴同学告诉记者，"每年放假和开学时，都是我的旺季。"
>
> 大二时，经过学院创业指导老师的指点，小戴开始运营一个二手书的项目，也就是回收废弃的教科书，再折价转卖给书店。
>
> 这个项目的商业模式很简单，通过废品收购站、离校的同学等渠道，以低价收购各类被"抛弃"的图书、字典、学习资料等，再整理出一个图书分类表。然后，通过宣传，以远低于新书的价格销售给有需要的同学。"销售情况非常好，尤其是英语四、六级考试资料，以及字典之类的工具书，很受同学们欢迎。"小戴告诉记者。
>
> 生意做大以后，小戴还兼营库存图书销售之类的"大生意"及各类二手货的销售。售卖的二手用品十分丰富，大到电脑，小到网球拍、溜冰鞋，还有台灯、被子等必备用品，生意出奇地好。小戴说："我们团队一共四个人，通过创业基本解决了生活费的问题。"
>
> （以上信息为作者收集的案例）

通过阅读以上案例，试问一下自己：你是否愿意从这种"低科技"领域入手进行创业？会不会因为创业项目不够"高大上"而担心受人嘲笑？你身边还有哪些类似的领域可以进行创业？

3. 集中盯住某些顾客的需求，就会发现机会

机会不能从全部顾客身上去找，因为共同需要容易认识，基本上已很难再找到突破口，实际上每个人的需求都是有差异的，如果我们时常关注某些人的日常生活和工作，就会从中发现某些机会。因此，在寻找机会时，应习惯把顾客进行分类，认真研究各类人员的需求特

点，机会自会显现出来。

4. 追求"负面"就会找到机会

追求"负面"，就是着眼于那些大家苦恼的事和困扰的事。因为是苦恼、是困扰，人们总是迫切希望得解决，如果你能找到解决的办法，实际上就是找到了机会。

伴随着国家"全面二孩"政策的开放，以及育龄妇女消费理念的变革，母婴专用洗衣机越发受到用户的认可。虽然母婴类洗衣机频出，但因行业标准未涉及专业的母婴类洗衣机，市场上的母婴洗衣机"鱼龙混杂"。海尔针对这个问题，研发了免清洗全自动3千克小小神童洗衣机。它采用免清洗系统，以智慧球科技为核心，从内桶防止污垢附着，有效去除污渍，保持内外桶始终洁净如新。它搭载特洗和尿布洗涤程序，有效去除顽固污渍，强力洁净婴幼儿贴身衣物。用户可根据衣物脏净程度，自行设定洗涤时间、洗涤次数、脱水时间。同时，它还设有一键 iwash 智能记忆洗涤功能，用户也可根据衣物脏度和多少情况，自由选择高、中、低水位，并可在 2～24 小时内预约洗涤，预约时间结束即可完成洗衣工作。

如何轻松清洗婴幼儿的衣物是准妈妈们迫切希望解决的问题，海尔集团就这一问题入手，着力解决问题，就找到了创新的机会。

（二）把握创业机会

创业者不仅要善于发现机会，更需要正确把并果断行动，将机会变成现实的结果，这样才有可能在最恰当的时机出击，获得成功。

机会并不意味着不付出代价就能获得，许多成功的企业都是从解决问题起步的。解决问题，就是现实与理想的差距。顾客需求在满足之前就是问题，而设法满足这一需求，就抓住了创业的机会。

1. 跟踪技术创新把握机会

世界产业发展的历史告诉我们，几乎每一个新兴产业的形成和发展，都是技术创新的结果。产业的变更或产品的替代，既满足了顾客需求，也带来了前所未有的创业机会。

2. 在市场夹缝中把握机会

创业机会存在于为顾客创造价值的产品或服务中，而顾客的需求是有差异的。创业者要善于找出顾客的特殊需求，紧跟住顾客的个性需要并认真研究其需求特征，这样就能发现和把握商机。

3. 利用变化把握机会

变化中常常蕴藏着无限商机，许多创业机会产生于不断变化的市场环境。环境变化将带来产业结构的调整、消费结构的升级、思想观念的转变、居民收入水平的提高等。有心人通过这些变化，就会发现新的创业机会。

4. 把握新政策带来的机会

市场受政策影响很大，新政策出台往往会引发新商机，如果创业者善于研究和利用政策，就能抓住商机站在潮头。

5. 弥补对手缺陷把握机会

很多创业机会是缘于竞争对手的失误而"意外"获得的,如果能及时抓住竞争对手策略中的漏洞而做文章,或者能比竞争对手更快、更可靠、更便宜地提供产品或服务,也许就找到了机会。

案例 4-5

"80 后"海归白手起家创立洋行

小王的创业路,是从进口橄榄油开始的。

小王透露,在台州自贸区从事进口橄榄油工作的那段时间,他发现生鲜进口食品在台州也有很大需求,并且当时这块市场还处于空白状态。

小王说,当时的台州与上海等一线城市有些区别,市场上售卖的进口食品多为预包装食品,缺少进口生鲜,因此具有消费能力的台州人缺乏购买进口生鲜的渠道。

在这样的状况下,小王瞄准了进口生鲜食品的市场,创立了自主品牌"王记洋行",他对这一市场充满了信心。虽说现在流行网上购物,但生鲜与常规的产品不一样,追求高品质的海鲜、肉制品的消费者,都会倾向于线下购买。因此,他将市场定位于高端的进口生鲜。在王记洋行不断发展的同时,小王遇到了三位合伙人,这也成了他事业发展的一大契机。

一次偶然的机会,他认识了三位朋友,一位从事餐饮事业20余年、一位从事红酒销售、一位经营着KTV。小王说,大家聚在一起就有了一个想法:我们这边有食材、有美酒、有音乐,那我们是不是可以把这些资源整合到一起,由从事餐饮的朋友把它规划一下。四人一拍即合,便开始了悦世荟餐饮集团的筹备工作。

他们希望在台州打造这样一个地方:在这里可以吃到高品质的美酒与美食,还可以享受到音乐。为了达到这样的效果,悦世荟在装修方面就花了很多心思。

为了能够让顾客获得更好的消费体验,在提供美酒美食的前提下,悦世荟还配备了先进的音响设备,每天晚上6点到9点都安排有专业的歌手为顾客助兴,让顾客能够不仅能一边享受美酒美食,一边听歌,甚至还可在现场直接登台演奏或演唱。

小王介绍道,不少台州人在进行商务宴请时不希望在嘈杂的环境里面就餐,希望能够在私密一点的空间里面就餐,因此,他们还将悦世荟餐厅分为包厢和大厅两种餐位,以照顾不同顾客的消费需求。

据悉,自2015年12月24日正式开业以来,悦世荟每天晚上客流量都很高,有些包间都必须提前一周预定。如今,悦世荟已成为台州地区最有影响力的餐饮集团之一。

(以上信息为作者收集的案例)

以上案例中，随着我国经济的发展，人们的生活水平也随之有了很大的提高，人们的消费能力也随之有了大幅的提升。在此背景下，小王看到了台州的新变化，并从变化中看到了市场上未能满足人们需求的机会，即具有消费能力的台州人缺乏购买进口生鲜的渠道。基于此，小王结合自己在国外积累的资源把产品引入国内，填补本地市场的空白，最终获得了市场的认可，取得了创业的成功。

六、创业机会的评价

（一）定性方法

评估内容：通过前期调研分析，确定该创业机会所必须具备的成功条件；分析本企业在市场机会上所拥有的优势；分析本企业创立之后所拥有的竞争优势；分析与本公司发展方向是否和发展目标一致。

（二）定量方法

评估内容：在初步拟定营销规划的基础上，从财务上进一步判断选定的机会是否符合创业目标，一般情况下，要通过量、本、利三个方面进行分析。

1. 市场需求量预测

通过市场需求量的预测，可以了解该机会所面临的市场状况及市场潜力，也是进行经济效益分析的基础。市场需求量的预测可以运用一定的数学方法来进行，主要方法有趋势预测法、因果预测分析法、市场调查分析法和判断分析法等。

2. 运行成本分析

运行成本分析主要研究利用该机会所需要付出的资金人力成本，应从投资成本、生产成本和营销成本三方面进行分析，可采用专门的成本预测方法，如直线回归法和趋势预测法等。

3. 项目利润分析

在市场需求量和成本的预测基础上进行利润核算，一般可采用损益平衡模型、简单市场营销组合和投资收益率等方法进行分析。

（三）阶段性决策方法

阶段性决策方法要求创业者在创业机会开发的每个阶段都要进行机会评价。一个创业机会是否能够顺利通过每个阶段预先设置的障碍，在很大程度上取决于创业者经常面对的约束或限制，如创业者的目标回报率、风险偏好、金融资源、个人责任心和个人目标等。

> 案例 4-6
>
> ## "90后"创业团队打造"校园神器"
>
> "今天上什么课？还在看纸质版课表，太out了，快装小安！"如今，走在安徽大学的校园中，如果自己的手机里没有"口袋小安"这么个"校园神器"，绝对会被同学们的聊天内容弄蒙。
>
> 只需要输入学号和密码就能轻松查阅各科考试成绩，大学生最怕忘的课程安排也一字不差地列在"课程表"选项中。清晰的界面下，还涵盖了分数查询、图书借阅、失物招领等多个校园通知选项。当然，在校生还可以用这款"口袋小安"足不出户地轻松搞定外卖、送快递等事情。
>
> 除了便利在校生的学习生活，这款校园软件的另一个功能同样被大学生们"叫好"——表白墙。
>
> 想问问"口袋小安"有多火？从2012年3月1日公开运营以来，短短一个月时间里就已经拥有了1700多名"粉丝"。目前已经开发出安卓版本。令人惊讶的是，这款集生活服务、学习和社交于一体的"校园神器"的研发者，是安徽大学本科在读的几名"90后"大学生。他们的创业团队名叫dobell，共有9名成员，他们是8名计算机与科学学院的大学生和1名商学院的大学生。
>
> "研发这款软件的初衷，实际上就是想通过所学知识方便同学的校内生活，也算是我们留给母校的一个礼物。"负责本次研发的小陈这样说："研发创意团队其实早就有了，真正实施是在今年寒假。大一时自己和队友就对编程充满好奇，当时便组建了dobell这个团队。"
>
> "希望我们毕业后，这款软件依旧能留在安徽大学，成为同学们校园生活的一部分。"对于软件的未来，已经读大三的小陈有着明确的定位。"现在我们正在和学校沟通，等待后续的内容研发完成后，会通过二维码等形式印在安大的录取通知书上，成为新生入学后的一款手机必备软件。"相对应地，他们也会开发新功能，包括校园地图、报到手册、防骗手册等。
>
> 小陈的创业团队，依托校园生活学习充分发掘同学们身边的各种需求并结合自身的专业知识，开发应用软件，不仅学以致用，同时也为自己的创业之路开启了崭新的篇章。
>
> （资料来源：98创业网，2014年4月14日）

通过以上案例，思考一下：你如何看待"口袋小安"这个创业项目？你从这个项目中受到什么启发？你是否也可尝试着在自己的学校研发一个类似"口袋小安"的软件？

第五节　创业团队的组建

一、创业团队的内涵

在非洲大草原上如果见到羚羊在奔跑，那一定是狮子来了；如果见到狮子在躲避，那就是象群发怒了；如果见到成百上千的狮子和大象集体逃命的壮观景象，那是什么来了呢？是蚂蚁军团来了！狮子和大象为什么会害怕蚂蚁军团呢？原来，在非洲土地上生活着一种蚂蚁，叫矛蚁（行军蚁），数量庞大，居无定所。当矛蚁的先头部队抓住比它们体积大上几千倍的猎物时，其主力军便会第一时间赶到，猎物随即便会被淹没在蜂拥而至的茫茫蚁海中，瞬间便会被这支强大的蚂蚁军团啃噬殆尽。这些猎物一旦被这些矛蚁叮上，能活下来的机会几乎为零，它们是非洲大地上一支恐怖的"军事力量"。"齐心协力，其利断金"正是蚂蚁军团的制胜法宝。成功的创业团队，大多都会如蚂蚁军团一般，会做到齐心协力。

（一）创业团队与一般团队的区别

1. 团队和群体的区别

管理学家斯蒂芬·P. 罗宾斯认为，团队就是由两个或者两个以上的，互相作用、互相依赖的个体，为了特定目标而按照一定规则结合在一起的组织。团队是群体的一种形态，但是不等同于群体，二者的根本差别在于，团队中成员的作用是互补的，而群体中成员在很大程度上是互换的。团队中离开任何人都不能很好地运转，而在群体中离开谁都能可以运转。具体的表现在，团队的成员对是否完成团队目标一起承担成败责任并同时承担个人责任，而群体的成员则只承担个人成败责任；团队的绩效评估以团队整体表现为依据，而群体的绩效评估是以个人表现为依据；团队的目标实现需要成员间彼此协调且相互依存，而群体的目标实现却不需要成员间的互相依存性。此外，团队较之群体在信息共享、角色定位、参与决策等方面要更胜一筹。

团队是群体的特殊形态，是一种为了实现某一目标而由互相协调依赖并共同承担责任的个体所组成的正式群体。团队是由两个或者两个以上拥有不同技能、知识、经验和能力的人组成的，他们具有特定的工作目标，成员之间可以相互愉快地工作在一起，互相依赖、技能互补、成果共享、责任共担，通过成员的共同协调、支援、合作和努力共同完成目标。

2. 团队中的九种角色

在一个团队中，每位成员往往具有不同的优势和劣势，在团队中发挥的作用也不尽相同。一般而言，成员在团队中扮演的角色有九种定位，具体的特征如下。

（1）栽培者。

角色描述：善于解决难题，富有创造力和想象力，不墨守成规。

可允许的缺点：过度专注思想而忽略现实。

不可允许的缺点：当与别人合作会有更佳结果时，不愿与他人交流思想。

(2) 资源探索者。

角色描述：外向、热情、健谈，知道适时发掘机会、增进联系。

可允许的缺点：热情很快冷却。

不可允许的缺点：不遵循规则，令顾客失望。

(3) 协调者。

角色描述：成熟、自信，是称职的主事人，能清晰阐明工作目标、促进问题的解决与方案制定，并进行合理分工。

可允许的缺点：发现其他人可完成工作时，不再事事亲力亲为。

不可允许的缺点：完全信赖团队的努力。

(4) 塑型者。

角色描述：富有激情，充满活力，在压力下成长，有克服困难的动力和勇气。

可允许的缺点：易沮丧与动怒。

不可允许的缺点：无法以幽默或礼貌的方式平息局面。

(5) 监控者。

角色描述：冷静、有战略眼光与识别力，善于对同等情况下的多种策略进行权衡比较，最终做出正确选择。

可允许的缺点：有理性的怀疑。

不可允许的缺点：失去理性讽刺一切。

(6) 团队工作者。

角色描述：性格温和，善于倾听他人意见，能有效防止内部摩擦，平息团队内外的各种争端。

可允许的缺点：面对重大事项优柔寡断。

不可允许的缺点：喜欢逃避自己应承担的责任。

(7) 贯彻者。

角色描述：纪律性强，值得信赖，执行力强，办事高效，善于把想法变为实际行动。

可允许的缺点：坚守教条，相信经验。

不可允许的缺点：阻止变化。

(8) 完成者。

角色描述：勤勤恳恳，尽职尽责，积极投入，善于找出工作中的差错与遗漏之处，及时修正，准时完成任务。

可允许的缺点：完美主义。

不可允许的缺点：过于执着的行为。

(9) 专家。

角色描述：目标专一，自我鞭策，敢于奉献，对某行业具有专业的知识与经验。

可允许的缺点：为了学而学。

不可允许的缺点：忽略本领域以外的其他技能。

3. 创业团队和一般团队的区别

(1) 团队组建的目的不同。

一般团队组建的目的是解决某类或者某个具体问题,而创业团队组建的目的是开创企业或者拓展新事业。

(2) 职位层级不同。

一般情况下,创业团队的成员处在高层管理者的位置上,他们会对企业发展中的重大问题决策产生决定性的影响,甚至会关系到企业的存亡;而一般的团队中,其成员并不都处于组织的高层位置,其决策影响力也很有限。

(3) 团队的组织依据不同。

一般团队组建的依据主要是基于解决待定问题而临时组建在一起;而创业团队是基于工作原因组建的,其成员之间会长期为了某一个共同的创业目标而在一起工作。

(4) 团队的影响范围不同。

一般团队的影响力并不大,即使有影响也只是小范围的、局部的;而创业团队的影响力则较大,主要影响组织决策的各个层面,涉及范围较宽。

(5) 权益分享不同。

创业团队的成员一般在企业中拥有股份,以便使团队成员具有更强烈的责任感来关注企业成长并积极参与决策;而一般团队并不需要用到股份来约束成员,团队整体及其成员的责任感和使命感也就相对地不那么强烈。

(6) 关注视角不同。

创业团队关注的大多是关乎企业发展的全局性、战略性的决策问题,其视角一般是宏观的;而一般团队关注的则多是一些比较微观的、具体的战术性和执行性的问题,其视角则相对狭窄。

(7) 领导方式不同。

一般团队受该组织最高层的直接领导和指挥;而创业团队则以该组织高管层的自主管理为主。

(8) 依赖程度不同。

创业团队成员对企业有一种深厚的情感,其连续性承诺(由于员工对组织投入而产生的一种机会成本,足以让成员不离开组织的倾向)、情感性承诺(个体对组织的认同感)和规范性承诺(个人受社会规范影响而不离开组织的倾向)都比较高。一般团队中,成员对组织的连续性承诺、情感性承诺和规范性承诺相对较低。

(二) 创业团队的特征

创业团队是一种特殊的群体,团队成员在创业初期把创建新企业作为他们共同努力的目标。他们在集体创新、分享认知、共担风险、协作进取的过程中,形成了特殊的感情,创造出高效的工作流程。高效的创业团队不是"1+1=2",而是"1+1>2"。高效的创业团队具有以下几个特征。

1. 目标明确

团队成员在创业初期就拥有这个共同的目标,明确目标能为团队指引方向,提供动力,能够激励团队成员把个人的目标升华到群体目标上,提高团队的绩效水平,并坚信这一目标是正确的,是最终可以实现的。

2. 有效领导

一个合格、有才能的领导对于创业团队的高效工作至关重要。好的领导能将创业团队中的每一个人都团结起来,形成强大的凝聚力,使大家在遇到困难的时候共同承担责任、共克艰难。高效的创业团队领导往往承担的是教练的角色,他们为创业团队提供支持、指导和鼓励,带领他们为实现各种创业目标和任务而努力奋斗。

3. 良好沟通

良好的沟通既是高效团队的外在表现,也是营造团队和谐人际关系的重要手段。充分有效地沟通,乃是创业团队成员目标协调一致的基础。创业团队成员只有在沟通后才能准确地了解彼此的想法,才能确保团队成员行为与团队步调一致。通过沟通,团队成员分享信息,团结一致,化解矛盾,最终达成共识,和谐相处,使得团队更加有战斗力。

4. 相互信任

创业团队成员间的相互信任是创业成功的关键因素,每个成员对于团队中的其他成员的品行和能力都应该是确信不疑的。相互信任是创业团队和谐人际关系形成的重要特质。创业团队成员之间应具有批评和自我批评的宽厚态度,只有如此,才会彼此和谐共处,才能让信息畅通,不出现人为梗阻的现象,最终确保团队目标顺利实现。

5. 承诺一致

创业团队成员应对团队表现出高度的忠诚,对团队目标具有奉献精神,愿意为实现这一目标而调动自己的最大潜能。有了共同一致的承诺,团队成员便有了共同的理念,大家可以为了共同的目标而共同奋斗,进而促使团队高效、顺利地实现目标。

6. 制度完善

"没有规矩,不成方圆",完善的规章制度能使创业团队的工作有章可循,有章可依,能够使得团队全体成员的行为保持一致,实现制度化管理上的飞跃。实践证明,这一飞跃能有效地解决团队内部不必要的内耗,从而促使团队的蓬勃发展。

二、组建创业团队

电影《中国合伙人》,讲述了20世纪80年代到21世纪初,三个年轻人从学生时代相遇、相知,到为了实现共同的梦想一起创办英语培训学校,最终功成名就、实现梦想的励志故事。在这里,这三个年轻人与其说是合伙人,不如说是一个有着共同目标的创业团队,他们创业成功的故事给了现在创业的年轻人很好的鼓励和信心。

组建适合的团队不是一件容易的事情,人才往往是"可遇而不求"的,也是最难获取的创业资源之一,我们需要什么样的创业伙伴,去哪里寻求合适的创业伙伴,需要创业者好好思索。

创业团队狭义上是指拥有着共同的目标、共享收益、共担风向的一群创业同伴。而广义上的创业团队，不仅包括狭义的创业团队，还包括创业过程中的部分利益相关者。创业团队是指由两个或者两个以上具有一定利益关系的，彼此间通过分享认知和合作行为以共同承担创建新企业责任，处在新创企业高层主管位置的人来共同组建形成的有效工作群体。

前面我们讲过创业团队和一般群体的区别。可以说，创业团队的确定，对创业成功具有重要的意义。

（一）组建原则

1. 目标一致

团队成员的个性、脾气、经历、认知、能力都不尽相同，但是为了达到创业的成功，无论什么样的团队成员都应具有共同的目标、共同的愿景，具有为了创业成功而努力的决心。如果创业团队的目标不能保持一致的话，就很难确保创业的成功。此时，可以对创业团队的成员进行调换或者重新选择，重新组建一支目标一致的创业团队。

2. 人数合理

创业人数是多好还是少好，这要根据创业企业的需要来确定。一般情况下，创业团队的人数控制在3~5人为宜。成员太多，思想不统一，许多工作无法开展。合理的创业人数，便于领导与任务分工的有效开展，保证各项工作完成的速度和质量，提高团队的办事效率。

3. 志同道合

俗话说"道不同不相为谋"。志同道合，意味着志趣相投。相似的价值观、理想及信念让彼此信任、坚定和依赖，志同道合的人更容易"抱成团"。创业要面对很多不确定因素，风险大，是否具有共同的兴趣点，是否具有共同的创业梦想，对于提升和保持团队的凝聚力是非常重要的。一般情况下，具有相似的成长经历、成长环境以及教育背景的人，更容易志趣相投。创业成功，并不一定是因为团队成员有多优秀，而是因为团队成员之间的齐心协力，同样，团队的失败也并不一定是因为团队结构的缺陷，而很可能是因为团队成员内部的争斗或关系涣散。

4. 优势互补

前面讲过团队和一般群体最大的区别在于团队成员之间是互补的而不是替代的。依托创业项目的特点来组建团队是我们应该考虑的重要因素。如果项目所蕴含的不确定因素较高，价值创造力较大，往往意味着创业过程中面临的情况也就越复杂，挑战性越强。那么，理性组建创业团队会更好地应对创业过程中的复杂任务，有利于成功创业。这种理性组建，主要强调团队成员间的技能互补、知识互补、能力互补、性格互补、观念互补，这种优势互补的作法可以保证新创企业健康有序地发展。

5. 兼顾权益

团队成员的关系并不等同于朋友、兄弟，因为志同道合，在创业初期，企业发展还不明朗的情况下，创业者们更多考虑的只是企业的利益，而耻于谈钱，友谊、兄弟情是维系他们之间关系的主要纽带。这种关系看似牢固，但是却隐藏着很多的隐患。当企业发展步入正轨的时候，个人的利益观就凸显出来，就会使有些成员觉得自己的付出和回报不成正比，由此产生消极对抗情绪，影响企业的发展。因此，在创业团队初创期，就应该明确每一个团队成员在所创企业中的股权分配，避免在以后出现团队冲突。

在确定股权分配时，要遵循三个重要原则。第一，重视契约精神。在创业之初，就把确定的股权分配方案以公司章程的形式写进去，并由每一个创业团队成员一致通过，使之以契约形式明确团队成员的利益和分配机制。第二，遵循贡献决定权利分配的原则。团队的目标是把蛋糕做大，在实际操作中，往往依据出资金额多少来确定股权的比例，如果是以专业技术入股的团队成员，则需要谨慎考虑自身所具有的专业技术的商业价值，然后通过集体决策，确认该技术股的比例。第三，控制权与决策权相统一的原则。在创业初期，更需要集权和统一指挥，只有实现了控制权与决策权的统一性，创业的进程才会更顺利。

（二）组建流程

每个创业团队都有其特殊性，所以没有哪一个创业团队的赢利模式是可以完全复制的。但是，如果我们按照一定的程序去组建创业团队，就会提高团队组建效率、优化团队资源，最终收到事半功倍的效果。

1. 确定团队的具体工作

根据具体的创业项目确定有哪些具体的工作需要开展，要具体、明确。例如，你的创业项目是"互联网+北京特产销售"，那么团队的具体工作一般要有产品采购、仓储管理、产品配送、图文信息处理、客户服务、企业记账等。

2. 设计团队的工作岗位

根据团队需要开展的具体工作，设计出相应的工作岗位，包括岗位需求，所需人数等。例如，产品采购的工作岗位就是采购员，要求采购产品时，注重对产品细节与质量的把握，不管货源的远近，都要求最好会驾驶汽车。初期工作量不大时，只招一人即可。

3. 分析现有成员特点

分析现有团队成员的专业特长、相关经验等，确定每一位成员的优缺点。

4. 确定现有成员的工作分配

根据每位成员的优势条件，通过协商的方式，确定每位成员的具体工作职责。

5. 设计企业结构图

根据企业团队的实际情况，设计企业结构图。在结构图中，要能够体现出企业现阶段所有岗位、人数要求、现有成员的工作配置情况、空缺岗位情况等。

6. 招募空缺团队成员

通过合适的招募方式，采取科学的评价方法，选择空缺团队成员。

（三）创业成员的寻找与招募

很多时候我们的创业伙伴都是我们认识的人，是身边经常活动在自己周边的朋友，但是也有很多的团队成员,他们之间是互相不认识的人。对于大学生创业者来说,我们的创业团队成员该从哪里招募呢?

1. 学校的社团组织

学校里有很多社团组织,那里有很多思想活跃的、有理想、有抱负、有特长、有技能的大学生,在那里你可以先找到志同道合的朋友,也可以找到兴趣爱好相同的伙伴。社团中的学生较一般的同学来说,都是内心充满理想和追求,并且愿意付出更多努力来实现自己目标的。

2. 公共的社交场所

公共的社交场合对于大学生来说很多,在学校的图书馆、食堂、教室等,大家可以随时认识很多志同道合的同学。当然,还可以通过参加各种学术和技能比赛、文艺汇演、学术会议,或其他一些校内外的公共活动去认识一些志趣相投的同学与朋友,并进而发展成创业伙伴。这些人一般都来自不同的院校,具有不同的文化基础和性格特征。

3. 众创空间

目前,各大高校都涌现出很多的众创空间,在一个城市也会出现几个不同规模的众创空间。而众创空间里的伙伴更多是怀揣着创业梦想或者具有技术能力,再或者具有创新思维的一群人,在这里寻求创业伙伴,可以在很大程度上解决创业初期的创业成员招募问题。

4. 他人推荐

创业伙伴,很多时候来自他人的推荐,这种推荐方式,已经对创业伙伴进行了初步的筛选,既节省了时间和精力,又节省了一定的资金成本。

5. 公开招聘

可以通过一些互联网平台和微信朋友圈,发布一些招聘信息,去招聘我们需要的创业伙伴,然后对来应聘的创业伙伴进行有效筛选,最终得到我们的创业成员。

(四)团队成员的自我评估

在任何情况下,选择适合的创业伙伴的过程,就是创业者对初创企业的人力资源做一个仔细评估的过程。这是因为,从非常现实的角度看,除非创业者知道他们已经拥有什么,否则,他们不可能知道他们需要从别人那里得到什么。为了选择与自己在知识、技能和特性方面具有互补性的合作者,创业者首先必须对自己进行认真的自我评估。这是一件非常困难的事情,因为人们通常意识不到自身的行为,而且在很多情况下,只有根据其他人对自己的反映来理解自己的特征。创业者的自我评估主要考虑以下五个方面。

1. 知识基础

创业者所接受的教育以及经验可以表明创业者知道什么和不知道什么,以及需要从其他人,包括潜在的合作者那里获得什么。他们之间必须具备一定的知识基础和教育基础,能够很好地配合。

2. 专门技能

每个人都有一系列独特的完成某些任务的能力,创业者应该准确分析并列举自身的各种技能，并将这些技能作为创建新企业的基础，并在此基础上逐步完善与调整。

3. 动机

思考创业动机有利于评判创业者和潜在合作者之间的创业动机的差异，防止未来创业时发生一些不可避免的问题。

4. 承诺

承诺是指个人竭尽全力完成某一项工作（即在逆境中也继续前进）以及实现与新企业相关的个人目标的意愿。

5. 个人特质

创业者要了解自身在责任感、外倾性、友好性、情绪稳定性、经历开放性这五大关键维度上处于什么位置。

三、创业团队的冲突管理

冲突的发生是企业内部某些方面不协调的结果，表现在冲突行为主体之间的矛盾激化和行为对抗。有些学者把团队冲突分为两大类，即认知冲突和情感冲突。有效的团队知道如何进行冲突管理，从而使冲突对组织绩效的改善产生积极贡献。

（一）认知冲突

认知冲突是指团队成员对企业生产经营管理过程中出现的与问题相关的意见、观点和看法形成的不一致。通俗地讲，认知冲突是论事不论人。从本质上说，只要是有效的团队，这种团队成员之间就生产经营管理过程的相关问题存在分歧是一种正常现象，而且一般情况下，这种认知冲突将有助于改善团队决策质量和提高组织绩效。

认知冲突是有益的。因为它与影响团队有效性的基本活动相关，集中于经常被忽略的问题背后的假设。通过推动不同选择方案的坦率沟通和开放式交流，认识冲突有助于产生创造性思维，促进创造性方案的形成。作为冲突管理的一种结果，认知冲突将有助于决策质量的提高。事实上，没有认知冲突的团队决策，不过是一个团队里最自由表达的或者是最有影响的个别成员的决策。

除了提高决策质量外，认知冲突能够促进决策本身在团队成员中的接受程度。通过鼓励开放和坦率的沟通，以及把团队成员不同技术和能力加以整合，认知冲突必须能推动团队成员对团队目标和决策方案的理解，增强大家对团队的责任感，从而也有助于执行团队所形成的创业决策方案。

（二）情感冲突

情感冲突是指团队成员个人情感之间发了矛盾，这种冲突是极其有害的，这种个人之间的仇恨感会极大地降低团队决策质量，并且影响团队成员在履行义务时的投入程度。与问题性导向的冲突不同，基于人格化、关系到个人导向的不一致性往往会破坏团队绩效，冲突理论研究者把这类不一致性称为"情感冲突"。

由于情感冲突会在成员间挑起敌对、不信任、冷嘲热讽、冷漠等表现，所以，它会极大地降低团队决策的有效性。这是因为情感冲突会影响团队的感情，使团队中的某些关键性活动无法开展，团队成员普遍地不愿意就问题背后的假设进行讨论，从而降低了团队绩效。情感冲突引起的冷嘲热讽、不信任和回避，会阻碍团队之间开放的沟通和联合。当它发生时，不只是方案质量在下降，包括团队本身的凝聚力也在不断地受到侵蚀，因为团队成员不再把他们与团队活动相联系起来。

对团队的绩效来说，冲突可以是有益的，也可以是有害的，主要取决于它是认知冲突，还是情感冲突。认知冲突可以通过改善决策质量和提高成功决策的概率，进而提高团队绩效。然而，情感冲突降低了团队决策的质量，破坏了团队对成功决策的理解，团队因此甚至不愿意履行团队成员的义务，进而导致团队绩效下降。

四、所有权分配冲突

在创业初期，一般所有权分配不是困扰团队发展的首要条件，因为当时大家有着共同的愿景，可以通过共同努力来实现自己的理想，金钱、利润以及所有权都不是考虑的重点。但当企业发展到一定规模后，这个问题将突出表现出来。在所有权分配问题上，创业者要在公平和激励之间做出良好的权衡。一方面，所有权分配要在团队成员内部体现出公平性，符合贡献决定权利的标准，但同时又要让所有权分配对成员有一定的激励作用，让每个成员都能感到分配的股权比例超出了自己的预期。要做到这一点，并不是一件容易的事情。首先要挑战的就是创业者自己的心胸和气度，要懂得与帮助你创造价值和财富的人一起分享财富。一旦过了这一关，创业者就不会在持股百分比问题上斤斤计较了。毕竟，零的51%结果还是零，关键在于如何把蛋糕做大。

如果创业者太贪婪，过分强调控制权，把公司大部分所有权都揽在自己手里，而不是与其他人分享公司的管理权，那一切都将成为泡影。蒙牛的牛根生就深谙此道，在多个场合反复强调"财聚人散，财散人聚"的道理。因此，所有权分配的冲突是致命的，一旦出现问题，可能使辛苦打拼开创的企业发生严重的危机。

五、创业精神的延续

企业能长远发展的最重要的一个因素就是具有创新创业精神，根据团队成员对创业决策的行为方式和影响能力，创业团队的创新创业精神通常由四个基本维度构成。

1. 集体创新

一支具有创业精神的团队一定会不断地进行创新和创造，这样企业才能有长远的发展。这就必须要求团队组织之间具有更高的标准，一是要求创业团队内部能够正确对待个体成员之间所发生的冲突，二是要求团队内部个体成员与组织之间能够在相互信任的基础上形成有利于企业成长的心理契约关系。在此基础上，创业团队可以凝聚全体团队成员的力量，并通过这种团队成员对团队组织的向心力来推动创新方案的形成和创业决策方案的执行，最终实现创业的成功。

2. 分享认知

创业机会可以视为企业家精神的逻辑起点。这种创业机会可以理解为通过创业者对资源的创造性组合来满足市场需求，并为自己获得超利润的一种可能性。相较于个体创业来说，采取团队方式可以极大地提高团队对创业机会的认知水平。

3. 共担风险

作为一支富有企业家精神的创业团队，在共担风险维度上应至少具备这样的特征：一是具有异质性的创业团队成员可能具有不同的风险偏好，创业团队既可能有极端的风险爱好者，也可能存在极端的风险厌恶者，更多的创业团队成员可能处在风险连续体中的某一点。二是利用团队成员的异质性，不同的团队成员可以从自身的知识视野认知、分析和评价各种创业风险，然后将不同的风险感知进行有效的整合。如此一来，创业团队对风险正确感知的可能性就会得到提高，进而就可以做出更加具有可行性的决策，来推动创业的顺利开展。

4. 协作进取

"协作进取"的创业团队的创业精神维度主要体现在三个方面：一是团队成员在知识、能力、角色等方面的互补性。具有异质性特点的团队可能会形成仁者见仁、智者见智的观点分歧，但协作进取的愿望能够使得大家通过有效的观点争辩来达成共识，最大限度地避免在不确定环境下的创业决策失误。二是团队内充满学习型氛围，个体成员之间愿意就创业决策过程的不同观点进行深度会谈，进而在团队功能最大化的过程中达到个体团队成员的价值实现。三是团队内具有创业型的组织文化，不会因为团队规模的扩大或者团队成员的退出而影响到团队协作进取的愿望和行为。

第五章

创业筹划

> **学习目标**
> * 掌握市场调研与营销的相关知识
> * 了解商业模式构建的内容
> * 了解创业融资途径
> * 精通创业计划书的撰写
> * 了解项目路演有关内容

第一节 市场调研与营销

一、市场营销的内涵

(一) 市场的概念

从一般意义上讲,市场就是指商品交换的场所及交易关系的总和,主要包括买方和卖方之间的关系。广义上讲,它还包括由买卖关系引发出来的卖方与卖方之间的关系以及买方与买方之间的关系。

从市场营销的角度来看,市场是指某种产品的现实购买者和潜在购买者需求的总和。由此可知,市场包括三个要素:①有某种需要的人;②满足某种需要的购买能力;③购买欲望。

市场用公式表示为如下:

$$市场 = 人口 + 购买力 + 购买欲望$$

首先,市场要有具有某种需要的人,人是形成市场的基本前提。在其他条件不变时,只要有了人,就一定有市场,人口规模越大,市场越大。其次,市场要有为满足某种需要的购买力,购买力是形成市场的必要条件。再次,来市场的人们会对某种产品具有购买欲望。

这三个因素是相互制约、缺一不可的,只有三者结合起来才能构成现实的市场,才能决定市场的规模和容量。例如,一个国家或地区人口众多,但收入很低,人均购买力有限,则不能构成容量很大的市场;又如,人均购买力虽然很大,但人口很少,也不能成为很大的市场。只有人口多、人均购买力高的地区,才能成为一个有潜力的大市场。但是,如果市场上的产品不符合当地人的需要,不能引起人们的购买欲望,对销售者来说,仍然不能成为现实的市场。所以,市场是上述三个因素的统一。

站在经营者角度,常常把卖方称为行业,而将买方称为市场,它们之间的关系如图5-1所示。

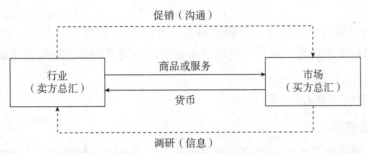

图 5-1　简单的市场营销系统

这里,买卖双方由四种流程相连:卖方将商品(服务)送达市场,并与市场沟通;买方把金钱和信息送到行业。图5-1中,内环表示钱物交换,外环表示信息交换。

(二)市场营销的含义

市场营销是从英文"marketing"一词翻译过来的,这一词包含两种含义:一种是动词理解,指企业的具体活动或行为,这时可称为"市场营销"或"市场经营";另一种是名词理解,指研究企业的市场营销活动或行为的学科,被称为"市场营销学""营销学"或"市场学"。国外的专家学者对市场营销做过以下不同的解释和表述。

美国市场营销协会(American Marketing Association,AMA)1960年对市场营销的定义为:"市场营销是指引导产品和劳务从生产者到达消费者或用户所进行的商务活动。"这一定义把市场营销看作沟通生产环节与消费环节的商业活动过程。

英国市场营销协会认为:"一个企业要生存、发展和赢利,就必须有意识地根据用户和消费者的需要来安排生产。"这一论述把市场营销与生产经营决策联系起来。

日本营销学者对市场营销的定义为:"市场营销是在满足消费者利益的基础上,适应市场的需要而提供商品和服务的整个企业活动。"这一论述把市场营销的外延扩大了。

美国市场营销协会于1985年对"市场营销"下了更完整和全面的定义:"市场营销是对思想、产品及劳务进行设计、定价、促销及分销的计划和实施的过程,从而产生满足个人和组织目标的交换。"

被誉为"现代营销学之父"的美国西北大学教授菲利普·科特勒对"市场营销"的定义则强调了营销的价值导向:"市场营销是个人和集体通过创造并同他人交换产品和价值以满足需求和欲望的一种社会和管理过程。"

以上这些论述反映了不同时期人们对市场营销的认识。由此可看出，市场营销的内容在不断地丰富、充实，其外延在不断地扩大。根据现代市场营销的发展，我们给出如下定义："市场营销是企业在变化的市场环境中，为满足消费者需要和实现企业目标，综合运用各种市场营销手段，把商品和服务整体地销售给消费者的一系列市场经营活动。"

由此，我们可以看出，市场营销包含以下几点主要内容。

（1）市场营销是一种企业活动，是企业有目的、有意识的行为。

（2）满足和引导消费者的需求是市场营销活动的出发点和中心。企业必须以消费者为中心，面对不断变化的环境，作出正确的反应，以适应消费者不断变化的需求。

（3）分析环境、选择目标市场、确定产品定价、分销渠道和促销方法，是市场营销活动的主要内容。

（4）交换是市场营销的核心。交换过程是一个主动、积极寻找机会，满足双方需求和欲望的社会过程和管理过程。通过有效的市场营销活动完成交换，与顾客达成交易，实现企业目标。

（三）市场营销的核心

1. 需要、欲望和需求

人类的需要和欲望是市场营销理念的出发点，而需求则是市场营销活动的落脚点。

需要是指人类与生俱来的基本要求，是没有得到某些基本满足的感受状态。例如，人类为了生存必然有对衣食住行的需要。这种需要存在于人类自身生活和社会之中，市场营销者可用不同的方式去满足它。

欲望是指想得到上述需要的具体的愿望，是个人被社会所影响的需要。市场营销者无法创造需要，但可以影响个人欲望的产生，比如通过各种广告宣传来营造一种"我也想要这个"的欲望环境。

需求是指人们有能力购买并愿意购买某个具体产品的欲望。市场营销者可以通过各种营销手段来影响需求。

它们三者的区别可以这么理解：感到自己缺乏某些东西，就叫需要，就如饥饿了想寻找食物，但并未指向是面包还是米饭；而当这一指向一旦得到明确，如在一个家庭里，爸爸喜欢吃米饭、妈妈与孩子喜欢吃面包，需要就变成了欲望；当我们有能力为我们的欲望买单时，这种欲望就转变成了需求。

2. 产品

产品是指任何能用以满足人类某种需要和欲望的东西，泛指商品和劳务。产品的价值不在于拥有它，而在于它给我们带来的对欲望的满足。人们购买轿车不是为了观赏，而是为了得到它所提供的交通服务。人们在选择购买产品的同时，实际上也在满足着某种愿望。作为营销者，如果只研究和介绍产品本身，忽视对消费者利益的服务，就会因犯"市场营销近视症"而失去市场。

3. 效用、费用和满足

效用是消费者对产品满足其需要的整体能力的评价。这种整体能力不仅包括满足消费者购买该产品对其属性的需要，还包括一种消费者心理层次上的满足感，也就是满足消费者某种心理的能力。例如，消费者购买奔驰和夏利，其效用就有很大的区别。

费用是消费者对取得产品或满足需求而付出的代价。

满足是指消费者对产品满足其需要所达到良好的满意程度。

例如，人们为了解决每天上班的交通需要，会对能够满足需要的产品组合（自行车、摩托车、公交车、出租车等）和需要组合（速度、安全、方便、节约、舒适等）进行评价，最终选择一个效用最大而费用最小的方案，以达到最大的总满足感。

4. 交换、交易和关系

交换是指从他人处取得所需之物，以某种东西作为回报的行为，强调回报行为。交换能否真正产生，取决于买卖双方能否找到交换条件。

交换的发生要具备以下五个条件。

（1）至少有交换的双方。
（2）每一方都有对方需要的有价值的东西。
（3）每一方都有沟通和运送货品的能力。
（4）每一方都拥有对交换物品自由地接受或拒绝的权力。
（5）每一方都认为与对方交易是合适或称心的。

交易是指买卖双方价值的交换，强调价值转移。

交换与交易的关系在于：交换是一个过程而不是一个事件，如果交换双方正在进行谈判，并趋于达成协议，就意味着他们正在交换，一旦达成协议，则发生了交易。

关系是指营销者与顾客、分销商、经销商、供应商建立、保持并加强合作关系，通过互利交换，使各方实现各自目的的营销方式。

5. 市场营销者

在交换双方中，如果一方比另一方更主动、更积极地寻求交换，就将前者称为市场营销者，后者则为潜在顾客；如果双方均积极，则都为市场营销者。

人们由于有各种生理、安全、社交、尊重、自我价值实现等的需要，再结合社会经济文化、个体特征和自身的购买能力，就会产生欲望和需求。此时产品的出现正是为了满足人们的某种需求。如果某个产品对于某个消费者来说效用最大而费用最小，那么，消费者的总需求最大，通过市场就出现了交易关系。消费者得到满足后，又会出现新的需要，如此循环下去，控制这个循环的就是市场营销管理。

> 案例 5-1

小米手机的营销策略

北京小米科技有限责任公司成立于 2010 年 4 月，是一家专注于智能硬件和电子产品研发的移动互联网公司。小米还是继苹果、三星、华为之后第四家拥有手机芯片自主研发能力的科技公司。目前，小米公司除了手机外，产品已经拓展到了笔记本电脑、平板电脑、电视、VR 设备、手环等诸多类型。

对小米来说，其营销策略可以说在其飞速成长的过程中起到了巨大的作用，下面总结其营销策略。

从小米论坛就可以看出来，他们利用论坛的互动来带动忠实"粉丝"进行口碑宣传，虽然目前不知道小米的忠实用户准确数量有多少，但可以肯定的一点是小米的忠实"粉丝"非常多，这就是雷军利用用户引来客户的口碑宣传。我们可能在某一个领域非常陌生，但在另一个领域有非常多的"粉丝"，可以利用另一个领域的忠实"粉丝"来带动这个领域的口碑宣传。小米手机的官网微博，目前也有"粉丝"2 000多万。

饥饿营销助推产品销售。我们经常可以看到有淘宝小店铺在做饥饿营销，但饥饿后还是无法营销。据悉小米手机首批发货为每年的10月15日，数量10万台，每次都是限量销售，每次都是销售一空。截至2020年年底，小米2020年全球智能手机全年出货量为146 400 000台。小米公司饥饿营销的意义在于，首先造成一种物以稀为贵的假象；其次是批量销售有利于厂家控制产品的质量，即使出了问题也可以控制在一定范围之内，后一批产品在销售前可杜绝同类问题的发生；最后，人为造成供不应求的热销假象。

（资料来源：TT之家，2021-03-24）

二、市场调研的内容和方法

（一）市场调研的含义

"现代营销之父"菲利普·科特勒教授认为："营销调研是系统地设计、收集、分析和提出数据资料以及提供跟公司所面临的特定的营销状况有关的调查研究结果。"

根据美国市场营销协会1988年的定义，市场营销调研是通过信息的运用，把消费者、公众和营销者联系在一起的一种职能，是为了提高决策质量以发现和解决营销中的机遇和问题而系统地、客观地识别、收集、分析和传播信息的工作。

市场调研是指个人或组织为了给市场营销决策提供依据，针对某一特定的市场营销问题，运用科学的方法和手段，系统地判断、收集、整理和分析有关市场的各种资料，反映市场的客观状况和发展趋势的活动。

对新创企业而言，做好前期的市场调研非常重要。许多创业者对市场过于乐观，总是相信自己的判断，不深入一线进行市场调查，容易导致决策失误。

（二）市场调研的内容

1. 市场环境调研

任何企业的营销活动都是在一定的市场营销环境中进行的，因此，企业必须对目标市场的营销环境的现状及未来的可能变化情况进行调查了解，包括对目标市场的政治、经济、社会、文化、法律、科技、教育等环境因素的现状进行研究和分析，并预测和估计其发展的趋势，判断目标市场环境变化的规律性及变动特点。

2. 市场需求调研

市场需求调研包括市场容量调研、顾客调研和购买行为调研。市场容量调研主要是调研现有和潜在人口的数量变化、收入水平、生活水平和购买能力以及本企业产品或服务的市场占有率等情况。顾客调研主要是了解购买本企业产品或服务的团体或个人的情况，如民族、年龄、性别、文化、职业、地区等情况。购买行为调研是调研各阶层顾客的购买欲望、购买动机、兴趣爱好、购买习惯、购买时间、购买地点、购买数量、品牌偏好等情况，以及顾客对本企业产品和其他企业提供的同类产品的欢迎程度。

3. 产品调研

产品或服务是一个企业向市场提供和传递价值的最基本的载体和关键要素。产品调研包括多种类型，常见的有产品创意检测、包装测试、品牌研究等内容。

产品创意检测是一种普遍使用的产品研究方法。产品研究包括对现有产品的改进和对新产品的研制与开发的研究。对现有产品的改进主要是改进现有产品的性能、扩大其用途和开创新的市场等；对新产品的研制与开发研究主要涉及消费者对新产品概念的理解、对新产品各个属性的重要性评价的研究，以及对新产品的市场前景的研究等。

包装测试主要是为了检验产品包装的促销功能。

品牌研究是一个相对独立的研究领域，其主要内容有对产品品牌的知名度、美誉度的研究以及消费者对产品品牌的认知途径和评价标准等方面的研究。

另外，产品调研还包括以下内容：对产品设计的调研，包括功能，用途、使用方便和操作安全设计，以及产品的品牌、商标、外观和包装设计等；对产品和产品组合的调研，包括对产品的价格、销售渠道、广告宣传等方面情况的调研；对产品生命周期的调研，主要是调研产品是处在成长期、成熟期还是衰退期等；对老产品改进的调研，包括消费者对老产品质量、功能的意见等；对消费者意见的调研，包括消费者对产品包装、服务、花色、品种、规格、交货期、外观造型和式样的喜爱偏好等；对如何做好销售技术服务的调研。

4. 价格调研

价格调研主要是调研价格对商品需求的影响，重点调查商品价格的成本构成、价格变化的趋势、价格变动对商品销售的影响、影响价格变动的各种因素、商品价格的需求弹性、相关产品或代用品的价格、竞争者的价格以及企业的价格策略等。

5. 分销调研

分销调研的内容主要是调研商品销售区域和销售网点的分布、潜在销售渠道、销售点服务品质、铺货途径、商品运输线路、商品库存策略等。

6. 促销调研

促销调研的目的主要是检验企业的促销战略是否合理，最终是否以最少的费用达到最佳的促销效果，并就促销过程中出现的错漏之处及时进行调整和改进。促销调研主要调研广告媒介、广告效果评估、广告策略，以及折扣优惠、赠品推送与有奖销售等促销方式对产品销售额的增加幅度和市场占有率变化的影响等。

7. 市场竞争调研

市场竞争调研主要是针对本企业与竞争对手的比较研究，通过识别企业的优势和劣势，判断出企业所具备的与竞争对手相抗衡的条件或可能性,确定企业的竞争策略,以达到"以己之长克彼之短"的目的。其内容主要有:了解行业的竞争结构和变化趋势,了解竞争者的战略目标、核心能力、市场份额、产品策略、价格策略、销售渠道策略、促销策略等。

8. 用户满意度研究

如今,用户满意度研究越来越受到企业的重视,企业通过用户满意度研究了解用户对产品满意的决定性因素,并据此研发出比更能满足消费者需求的新产品。在用户满意度研究中,需要调查、了解和分析以下几个方面的信息。

(1) 用户对有关产品或服务的整体满意度。

(2) 用户对特定品牌或特定商店产生偏好的因素、条件和原因。

(3) 用户的购买动机,包括理智动机、情感动机和偏好动机,以及产生这些动机的原因。

(4) 用户对各竞争对手的满意度评价。

(5) 用户对产品的使用次数和购买次数,以及每次购买的数量。

(6) 用户对改进产品或服务质量的具体建议。

(三) 市场调研的设计

市场调研的设计是保证调研工作顺利进行的指导纲领,其主要内容有:内容设计、方法设计、工具设计、抽样设计、方案设计等。

1. 内容设计

内容设计就是根据调研的目的确定调研的范围以及信息资料的来源。

调研的范围是根据调研的目标,确定所需信息资料的内容和数量。例如,是调查企业营销的宏观经济环境,还是调查企业的市场营销手段;是一般性调查,还是深度调查等。

信息资料的来源是指获取信息资料的途径。市场营销调研所需的信息资料可以从企业内部和企业外部两方面得到。如果企业已经建立了市场营销信息系统,则可以通过数据库得到信息资料。除此之外,还要确定搜集信息资料的地区范围。

2. 方法设计

市场调研的方法多种多样,适用面各不相同,究竟采用何种调研方法,要依据调研的目的以及研究经费的多少而定。

3. 工具设计

在确定了调研方法之后,就要进行工具设计。所谓工具设计,是指采用不同的调研方法需要准备不同的调研工具。例如,采用访问法进行调研时,需要使用调查问卷,调查问卷设计中的关键是确定提什么问题、提问的方式等。又如,采用观察法中的行为记录法进行调研时,需要考虑使用何种观察工具(如照相机、监视器等)。

4. 抽样设计

抽样设计就是根据调研的目的确定抽样单位、样本数量以及抽样的方法。在其他条件相同的情况下,样本越多,越有代表性。样本数量的多少影响结果的精度,但样本数量过大也会造成经济上的浪费。

5. 方案设计

调研方案或计划是保证市场营销调研工作顺利进行的指导性文件,它是调研活动各个阶段主要工作的概述。调研计划虽无固定格式,但基本内容应包括:课题背景、研究目的、研究方法、经费预算和时间进度安排。

三、市场的细分、选择和定位

消费者是一个庞大和复杂的群体,由于在受教育程度、经济收入、消费心理与购买习惯,以及自身所处的地理环境、人文环境等诸多方面存在差异,所以他们的需求具有复杂多样性。对于任何一个企业,不论其规模有多大,实力有多雄厚,面对一个大市场,它是没有能力也没有必要提供满足所有消费者需求的商品或劳务服务的。一方面,消费者的需求永无止境且千差万别;另一方面,任何一个企业所拥有的资源都是有限的。因此,企业应选择它能有效地提供服务的、对其最具吸引力的一个或几个细分市场。正确地选择企业的目标市场,明确企业在市场中特定的服务对象和服务内容,是确定企业营销战略的首要内容和基本出发点。

(一)市场细分

1. 市场细分的概念

所谓市场细分,又称为"市场区隔""市场分片""市场分割",是指营销者通过市场调研,依据购买者在需求上的各种差异(如需求、欲望、购买习惯和购买行为等),把某一产品的市场整体划分为若干消费者群的市场分类过程。在这里,每一个消费者群就是一个细分市场,也可称为"子市场""分市场""亚市场"或"市场部分"。每一个细分市场都是由具有类似需求倾向的消费者构成的群体,所有细分市场的总和便是整个市场。由于在同一个消费者群内,大家的需求、欲望大致相同,企业可以用一种商品营销策略去满足这一个消费者群体的需求;但在不同的消费者群之间,其需求、欲望存在差异,需要企业根据不同的消费者群体需求,用不同的商品营销策略去进行针对性地满足。因此,市场细分实际上是一种求大同、存小异的市场分类方法,它不是对商品进行分类,而是对需求各异的消费者进行分类,是识别具有不同需求和欲望的购买者或用户群的活动过程。

2. 市场细分的要求

(1) 要有明显特征。

用来细分市场的特征必须是可以衡量的,且被细分出的市场要有明显的特征。同时,该细分的子市场内的所有消费者应具备共同的需求特征,表现出类似的购买行为。

(2) 要根据企业的实力,量力而行。

在细分市场中,企业所选择的目标市场必须是自己有足够的能力去占领的子市场。在这个子市场中,能充分发挥企业的人力、物力、财力。

(3) 要有一定的利润空间。

在市场细分中，企业选中的子市场必须具有一定的规模，即有充足的需求量，足以使企业实现盈利目标。同时，子市场规模也不宜过大，不然企业无法"消化"，结果也是白费功夫。因此，企业所选择的子市场的规模必须恰当，使企业能够获得合理的利润。

（4）要有发展潜力。

企业所选择的目标细分市场，不仅要能给企业带来目前的利益，还必须有相当的发展潜力，能够给企业带来较长远的利益。因此，企业在细分市场时不能选择正处于饱和或即将饱和的子市场，这样的子市场没有多少潜力可挖。

3. 市场细分的标准

市场细分是以顾客特征作为基础的，市场细分的出发点是消费者对商品和服务的不同需求。市场细分的标准，对于消费者市场和产业市场而言，存在着很大的差异。

（1）消费者市场细分的标准。

市场细分是根据不同类型消费者需求的差异性和同一类型消费者需求的相似性对消费者群体进行划分的。对于消费者市场进行细分的关键是确定细分的标准，划分的标准不同，所确定的细分市场也不同。消费者需求受到多种因素的影响，如自然的、社会的、经济的、文化的，这些因素及其组合就构成了市场细分变量体系，即市场细分的标准。

（2）产业市场细分的标准。

产业用品市场细分的依据主要有产品最终用户、用户地点、用户规模、相关采购因素以及购买者追求的利益等。

（二）市场选择

目标市场与细分市场既有联系，又有区别。目标市场是根据市场细分标准选择一个或一个以上细分市场作为企业进入并占领的市场，它不仅是企业营销活动所要满足的市场，也是企业为实现预期目标而要努力进入的市场。可见，企业选择目标市场是在市场细分的基础上进行的。市场营销就是针对目标市场上的顾客运用营销策略的过程，选择什么样的目标市场作为企业的营销对象并针对这些顾客选择什么样的营销策略非常重要。

企业确定目标市场的方式不同，选择的目标市场范围不同，其营销策略也就不一样。一般来说，目标市场选择策略有三种：无差异性目标市场策略、差异性目标市场策略和密集（集中）性目标市场策略。

1. 无差异性目标市场策略

当企业面对的是同质市场或同质性较强的异质市场时，便可以采用这一策略开展市场营销活动。即企业把整个市场看作一个大的目标市场，不细分市场，只推出一种产品，试图吸引尽可能多的顾客，为整个市场服务。无差异性目标市场策略强调购买者的需求共性，为整个市场生产单一的标准化产品，追求规模经济效益。但这种策略缺乏针对性，创业型小企业通常不适宜采用。

2. 差异性目标市场策略

实行差异性目标市场策略的企业，通常是把整体市场划分为若干细分市场，并都作为其目标市场。针对不同目标市场的特点，分别制订出不同的营销计划，按计划生产、营销目标市场所需要的商品，满足不同消费者的需要，不断扩大销售成果。采用该策略可以扩大销售额，提高竞争力，但缺点是成本较高，一般适用于大中型企业。

3. 密集（集中）性目标市场策略

密集性目标市场策略，也可称为"集中性目标市场策略"，是指企业把整个市场细分后，选择一个或少数几个细分市场作为目标市场，实行专业化经营，即企业集中力量向一个或少数几个细分市场推出商品，占领一个或少数几个细分市场的策略。这种策略特别适用于资源有限的创业型小企业，优点是如果选择了适合的细分市场，可以获得很高的投资回报；缺点是如果目标市场情况变化，企业有可能陷入困境。

（三）市场定位

1. 市场定位的概念

市场定位是指企业根据目标市场上同类产品的市场竞争状况，针对顾客对该类产品不同特性重视程度的差异与需求状况，并结合企业现有条件与产品在市场上所处的位置，为自己的产品塑造既能使消费者明确感知又能很好地与竞争者的产品区别开来的特定品牌形象，进而通过特定的营销模式让顾客接受该产品，以确定本企业及其产品在目标市场上的位置。例如新创企业从事生态养殖，就可以主打环保牌，通过展示企业产品的生产过程，吸引消费者，并确定消费者可以接受的合理价格。

2. 市场定位的步骤

创业企业的市场定位工作一般包括以下三个步骤。

（1）调查研究影响定位的因素。

适当的市场定位必须建立在市场营销调研的基础上，即必须先了解影响市场定位的各种因素，主要包括竞争者的定位状况、目标顾客对产品的评价标准和目标市场潜在的竞争优势。

（2）选择竞争优势和定位战略。

企业通过与竞争者在产品、促销、成本及服务等方面的对比分析，了解自己的长处和短处，从而认定自己的竞争优势，进行恰当的市场定位。市场定位的方法有很多，且还在不断开发中，一般包括以下七个方面。

①特色定位。构成产品内在特色的许多因素都可以作为市场定位所依据的原则，如规格的大小、功能的多少等。

②功效定位。从产品的功效上加以定位。

③质量定位。从产品的质量上加以定位。

④利益定位。从顾客获得的主要利益上加以定位。

⑤使用者定位。企业常常试图把某些产品指引给适当的使用者或者某个细分市场，以便根据那个细分市场的特点建立起恰当的形象。例如，目前在国内出现的很多经济型连锁酒店，就受到了许多工薪阶层的欢迎。

⑥竞争定位。根据企业所处的竞争位置和竞争态度进行市场定位。

⑦价格定位。根据本企业的产品在价格上的优势进行市场定位。

(3) 向市场传播和表达自己的市场定位。

这一步骤是企业要通过一系列的宣传活动,将企业选定的竞争优势通过各种营销手段准确地传递给目标顾客,并在消费者脑海中留下深刻的印象。这需要企业做好以下三个方面的工作。

①建立与市场定位一致的形象。
②强化顾客对市场定位的信念。
③防止误导信息传播。当企业营销组合运用不当时,可能会在顾客中造成误解。

四、市场营销策略的确定

(一) 构建营销渠道

1. 创业营销渠道

创业者为了更快地把产品推向市场,完成销售过程,通过一系列运作完成销售渠道的构建,并使最小投入达到最佳效益。依据营销渠道的特征,创业营销渠道可分为经销中间商、代理中国商、营销辅助机构和"互联网+"营销四大类。

(1) 经销中间商。

一般来说,商品销售中的经销商先获得产品的所有权,然后再转手出售,比如批发商、零售商。新创企业为了节约销售成本或不在销售环节投入过多,往往先找有实力或有很好销售渠道的经销中间商,由他们尽快销售并回收资金。

(2) 代理中间商。

代理中间商帮助创业者寻找客户和销售产品。代理中间商不取得产品的所有权,也无须垫付商品资金,他们只收取一定量的提成。代理中间商基本没有销售成本,因此,销售风险比中间商小得多。但是,代理中间商在市场推广方面动力不足,要靠创业者自己来推动。

(3) 营销辅助机构。

营销辅助机构是营销渠道中的重要组成部分,虽然不参与产品销售,但这类机构是产品销售行为顺利完成的必要保证。商品配送中心就是这类机构的代表之一。此外,还包括售后服务机构、仓储机构、银行和广告代理商等。

(4) "互联网+"营销。

进入"互联网+"时代,营销环境发生了重大变化,即移动化、碎片化、场景化。全天候、多渠道的消费,使消费者可以在任何时间、地点,通过各种简单、便捷的方式,购买他们所喜欢的商品。面对移动化、碎片化的营销环境和个性化、社交化的消费主体,企业只有紧跟时代步伐,充分利用"互联网+"营销,才能达到"最小的投入,最精准的链接,最完美的创意"目标。碎片化的渠道、碎片化的时间、移动化的行为、个性化的价值观、娱乐化的诉求决定了"互联网+"企业背景下的营销向着数据化、内容化、社群化、场景化的趋势发展,即大数据营销、内容营销、社群营销、场景化营销四种模式。未来,企业在营销方面必然向"互联网+"营销模式传播扩散。

2. 渠道构建过程

首先,要明确影响渠道构建的主要因素,这样才能确定合适的渠道结构。比如,外部环境,包括政策、文化、社会、经济、技术等方面;内部条件是怎样的、实力如何、人员能力素质高低、物质条件如何等,在此基础上考虑渠道构建。从最直接的影响因素看,主要是企业的目标市场和产品特征。市场范围对渠道构建非常重要。从地理范围看,如果目标市场地理范围很大,或较为分散,就可将渠道的长度和宽度都增大一些,创业者可选择更多的中间机构,层次也可多些;如果目标市场的地理位置集中,那么渠道可以简化些,甚至不用外部渠道,自己独立运作即可。从产品特征看,如果产品功能或价值很普遍,跟现有产品大体相同,那么,渠道长度和宽度可适当放大;如果产品功能非常独特,则需要更短、更窄的渠道,企业可组织人员进行销售。另外,产品保质期限是渠道构建的重要因素,期限短,渠道就应简化,不宜过长;反之,则可适度放长。

渠道构建有如下几个步骤。

(1) 设置渠道目标。

渠道设置的目的是销售产品,实现企业整体战略目标。渠道目标应与其他目标相协调,并适时调整,以避免产生不必要的矛盾。

(2) 明确渠道任务。

目标明确后,应把各项具体任务进行合理分配,一般包括促销与销售专员、客户服务员、产品运输员、仓库保管员等。通过明确任务,使创业者对营销渠道中的功能和定位理解得更加准确,使各岗位人员各司其职,各负其责,完成销售中的各项任务。

(3) 确立渠道结构方案。

明确渠道任务后,就应把任务合理地分配到不同的营销中介机构中去,最大限度发挥其作用。渠道结构方案包括以下四个方面内容。

①渠道的层次设置。这是指渠道的纵向长度设置。直销即企业直达消费者,渠道层级为零;如果找经销商销售,销售层级就可能达到一定数目以上。产品若覆盖到了全国,则销售层级可根据省、市、县、乡来设定,层级就较多。

②渠道的宽度设置。这是对渠道的横向设计。如果产品独特性强,为避免恶性竞争,可考虑设置区域独家分销模式;如果产品是质量一般且销路广的商品,那么,可设置较多分销机构等。另外,渠道横向设计也应考虑企业的成长状况。新创企业各方面资源有限,可考虑独家分销;企业成长壮大后,再考虑设置分销机构等。

③中介机构类型选择。这是在调研基础之后的挑选工作,一方面考虑中间商的实力,另一方面考虑企业自身状况。比如,中间商销售实力弱,很难完成销售目标,就要自建渠道销售;如果中间商销售实力雄厚。但合作成本高,创业者应综合考虑后再决定取舍,选择经销商可采用竞标的方式。

④采用"互联网+"营销方式。"互联网+"营销也称为网络营销,是以国际互联网为基础,利用数字化的信息和网络媒体的交互性来实现营销目标的一种新型的市场营销方式。随着互联网技术的成熟以及在线交易成本的低廉化的发展趋势,互联网好比是一种"万能胶",将企业、团体、组织以及个人跨时空联结在一起,使得他们之间信息的交换变得简单便捷。通过"互联网+"营销,使企业实现用量小的投入获得最高的利润。

(二) 确定促销策略

1. 确定促销策略的影响因素

为了将产品成功销售出去,创业者必须采取有效的促销策略。这需要对促销策略的选择进行详细分析。

(1) 整体营销环境。

创业者确定的促销方案能否实行,取决于整体营销环境是否支持促销方案。这方面典型的例子是直销牌照的发放问题,目前国内发放这类牌照很少,因为直销和传销界限不清,但也有个别企业获得了这类牌照,如雅芳等品牌。因此,企业需要根据营销整体环境所提供机会和约束条件来确定促销方案。特别是互联网、大数据、云计算等新技术的发展。许多消费者都在网上购物,因此,必须根据外部环境的变化来确定促销策略。

(2) 目标市场状况。

促销策略的选择与目标市场特征关系极大。目标市场的地理位置、社会文化、消费者心理因素、行为特征等都决定了促销策略的接受程度和实施效果。创业者在对目标市场进行深度分析后,才会决定采用什么样的促销方案。对于技术含量高的独特产品比如抗皱霜,应采用销售人员演示产品的使用过程来展示该产品的独特性,提升消费者对该产品的认可度。对于一般性产品比如牙膏,应注重通过展示产品的优势功能,比如美白牙齿来提升产品的知名度,并在附加价值上下功夫,充分利用广告等方式,提升产品的客户认可度。

2. 促销策略的选择

促销策略一般可分为四类,即广告、营业推广、面对面销售。

(1) 广告。

广告是指在促销过程中所推行的商业广告,不同于公益性广告。广告传播面广,范围大,一般能取得较好的效果。由于广告的实施和传播需要中介媒体,而媒体本身的声誉和影响力会对广告的效果产生重大影响。因此,有的企业不惜花费重金在电视上做广告,目的是利用电视台的权威性来提升产品的知名度。当然,企业应在广告的内容、形式、播放时段等方面下大功夫,以此提升广告的宣传效果。选择广告媒体应从实际情况出发,选择投入较少或虽投入较多但能达到更大宣传效果的媒体形式。也可考虑进行广告组合,如电视广告+平面广告、电梯广告+网络广告等。简言之,要选择最有利于实现目标的媒体形式来投放广告,并注重广告的成本效益分析,最终达到最好的品牌宣传效果。

(2) 营业推广。

营业推广是在特定时间或特定地点采用特殊手段对消费者实行强烈的刺激从而达到促销效果或目标的方式。在实际运作中,营业推广应与其他方式相结合,以达到更好的促销效果。营业推广手段包括:赠送样品、免费使用、发放折扣券、有奖销售、购物返现金等。还有的企业通过展销会、交易会、博览会等方式来推销产品。比如,某罐头厂参加展销会,展位被安排在角落里,无人问津,厂长想出一个奇招,制作了很多个铜牌放置在展厅的各个地方,谁捡到铜牌谁就可到展位去领纪念品,这让罐头厂成为展会一道"亮丽风景线",宣传效果非常好。

(3) 面对面销售。

面对面销售是企业派营销人员直接到目标市场同顾客建立联系、传递信息、促进商品和服务销售的活动。面对面销售有成本优势，不用花很大的广告费用，是销售人员与顾客之间的面对面沟通，销售人员的当场示范很容易吸引客户，使客户信服，更有利于建立忠实顾客群。当然，这里要求企业慎重选择销售人员，因为如果选人不当，会造成不良影响，也会影响促销活动效果。面对面销售时，应特别加强对用户的信息调研，搜集各种信息资料，有针对性地进行销售。同时，销售人员要掌握沟通、谈判、交流等方面的技巧。在进行促销时，无论采用哪种策略，都应适时进行总结，发现问题及时解决，适当调控，有效评估，及时反馈，不断提高促销效果。

> **案例 5-2**
>
> ### 山姆·沃尔顿：零售业帝国沃尔玛的打造者
>
> 沃尔玛有限公司是一家世界性连锁企业，总部设在美国阿肯色州本顿维尔。以营业额计算，沃尔玛为全球最大的公司，其控股人为沃尔顿家族。山姆·沃尔顿于1945年在本顿维尔小镇开始经营零售业，经过几十年的奋斗，建立起全球最大的零售业王国沃尔玛，成为美国最大的私人雇主。沃尔顿因其卓越的企业家精神于1992年度被布什总统授予"总统自由勋章"，这是美国公民的最高荣誉。沃尔玛公司现有几千家门店，分布于全球十多个国家，包括美国、墨西哥、加拿大、波多黎各、巴西、阿根廷、南非、中国、印度尼西亚等，员工达到了200多万人。沃尔玛年销售额相当于全美所有零售公司的总和，而且至今仍保持着强劲的发展势头。沃尔玛主要有沃尔玛购物广场、山姆会员店、沃尔玛商店、沃尔玛社区店四种营业方式。2014年，沃尔玛公司以4 762.9亿美元的销售额（其中在线销售100多亿美元）、年利润160亿美元，力压众多石油公司，而再次荣登《财富》世界500强榜首。它在短短几十年中有如此迅猛的发展，不得不说是零售业的一个奇迹。
>
> 2020年，沃尔玛公司营业收入总额为5 591.51亿美元，净利润为135.1亿美元。
>
> （以上信息根据网络资料整理而成）

沃尔玛何以能从一家小型的零售店迅速发展成为大型国际化零售集团，并成为世界第一零售品牌呢？原因有以下几点。

第一，沃尔玛提出了"帮顾客节省每一分钱"的宗旨，而且实现了"价格最低"的承诺。在所属的所有的大型连锁超市中都采取低价经营策略。沃尔玛的与众不同之处在于，想尽一切办法从进货渠道、分销方式以及营销费用、行政开支等方面节省资金，一直打着"天天平价，始终如一"的口号，努力实现自家商品的价格比其他商号低的承诺。

第二，沃尔玛让顾客享受超值服务。走进任何一家沃尔玛店，店员就会立刻出现在你的面前，笑脸相迎。店内有这样的标语"我们争取做到，每件商品都保证让您满意！"顾客在这里购买任何商品后如果觉得不满意，可以在一个月内退还商店，并获得全部退款。沃尔顿曾说："我们都是为顾客工作，你也许会觉得是在为上司工作，但事实上他也和你一样。在我们的组织之外有一个大老板，那就是顾客。"沃尔玛把超值服务看成是自己至高无上的职责。

第三，沃尔玛推行"一站式"购物新观念。顾客可以在最短的时间内以最快的速度购齐所有需要的商品。在商品结构上，力求富有变化和特色，以满足顾客的各种喜好。另外，沃尔玛为方便顾客还设置了如免费停车等多项特殊的服务。

第四，在对各种公益事业的捐赠上从不吝啬，广为人知。沃尔玛在社会活动上大量的长期投入以及活动本身所具有的独到创意，大大拓宽了品牌知名度，成功塑造了品牌在广大消费者心目中的卓越形象。

第五，沃尔玛针对不同的目标消费者，采取不同的经营零售形式，分别占领高、中、低档市场。例如：针对中层及中下层消费者的沃尔玛平价购物广场、只针对会员提供优惠服务的山姆会员商店，以及深受上层消费者欢迎的沃尔玛综合性商店等。

第六，沃尔玛利用先进信息技术整合优势资源，形成独特的竞争优势，使其经营水平远高于竞争对手。沃尔玛的全球采购战略、配送系统、商品管理、电子数据系统、天天平价战略等，在业界都是经典的管理案例。沃尔玛的成功建立在其先进的管理手段基础上，在信息技术的支持下，沃尔玛能够以最低的成本、最优质的服务、最快速的管理反应进行全球运作。各家商店运用计算机进行库存控制、连锁商店系统用条形码扫描系统；专用的卫星通信系统使全球几千家沃尔玛分店都能够通过信息技术的终端与总部进行实时联系。

第七，在沃尔玛管理信息系统中最重要的一环就是它的配送管理。其独特的配送体系大大降低了成本，加速了存货周转，成为"天天平价"的最有力支持。该系统共包括三个部分。

（1）高效的配送系统。沃尔玛的供应商根据各分店的订单将货品送到沃尔玛配送中心，配送中心负责完成对商品的筛选、包装和分拣工作。此处85%采用机械处理，大大减少了人工处理商品的费用。

（2）便捷的运输系统。沃尔玛的机动运输车队是其供货系统的另一个无可比拟的优势。1996年沃尔玛就拥有了30个配送中心、2 000多辆运货卡车，保证进货从仓库运到任何一家商店的时间不超过48小时。其他同行每两周补货一次，沃尔玛可以保证分店货架平均每周补货两次，从而大大节省了运送时间和费用。其结果是沃尔玛的销售成本低于同行业销售成本的2%～3%，为沃尔玛全年低价策略打下坚实基础。

（3）先进的卫星通信系统。沃尔玛这套系统的应用，使配送中心、供应商及每一分店的每一销售点都能形成快速作业，在短短数小时内便可完成"填妥订单-分店汇总-送出订单"的整个流程，大大提高了营业的高效性和准确性。沃尔玛有整套系统的扩张策略。在业态上，沃尔玛选择了以20世纪80年代正处于成长期的折扣店为主的形式，从而有利于沃尔玛的早期扩张。在产品和价格决策上，沃尔玛以低价销售战略在很短时间内成为全国性知名品牌，从而赢得了顾客青睐。在物流管理上，采用配送中心扩张领先于分店扩张策略，慎重地选择营业区域内的最合适地点建立配送中心。在地点上，采用垄断当地市场后再向下一个邻近地区扩张的基本原则，和在一个配送中心周围布下大约150个分店的策略，在数量上始终保持了极其理智的控制。沃尔玛海外投资相当稳健，随着世界经济的全球化，沃尔玛已经加紧了其国际化的步伐。

沃尔玛还采用长期战略与短期战略相结合的方法。长期战略目标就是要做全球零售业的领袖，短期的战略目标是稳步推进、积极适度地扩张。短期战略与长期战略的相互配合使沃尔玛很快成为美国最大的零售企业。随着短期战略目标的实现，沃尔玛逐渐走上了向外扩张的国际化道路，成为世界第一大品牌。

第八，重视倾听最基层的声音，鼓励员工提意见。沃尔玛公司创始人山姆·沃尔顿在经营实践中注重总结经验，并形成了自己的经营原则，这些原则包括：竭力强调和贯彻沟通；倾听最基层的声音；将责任和职权下放给第一线的工作人员；寻求新的方法鼓励商店里的员工将他们的想法提出来。

沃尔顿说："如果你必须将沃尔玛体制浓缩成一个思想，那可能就是沟通，因为它是我们成功的真正关键。"沃尔玛公司有许多种方式进行沟通，从星期六早晨的会议到平时简单的电话交谈，随时保持沟通联络，联络是这样一个大公司实现良好沟通的必要条件。各种信息通过卫星传播系统以最快的速度传送出去，比如每月的损益报表、反映各销售店出售的最新商品的数据，以及各地经理们希望得到而公司却没办法发给他们的其他材料。

沃尔顿非常重视倾听最基层的声音，他说："电脑无法而且绝对不可能替代到商店巡视和学习的功效。"地区经理人要亲自处理店内的一切事务。每个星期一早晨，他们蜂拥进公司的飞机，然后飞到他们分管的地区视察商店。他们每周外出三到四天，通常会在星期四回来，他们必须至少带回一个能算是不虚此行的构想，然后与公司的高级经理人聚集在一起召开星期五的业务会议，告诉管理者哪些商品卖得好，哪些商品卖不出去。

沃尔顿指出："公司越大，就越有必要将责任和职权下放给第一线的工作人员，尤其是清理货架和与顾客交谈的部门经理人。"即使他们还没有上过大学或是没接受过正式的商业训练，他们仍然可以做到，只要他们努力工作和专心提高做生意的技巧，他们就可以做到。商品管理的权责归部门经理人，促销商品的权责归商店经理人，采购人员也比其他公司人员拥有更大的权责。沃尔玛公司早就决定将各种信息在公司内分享，而不是将每件事都当作机密。他们经常在星期日举行音乐会，邀请一些有真正能改善其商店经营想法的员工来和大家分享他们的心得。"创销售数量商店"比赛就是一个绝好的例子，各个部门经理人级别的员工都能选择一项他们愿意促销的商品，然后看哪项商品创造的销售数量最高。

沃尔玛公司从员工们那里不只是寻求零售构思，还邀请那些想出节省金钱办法的员工参加星期六早晨的会议。显然，沃尔玛公司从员工那里得到了许多很好的建议，员工也从相互之间的交流中分享了经验和智慧。他们总结了创业发展成功的"三十文化"，即三大信仰十条法则。

三大信仰：①尊重个人；②服务顾客；③追求卓越。

十条经营法则：①控制成本；②利润分享计划；③激励你的同事；④可以向任何人学习；⑤感激同事对公司的贡献；⑥允许失败；⑦聆听公司内每一个人的意见；⑧超越顾客的期望，

他们就会一再光临；⑨控制成本低于竞争对手；⑩逆流而上，走不同的路，放弃传统观念。

（三）营销定价

1. 营销定价目标

合理的价格设定可以快速推进新产品的市场导入工作。在定价阶段，创业者应综合考虑各方面因素，为企业的产品销售确定合适有效的价格。创业者需要考虑的是企业的定价目标，定价的目标服从企业的整体战略目标，在企业的战略目标之下，不同的企业定价目标存在差异，大体有以下几种。

（1）以获取利润为定价目标。

利润是企业生存和发展的源泉。为获取利润，在确定价格时，必须使价格高于产品成本，当实现销售时就能够获取利润。根据产品独特性和开发成本，可以把价格定高，获得较高的利润；也可以把价格定低，实现薄利多销，以量取利。在定价时，创业者也要权衡短期利润和长期利润，不能顾此失彼。比如，进入一个新市场，创业者指定的短期利润目标较高，有可能吸引后续竞争者跟进市场，这反而会增加市场竞争强度，导致长期利润降低。

（2）以占领市场为定价目标。

创业者为了占领市场，扩大市场影响力，提高市场占有率，培养客户的忠诚度，并尽快对潜在竞争者形成壁垒，在定价时，往往采用低价策略，先入为主。

（3）以扩大销售量为定价目标。

对高投入的产品，只有迅速扩大销售量才能形成规模，使产品成本下降，得到市场认可。这从一定意义上来说，既扩大了市场份额，又成了遏制竞争对手的有力工具。为扩大销售，可采用低价或与其他竞争策略相结合的方式，切忌将价格竞争作为唯一的扩大销量的手段。

（4）以应对竞争为定价目标。

在创业阶段，有的学者认为，创业者不应采用积极主动的竞争策略来与竞争对手进行面对面的竞争，应先找到缝隙市场，避开竞争者的锋芒，以较低的实力打开市场。但20世纪90年代以来也有学者认为，创业者可采取积极竞争手段与竞争者进行针锋相对的竞争，这可以带动企业成长，因此，创业者可以根据竞争需要确定产品的价格，以价取胜。

实际上，无论采用哪种定价目标，都应从外部市场环境以及产品开发、产品特征、用户特征、成本控制的角度来综合考虑。确保最终的定价目标有利于促进企业成长，有利于提高市场核心竞争力，有利于赢得客户的认可。

2. 营销定价方法

（1）成本定价法。

这是一种很实用的定价方法，但需要对企业成本进行精确计算，在此基础上加上预期利润，就可以确定出销售价格。这种方法适用于产品成本易核算的企业。如果提供的产品或服务难以量化，成本定价法就不容易操作。

除成本计算外，还要对利润目标进行仔细分析。比如，需要分析该行业的平均利润水平，进行一些必要的调研，如果是新市场，可借鉴金融市场上的基准利率，如定期存款利率。总之，成本定价法要根据成本和预期利润确定价格。

（2）竞争定价法。

因为创业者进入的是现有市场，有同行业竞争者，所以创业者要考虑竞争对手的价格水平，一般定价水平与之大体相当就行了，因为定价太高会失去市场份额，而且同业价格往往在消费者中被认为是合理价格。过高定价会失去消费者，对新创企业是十分不利的，因此往往采用跟随价格策略。如果创业者的产品具备特殊技术、功能等方面的优势，也能吸引消费者，这时可采用高于竞争对手的价格。

（3）心理定价法。

这是对上述两种定价方法的补充，主要根据消费者购买商品的心理动机来确定价格。比如，尾数定价法，使消费者产生错觉，产生购买欲望。在新楼盘开盘时，房地产商标出的房产价格往往比平常价格低，有进一步上涨的趋势，这是房地产商利用了消费者惧怕房价太高而产生恐慌的心理推出的价格。这一招常常能够奏效。因为消费者见此房价后认为房价在此后一定会上涨，便会毫不犹豫地买房。心理定价法需要创业者对消费者心理进行深度调查后做出正确定价，才能取得较好效果。

（4）混合定价法。

这是一种组合式定价法，如系列产品定价、连带产品定价、附带产品定价等。比如，企业出售系列产品时，对高端产品采用高价格，对一般产品采用低价格。如果企业的目标市场分布在不同区域，可对消费水平高的地区采用高价格，对消费水平低的地区采用低价格。新产品导入市场时定价高，以后逐步降低。

综上所述，创业者采用的营销定价措施应灵活多变，不能固定在一个模式上。同时注意定价措施与其他营销措施的结合，以最大限度地促进产品的营销与推广。

试想一下，如果你现在正在创业，请根据你所在创业小组的创业项目，尝试把创业项目的产品或服务销售出去，或做某些产品或服务的代理销售工作。

可考虑在学校附近"练摊"，运用学到的创业营销理论，确定创业营销计划，包括构筑销售渠道、实施促销策略、确定产品价格、搞好售后服务工作等方面。总结销售的经验与体会，注重客户的反馈意见，不断完善创业营销计划，提高创业营销能力。

第二节　商业模式的构建

一、了解一下商业模式

（一）商业模式的定义

商业模式是商业运行的内在机理，是企业为满足目标客户的价值主张，将内外部各种资源优化组合，合理调配和利用，并最终实现持续盈利而建立的一种系统结构，也称为企业价值链条。

(二) 商业模式的本质

商业模式本质上是由若干要素构成的一组盈利逻辑关系链条。企业对价值主张、价值网络、价值维护和价值实现四种要素进行规划组合，各要素不同的结合方式形成商业模式本质上也是企业价值创造的逻辑，而企业价值是通过顾客、伙伴、企业的交流互动创造出来的，体现为顾客价值、伙伴价值和企业价值。这三者之间紧密联系——顾客价值是基础，伙伴价值是支撑，企业价值是目标。

1. 顾客价值

顾客价值是企业实际满足的顾客的特定利益目标组合，价值主张和价值网络的共同作用形成了顾客价值。

2. 伙伴价值

伙伴价值是指企业能够提供给合作伙伴的特定利益组合，价值网络和价值维护的共同作用形成了伙伴价值。

3. 企业价值

企业价值是指企业最终实现的盈利，价值维护和价值实现的共同作用形成了企业价值。

(三) 商业模式的类型

1. 标准化商业模式

商业模式的标准化就是在企业发展过程中不断钻研规则、进而创造规则的过程。将每一个细节都标准化，而且持之以恒。麦当劳的连锁标准化管理是标准模式的一个楷模。这种标准化的商业模式在餐饮行业、零售企业应用范围十分广泛，对企业的发展具有如下重要的意义：

(1) 降低成本。标准化的第一作用就是降低成本。标准是企业经营多年的智慧和经验的结晶，代表了企业目前最有效的运营方式，可以提高企业的生产效率，减少生产过程中的消耗或损耗，减少生产过程中的浪费，间接地降低生产成本。

(2) 明确责任。标准化的商业模式可以促进企业更简单地确定问题的责任。在推行标准化模式的企业里，一项不好的操作会导致一个问题的出现，企业可以通过具体操作情况确定问题的责任人：是主管制定的作业指导书不好，还是操作员没有完全按照作业指导书进行操作？只有明确了责任之后，才有可能对今后的工作做出改进与对策。

2. 创新商业模式

创新的商业模式可以改变整个行业的格局，让价值数十亿元的市场重新洗牌。多数人认为企业的成功关键在于商业模式的创新，因此，创新模式也成为众多企业在设计商业模式时必然要考虑的一个问题。

案例 5-3

亚马逊：商业模式创新

在大部分人眼里，亚马逊是一家典型的 B2C 电子商务公司，靠在网上贩卖廉价的书和消费电子产品赚钱。然而，这并非事实的全部。与国内同行当当和京东商城不同，亚马逊公司平淡无奇的 B2C 商业模式外壳下隐藏的却是一颗极富创新精神的心。这家公司的一举一动，正在深刻地影响着我们现在和未来的生活。

2009 年，美国某高商业杂志评选出当今全球科技领域最具创新力的 25 人。在这份名单中，亚马逊公司创始人贝索斯排在第二，位列苹果传奇人物乔布斯之前。如果你了解乔布斯在美国科技创新领域神一般的地位，就能够明白这个排名的分量。网络书店，虽然现在看起来是一个很普通的想法，但要知道，亚马逊刚开始在网上卖书的时候，雅虎公司甚至还没有诞生。亚马逊早在 2006 年就推出了商用 S3 和 EC2 等服务，这些东西后来被人们称为"云计算"。贝索斯有太多出人意料的主意，而他一些看似无法理解的商业行为，往往在数年后才被发现极具潜力。

今天在美国生活，人们几乎可以只跟亚马逊一家公司打交道：在亚马逊网站上购买从牛奶、麦片到割草机、沙发等所有的日用品；用 Kindle 阅读电子书、报纸杂志；从亚马逊 MP 音乐商店下载歌曲，或者通过亚马逊流体点播服务观看电影；投资亚马逊的股票积累创业资金，也可以到亚马逊在西雅图的总部上班；在亚马逊 Marketplace 上做点小买卖，或是干脆购买亚马逊的 EC2 服务，创办一家自己的网络公司。

在社会分工高度发达的美国，亚马逊公司可以算是业务多元化的一个奇迹，其提供的商品、服务覆盖面之广，超出人们的想象。在金融危机中，亚马逊股价递势上升，净利润也大幅增加，业绩喜人。

（以上信息根据网络资料整理而成）

大家分析一下：亚马逊是如何从一家网络书店，发展成为能够与百年工业巨人比肩的世界公司的呢？是不是它建立在技术创新之上的对新型商业模式的持续探索？

3. 混业商业模式

混业商业模式就是在现有的几种商业模式的基础上，结合开发出的一种新的行业商业模式，也属于一种跨界、跨行业的商业模式，如茶餐厅的出现和星巴克、上岛咖啡等。随着市场经济的发展和人们需求的不断多样化，建立在不同行业基础之上的混业商业模式正逐成为初创企业设计商业模式的一个重要选择。对于创业者来说，尝试将不同的行业杂交融合，让客户获得更好的价值体验，满足不同的市场需求，也是一个让企业快速成长的好办法。混业商业模式一旦运作得当，可以帮企业快速实现业务增长，当今很多企业都在采用混业商业模式。

借助不断上位的混业商业模式，企业可以通过顺藤摸瓜的方式，吸取其他企业发展的技术、经验、客户群，然后独立门户，从后台走向前台，逐渐树立自己的品牌和信誉。借助持续的自我创新和市场拓展力,这种不断上位的商业模式就会渐渐朝更成熟的商业模式迈进。初创企业在起步初期,面临资金、市场、客户等众多壁垒,不妨借助不断上位的混业商业模式,为自己企业的发展汲取力量。

4. 依附商业模式

依附商业模式指的是中小企业充分利用大型企业的资源,通过给大企业提供零部件或配套外包服务的方式来发展自己。大型企业有良好的商誉和极具影响力的品牌,有广泛快速的营销网络,有充裕的资金和管理技术,只要中小企业具有良好的资源整合能力,一切都能为它所用。大型企业虽然具有众多优势,但是这些企业也不是万能的,它们的发展需要很多的配套工程,如非核心的零部件或某些服务都需要通过外部企业来提供。中小企业在实力比较弱小时,就可以为大企业提供这些零部件或某些特殊服务,以此来争取发展机会。

美特斯邦威在几年前也只是个小企业,有自己的生产车间,也有自己的典型的前店后厂模式,看到哪个产品好销就跟进生产。这种模式的企业在中国有上万家,大家都在同质化竞争着,谁也难以做大。

休闲服的销售对象主要是爱追时髦的青年男女,他们的消费偏好是流行、时尚。美特斯邦威发现,在原有的产业链中,针对这样的消费偏好,对应的关键环节不是原料、生产、分销、终端,而是设计。专营服装的企业应以设计为关键环节,把握流行趋势,提前设计出流行的服装,以引领时尚潮流,让消费者纷至沓来。经过分析,美特斯邦威掉了生产车间,卖掉了终端店,利用有限的资金,花重金从法国、意大利等国聘请顶级服装设计师,同时专注于品牌建设。另外,美特斯邦威不生产 1 件成衣,产品全部由全国的 200 多家 OEM 服装厂代工生产,销售则通过分散在全国的 2000 多家加盟店来完成。2006 年,美特斯邦威的销售额突破 30 亿元,2007 年达到 40 亿元,2008 年 8 月 28 日成功在深圳交易所上市。如今,美特斯邦威位居中国本土市场和国际休闲服装品牌之首,并且创办了目前规模最大的民营资本服饰博物馆。2020 年,美特斯邦威公司实现营业收入 38.19 亿元。

美特斯邦威的成功在于,上游环节利用社会闲散资源进行虚拟化的生产,这样不但降低了资金占用成本,而且也实现了社会资源的有效利用;对下游环节,通过特许加盟形式,降低了自建终端成本,也降低了风险,从而能够持续不断地实现利润最大化。

美特斯邦威模式就是在企业资源有限的情况下,借助社会资源,通过把握关键环节、重新组织产业价值链来实现企业超常规的发展。

5. 创造需求模式

创造需求模式,就是进行价值创新,满足客户未被满足的需求,这是商业模式创新的一种典型方式。创造需求的一个重要标准是:别人有的,我去改进;别人没有的,我去创造。企业要在不断的调研中寻找事实依据,创造机会,并要不断满足市场的需求,始终坚持"客户需求至上"的理念,保持与时俱进,这样才能实现盈利。

6. 增长扩展模式

现在的许多知名大企业通常刚开始时也只是一个小企业,经过在业界的摸爬滚打后逐步壮大发展起来的。增长扩展模式是他们所采取的商业模式之一。增长扩展商业模式主要包含三种方式：连锁方式、委托管理方式、收购兼并方式。

二、商业模式的选择

对于初创企业而言，一个优秀的商业模式要符合五个标准：定位准、市场大、扩展快、壁垒高、风险低。

（一）定位准

市场定位的核心是要寻找到一个差异化的市场，为这个市场提供满足客户需求的、有价值的、独有的产品，让客户愿意为此付费。确立好的市场定位的关键是细分市场，并寻找到能够利用自身优势来满足该细分市场所需要的产品或服务。企业在进行目标市场定位时，需要考虑：是否有客户所需要的产品或服务？是否能够为目标市场和顾客创造价值？是否确定了独特的市场定位？客户是否愿意为产品或服务付费？

（二）市场大

要进行深入的市场分析，需要判断市场容量是否足够大。并不是为任何一个市场提供了所需的产品或服务就是一个优秀的市场定位。优秀的市场定位标准是，大规模，持续增长，保持竞争力。因此在做市场分析的时候，要注意产品或服务是否能够满足目标客户的基本需求、目标市场规模是否足够大、是否能保证快速增长、如何保证持久的增长等问题。

（三）拓展快

能够迅速、大规模地扩展客户群的商业模式可以保证企业收入的持续高速增长，因此新增客户速度是否快、客户群能否快速大规模地扩展，是衡量商业模式好坏最关键的因素。

（四）壁垒高

如果一个行业有很高的行业壁垒，那创业者只能望而却步；而如果这个行业壁垒低，人人都可以进入，那么创业者也一定要考虑自己进入的优势在哪里。优秀的商业模式一定要和自身独有的优势紧密结合。所以，一般创业者以低起点进入行业后，要建立起高的壁垒，让竞争者难以进入，这是建立商业模式需要考虑的重点因素。

（五）风险低

创业者要评估商业模式可能面临的各种风险，如行业监管、行业竞争、潜在替代品等。当然，评估的目的并不是单纯地回避风险，而是要识别出所有可能的风险，并制定相应的应对策略，使得风险能够可控、并得到有效管理。几乎所有的商业成功都是冒着很多不确定的高风险取得的。企业要通过有效的风险管理来创造商业奇迹。

创业路上总是存在各式各样的困难，而选择合适的商业模式则是困难之一。其实，一个成功的商业模式既不是一蹴而就的，也不是在实践中一成不变的，需要根据具体问题进行具体地分析与调整。

三、设计商业模式

（一）商业模式要素

亚历山大·奥斯特瓦德（Alexander Osterwalder）和伊夫·皮尼厄（Yves Pigneur）认为商业模式包含九种必备要素。

1. 价值主张

即公司通过其产品或服务能向消费者提供何种价值。表现为：标准化/个性化的产品/服务/解决方案，宽/窄的产品范围。

2. 客户细分

即公司经过市场划分后所瞄准的消费者群体。表现为：本地区全国/国际，政府/企业/个体消费者，一般大众/多部门/细分市场。

3. 渠道通路

描绘公司将价值传递给目标客户的各种途径。表现为：直接/间接，单一/多渠道。

4. 客户关系

阐明公司与其客户之间所建立的联系，主要通过信息沟通来确定。表现为：交易型/关系型，直接关系/间接关系。

5. 收入来源（或收益方式）

描述公司通过各种收入流来创造财务的途径。表现为：固定/灵活的价格，高/中/低利润率，高/中/低销售量，单一/多个/灵活的收入来源。

6. 核心资源

概述公司实施其商业模式所需要的资源。表现为技术/专利，品牌/成本/质量优势。

7. 关键业务（或企业内部价值链）

描述业务流程的安排和资源的配置。表现为：标准化/柔性生产系统，强/弱的研发部门，高/低效供应链管理。

8. 重要伙伴

即公司同其他公司为有效提供价值而形成的合作关系网络。表现为：上/下游伙伴关系，竞争/互补关系，联盟/非联盟关系。

9. 成本结构

即运用某一商业模式的货币描述。表现为：固定/流动成本比例、高/低经营杠杆。

（二）商业模式画布

一个有效的商业模式不只是上述这九种要素的简单罗列，而是这九种要素之间存在着有机的联系，其详情可根据图5-1所示的商业模式画布来了解。

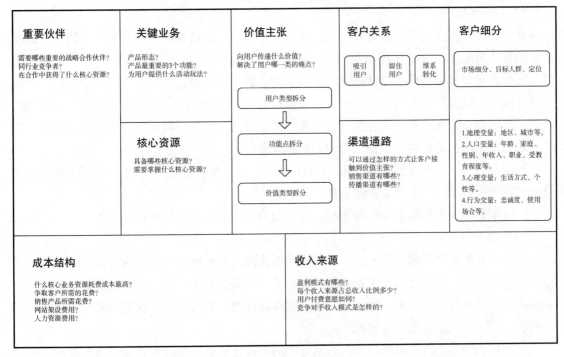

图 5-1 商业模式画布

根据这九大要素间的逻辑关系，一般商业模式的设计可以分四步进行：

(1) 价值创造收入：提出价值主张，寻找客户细分，打通渠道通路，建立客户。

(2) 价值创造需要基础设施：衡量核心资源及能力，设计关键业务，寻找重要伙伴。

(3) 基础设施引发成本：确定成本结构。

(4) 差额即利润：根据成本结构调整收益方式。

不同类型的公司在进行商业模式设计时参照的要素重点是不一样的。一般而言，应用产品或服务的领先战略型的公司更重视价值主张的创新。应用客户关系领先战略的公司更加关注客户关系、渠道通路和客户细分对商业模式的影响。运营管理领先的公司则将更多的工作重点放在了核心资源及能力、重要伙伴、成本结构的优化上。

(三) 设计商业模式的思路与方法

1. 设计商业模式的思路

设计商业模式时，应该以满足顾客需求为立足点和出发点，从创业者现有的资源以及市场竞争的实际情况出发，以发现价值、创造价值、传递价值和获取最大化价值为目标。至于企业盈利，则是客户价值最大化之后的必然产物，并且盈利的多少与企业所创造的客户价值、伙伴价值的大小成正比。

商业模式设计是分解企业价值链条和价值要素的过程，涉及要素关系的重新组合或新要素的增加，也是创业机会开发环节中一个不断试错修正的过程。

2. 设计商业模式的方法

商业模式的设计方法主要有参照法、相关分析法和关键因素法。

(1) 参照法

这是设计商业模式的一种有效方法。该方法是以国内外商业模式作为参照，然后根据本企业的具体情况，如资源环境战略技术，企业的发展阶段、规模等不同特点进行相应的调整，从而确定企业商业模式设计的方向。每个创业者都想为自己的企业设计一个独特、全新的商业模式，以求领先业内现有企业，但想要设计一种全新的商业模式是一件很难的事情。为此，许多企业的商业模式设计都是通过参照法进行的，如腾讯网的商业模式设计参照了新浪，德克士则参照了肯德基和麦当劳的商业模式设计。

采用参照法进行商业模式设计时需要注意，一定要根据企业自身的情况加以调整和改进，创新地摸索出符合本企业的商业模式。

一般来说，参照其他企业的商业模式可以归纳为全盘复制、借鉴提升两类。

(2) 相关分析法

这是在分析某个问题或因素时，将与该问题或因素相关的其他问题或因素也纳入分析的行列，通过对比，分析其相互关系或相关程度的一种分析方法。相关分析法需要根据影响企业商业模式的各种权变因素，运用有关商业模式设计的一般知识，使权变因素与商业模式一一对应，从而确定企业的商业模式。

利用相关分析法，可以找出相关因素之间的规律性联系，通过研究如何降低成本，达到价值创造的目的。如亚马逊通过分析传统书店，在网上开办了电子书店。

(3) 关键因素法

这是以关键因素为依据来确定商业模式的设计方法。商业模式中存在着多个变量，它们影响着设计目标的实现，其中若干个因素是关键的和主要的（即成功变量）。通过对关键成功因素的识别，找出实现目标所需的关键因素集合，确定商业模式设计的优先次序。

关键因素法主要有以下五个步骤：

①确定商业模式设计的目标；

②识别所有的关键因素，分析影响商业模式的各种因素及其子因素；

③确定商业模式设计中不同阶段的关键因素；

④明确各关键因素的性能指标和评估标准；

⑤制订商业模式的实施计划。

(四) 商业模式设计原则

1. 客户价值最大化原则

随着客户经济时代的到来，企业应该改变过去传统理念中追求企业利润最大化的原则，要以实现客户价值化为核心，如果坚持客户价值的最大化，那么企业的利润就自然包含其中了。所以，作为创业者，应该明白客户价值最大化是主产品，企业利润最大化是副产品。

企业可以通过两大方式来实现客户价值的最大化：

(1) 企业可以通过增值服务，创造需求的方式来实现客户价值的最大化。

企业可以不断提供增值服务方案，不断完善客户服务，让客户更准确地掌控企业的服务信息，以顺应瞬息万变的市场动态。

（2）企业可以通过个性服务和专业服务来实现客户价值的最大化。

如，戴尔公司以客户为中心的直销模式，根据客户的需求配置电脑，去除零售商的利润，以更好的服务、更有效率的方式直接将产品送到客户手中，并把零售环节省下来的利润返还给客户。

案例 5-4

网上开蛋糕店生意红火

大学毕业以后，小红决定在网上开一个蛋糕店，自己创业。在没有资金，没有实体店面的情况下，借助网络的优势，小红在3个月内卖了几百个蛋糕，并且得到合伙人及很多消费者的好评。

小红创业成功有两方面的原因：一方面，她在网上搜索了多种蛋糕的图片，并把这些图片加以修饰，辅以详细的文字介绍，为客户提供便利；另一方面，她与全国各大城市的蛋糕配送店签订合同，建立合作关系。她还记下了每一个客户的名字，甚至记下他们买蛋糕的故事。

每次当客户订蛋糕的时候，她都很热情地介绍，蛋糕一送到，她就立刻给客户打电话详细询问客户的满意度。有时候，由于特殊原因，蛋糕并没有按照约定时间送到，她就会向客户道歉，真心实意地退款，甚至会免费补送其他礼物。当客户预订的蛋糕临时不要了，或者蛋糕送达但接收人不在家的时候，她也会尊重客户的意见，退款给客户。除了和客户建立愉快的合作关系，全国许多家蛋糕店也很乐意和她合作，因为小红总是以互惠互利为原则，给予合作方最大的体谅。

客户订的每一个蛋糕，都有一个美丽的故事在里面，都传递一份真诚的感情，而她也负责地传递着这份感情。有一次，一个客户订了一个蛋糕送给千里之外的父母，蛋糕送到之后客户打来电话说，父母很激动，感动得都说不出来话了。小红真诚地为客户着想，最终赢得客户的信任，而她的这份真诚，也为她的网店带来了源源不断的客户。

（以上信息根据网络资料整理而成）

---

2. 持续盈利的原则

持续盈利是指企业既要有盈利的能力，又要有持续发展的后劲，盈利应具有可持续性、稳定性、长久性。对于一家初创企业而言，能否设计持续盈利的商业模式至关重要。

对创业者来说，要设计持续盈利的商业模式，需要注意三个方面。首先，要用反常规思维选择所要进入的行业，从而避免激烈的行业竞争。其次，应具备理性的分析思维，要有市场前景。如百度公司在创业初期，电子商务是大热门，无数人想挤上这辆被看好的列车，甚至不惜放弃自己熟悉的行业，但他们没跟随大流进入电子商务领域，而是悄悄走进了当时尚无人问津的网络搜索领域，因为看到了搜索对网络世界可能产生的巨大影响。最后，创业者在技术、产品、销售体系、盈利模式等环节上要具备创新能力。

3. 高效整合资源的原则

资源整合是企业战略调整的手段，也是企业经营管理的常规工作。整合是要实现资源的优化配置，使资源得到最大化的利用，实现整体利益最优。对于初创企业而言，企业的资源整合要立足于企业的发展战略和市场需求，通过一系列的组织协调，把企业内外部的资源进行有机整合，从而形成企业的核心竞争力。如被誉为"价格屠夫"的格兰仕是全球市场整合和资源整合的榜样，该公司并没有掌握全球微波炉制造的核心技术，也没能掌控全球销售网络，但依靠整合全球市场和全球资源，把一家中国的格兰仕变成了世界的格兰仕。

4. 不断创新的原则

商业模式的创新贯穿于企业经营的每个环节，成功的商业模式不一定都体现在技术创新上，也可以是企业运营的某一个环节，如资源的开发、研发模式、制造方式、营销体系的创新，或是对原有模式的重组、改造，甚至是对整个商业规则的颠覆。可以说，每一环节的创新都有可能造就一种成功的商业模式。

5. 有效融资的原则

企业快速成长需要资金，谁拥有资金谁就赢得了企业的发展先机，也就掌握了市场的主动权。因此，融资模式的打造对企业有着特殊的意义，对初创企业来说更是如此。如江南春电梯广告的分众传媒就是凭借其成功有效的融资模式，实现了他们在电梯广告行业的辉煌业绩。

6. 规避风险的原则

风险可以指系统外的风险，如政策、法律和行业风险，也可以指系统内的风险，如产品的变化、人员的变更、资金的短缺等。商业模式也会面临风险，如果一种商业模式抵御风险的能力很差，就像在沙丘上建立的大厦一样，经不起考验，那么这种商业模式就是不可行的。因此，创业者在设计商业模式时还应考虑商业模式规避风险的能力。

如海尔创新性地提出了"东方亮了再亮西方"的理论，用以防范多元化的风险，并取得了非常理想的效果，很值得创业者借鉴。目前海尔集团已经是全世界第四大白色家电制造商、中国最具价值品牌。海尔公司在全球30多个国家和地区建有贸易公司与设计中心，全球有10多个工业链。

企业的规模大意味着企业面临的风险也非常大，风险在遇到集团管控问题后会变得更加复杂。首先，集团企业在取得协同、整合、规模优势等利益的同时，随着资产规模的扩大，涉足企业的增加，所属子公司的地域分布趋于分散，企业所面临的投资、运管、管理风险必将增大，于是对集团的管控能力特别是风险内控体系也提出了更高的要求。其次，因集团化、多元化、国际化之后产生的多层次、多法人的问题，风险管理也会成为一个跨层次、多对象的体系。因此随着企业规模的壮大，触角的全球生长，风险管理便自然成为企业经营中心的一个重要环节。

在国际运作中，海尔的理念是"出口创牌"。战略分为三步："走出去""走进去"和"走上去"。"走出去"是把产品出口到海外；"走进去"与"走上去"则是成为当地的名牌。在国际扩张的路径上，海尔的手段主要是：整体兼并、投资控股、品牌运作和虚拟经营。海尔兼并扩张的一条基本原则就是"总体一定要大于局部之和",必须做到兼并一个成功一个,最大限度地优化资源配置,挖掘企业重组后的潜能,以此作为并购风险规避的基石和保障。

海尔的多元化战略是"东方亮了再亮西方"。海尔公司认为:"问题不在于企业需不需要搞多元化、而在于企业自身有没有能力搞多元化。"显然,对于企业的多元化扩张,海尔的态度是:有前提、有条件,讲方针地审慎扩张。这是一种有风险意识、有风险防范措施的立场。在风险面前,海尔走创新之路应对风险。海尔公司认为,面对全球金融危机,企业不仅要"过冬",还要学会"冬藏",而不是"冬眠"。风险和机遇对每个企业都是平等的,这都是外因;能否规避风险,抓住机遇,取决于内因,这要看企业自身的竞争力。

(五) 商业模式中存在的致命缺陷

一般来说,不成功的商业模式存在以下几种致命缺陷:一是对顾客完全误读,如果企业开发出来的商业模式并不为消费者所接受,那么这种商业模式就很难维持下去;二是若这种商业模式的成本远远超出了企业的承受能力,则必定存在很大的风险;三是简单抄袭别人的商业模式,初创企业如果不从企业的实际情况出发,不从客户的具体需求出发,只是全部照搬一些优秀商业模式的外在形式,也是很难成功的;四是轻易改变商业模式,企业的商业模式一旦确定下来,便不可轻易改变。商业模式的创新并不意味着随意的改变,很多初创企业轻易改变了自的商业模式,结果导致创业失败。

(六) 商业模式的评价

一个具有竞争力的成功商业模式,通常需要具备一些能够创造价值与竞争优势的特质,而这些特质就是商业模式评价的关键因素。

1. 适用性

适用性是评价商业模式的首要前提。市场环境瞬息万变,而每个企业面对的内外部环境千差万别,不同企业设计的商业模式应既具有普适性又有能将自己与其他企业区分开来的独特性。这种独特性表现在它怎样为企业赢得顾客,吸引投资者和创造利润。一般而言,商业模式没有好坏之分,只有是否适用的区别。

2. 有效性

有效性是评价商业模式的关键点。在经济全球化、信息化的今天,无论哪个行业和企业都不可能永远拥有一个能保证企业在任何条件下均能够获得利润的商业模式。一般认为,商业模式的有效性是企业在一定时期、一定条件下能够利用其为自己带来最佳效益的盈利战略组合。根据埃森哲咨询公司对70家企业的商业模式所做的研究分析,这种有效性应当具有以下三个特点。

(1) 提供独特价值。

有时候,独特价值指的是新的思想,而在多数情况下,它往往是产品或服务独特性的组合。这种组合要么可以向客户提供额外的价值,要么可以让客户能用更低的价格获得同样的价值,或者用同样的价格获得更多的价值。

(2) 难以模仿。

企业通过确立与众不同的商业模式来提高行业的进入门槛,从而保证利润来源的稳定。

(3) 脚踏实地。

脚踏实地就是把商业模式建立在对客户行为的准确理解和把握上。

3. 前瞻性

前瞻性是商业模式的灵魂所在。商业模式与企业的经营目的是相关联的,一个好的商业模式要和企业长远的经营目标相结合。商业模式实际上就是企业为达到自己的经营目标而选择的运营机制。企业以盈利为目的,其运营机制在保证企业盈利的前提下向市场提供产品或服务。但是商业模式的灵魂和活力在于它的前瞻性。当今的企业必须在动态的环境中保证自己的商业模式能够灵活反应、及时修正、快速进步和快速适应。简言之,商业模式应具有长久的适用性、有效性,以达到持续盈利的目的。

> **案例 5-5**
>
> **福临门食用油斩获"21 世纪中国企业最佳商业模式创新奖"**
>
> 21 世纪中国最佳商业模式评选奖典礼是目前国内年度最具专业性的商业盛会。2016 年,中粮福临门数字营销方案以其颠覆性的商业模式,突破行业常规的创新方法、数字化营销生态闭环赢得投资界、媒体界、业界的一致认可,获得"21 世纪中国企业最佳商业模式创新奖"。
>
> 福临门食用油数字营销体系由"一瓶一码"物联网技术,"开箱有奖"营销方式以及"透明物流"运输管理三个核心单元组成。三个单元相互支撑,贯穿整个产业链条,实现消费者互动、精准营销、过程化管理三者完美结合,形成福临门独具特色的良性营销生态闭环。此举不仅是粮油行业营销方式的颠覆性创新,更是快速消费品领域的扛鼎之作。
>
> "一瓶一码"技术通过扫码进行品牌与消费者一对一的个性化互动,让消费者熟悉产品,更方便消费者快速、直接地获得品牌信息,切实保障消费者权益;"开箱有奖"给每箱食用油产品赋予唯一的二维码,销售门店开箱时领取红包,在为客户提更便捷、更快速返利方式的同时,大大提升了渠道数据的真实性,实现了数字化管理;"透明物流"系统通过实时追踪,实现运输环节透明化,将货物的实时状态体现在客户面前,实现了产品的全链条可追溯,为提升客户满意度及内部整体供应链效率奠定了基础。
>
> 福临门食用油的数字化营销正是从产品、价格、渠道、促销四个关键营销环节入手,重视客户需求,降低客户成本,提供客户便利,及时与客户沟通,实现了由经典 4P 行销导向完美过渡为 4C 消费者导向,巧借"互联网+"大数据时代趋势,创造消费者需求,调整营销结构,助力粮油行业的供给侧改革。面对日益升级的竞争市场,福临门紧跟时代,利用互联网技术架设与消费者沟通的桥梁,为中国的消费者提供了解产业链的窗口,保障了食用油的品质与安全,引领食品行业的健康、良性发展,进而促使整个食品行业不断为中国的消费者奉献出安全、营养、健康、美味的食品。
>
> (以上信息根据网络资料整理而成)

商业模式其实无处不在，不管你的公司是大是小，只要你是一个商业组织，就有你自己的商业模式。商业模式最核心的三个组成部分是创造价值、传递价值、获取价值，这三个部分环环相扣，形成闭环，缺一不可，少了任何一个，都不能形成完整的商业模式。其中，创造价值是基于客户需求，提供解决方案；传递价值是通过资源配置、活动安排来交付价值；获取价值是通过一定的盈利模式来持续获取利润。福临门的商业模式始终关注消费者需求，提供让百姓放心的食用油，又借助互联网技术开展数字化营销，无疑高人一筹。

第三节　创业融资的途径

一、创业融资的困难

创业者面临的最大问题是什么？广州青年企业家协会2004年的一项专题调查显示：45%的被调查者认为创业遇到的最大问题是"缺乏资金"，32%的人认为是"缺乏项目"，由此可见，资金对于企业生存的重要性。

创业企业缺少甚至没有资产，就无法在银行进行抵押，也就无法获得贷款资助。

创业企业的融资规模相对较小。从贷款规模比较，对中小企业贷款的管理成本平均为大型企业的5倍左右。

对于初创企业而言，他们面临的创业融资困难主要体现在以下两方面：

不确定性。从创业活动本身来看，一旦创业，就意味着新创企业将面临着非常大的不确定性。创业企业的不确定性比既有企业的不确定性要高得多，创业企业缺少既有企业所具备的应付环境不确定性的经验，尚未发展出以组织形式显现出来的组织竞争能力。

信息不对称。与创业者相比，投资者则处于相对信息劣势的地位。投资前的信息不对称可能导致逆向选择；投资后的不对称则与道德风险有关。

二、创业融资的原则

为了保证融资的顺利进行，维护融资各方的利益，创业企业在融资过程中必须遵守一定的原则。

第一，互利性原则。融资的双方要互利互让，但这种原则不适用于评价利益分配。各方的利益要通过协议或者股份来确定，这样才能保证双方顺利融通。

第二，合法性原则。借贷双方必须遵循相应的借贷条款的规定，股票融资必须遵循《公司法》，以及上市公司和股票交易的相关规定。在融资过程中，融资双方不得进行非法融资。

第三，诚信原则。融资双方应遵循合同的契约关系，双方只有保持相互诚信，才可实现双方的互惠互利。

第四，适度性原则。在融资活动中，资金需求的适度性原则包括融资资金的适度性、融资期限的适度性、融资方式的适度性和约定条款的适度性。

第五，低成本性原则。降低融资成本，不仅可以提高创业者的收益率，还可以减轻其还本付息的负担，主要可以通过融资地点的选择、融资货币的选择和融资方式的恰当选择来降低融资成本。

三、创业企业融资方式

按照资金来源的性质不同，融资可以分为债权性资金和股权性资金两种。你可以通过分析两种融资类型的优缺点，做出自己的融资决策。

（一）债权融资的优缺点

债权融资是借款性的资金，资金所有人提供资金给资金使用人，然后再约定时间收回本金，并获得预先约定的固定的报酬（利息）。

债权融资的优点是创业者可以保持企业的有效控制权，并且享有未来可能的高额回报率。只要按期偿还贷款，债权方就无权过问公司发展方向。

但债权融资也有弊端，主要是如果不能保证经营收益高于资金成本，企业会出现资不抵债的状况。债权融资提高了企业的负债率，给企业再次筹集资金带来了困难。

（二）股权融资的优缺点

股权融资是投资性资金，是指企业通过发行股票、直接投资等方式融资，投资者有企业的股份。股权融资的优点主要体现在以下三个方面：

（1）股权融资可以帮助企业实现跨越式发展，企业可以通过富余的资金和优厚的资源，快速领先对手，占领行业制高点。

（2）股权融资成功的企业，代表资本市场对企业商业模式的认可，对企业未来良好的预期，对企业提高行业知名度和吸引人才具有积极推动的作用。

（3）有实力的风险投资机构，不仅仅可以投入充裕的资金，更重要的是会带来如客户资源、政府资源、人脉资源等涵盖企业发展的每个重要阶段所需的资源。

股权融资的主要缺点在于面临股份稀释时，创业者可能失去对企业的控股权。尤其是在一些重大决策时，一旦创业者与投资方意见存在分歧，就会降低企业的决策效率。

创业企业千差万别，所涉及行业、面临风险、预期收益都有较大差异，使得不同的企业有不同的融资要求。所以在创业时，要根据企业实际情况进行权衡与选择。

四、创业融资的渠道

（一）个人资金

研究发现，近70%的创业者依靠自己的资金为新创企业提供融资。

个人资金具有使用成本低、得来容易和使用时间长等优势。其他投资者在提供资金支持时，也会考虑创业者个人资金投入的情况。

（二）向亲朋好友融资

除企业者个人资金外，亲戚朋友的资金支持是创业资金来源的另一种主要形式。

优点：成本低，易获取，减少信息的不对称。

缺点：投资人和创业者在管理权及利益分配上容易产生冲突与分歧。因而大多情况下，亲友融资只能作为启动资金，在创业初期使用。

另外，在向亲朋好友融资时，也要对此后的权、责、利收益分配做出提前规划，并及时与亲朋好友签订相关利益合同，以避免日后可能出现的纠纷。

（三）天使投资

天使投资的起源："天使"最早是对19世纪早期美国纽约百老汇里面进行风险性投资以支持歌剧创作的投资人的一种美称。

概念：自由投资者或非正式机构对有创意的创业项目或小型初创企业进行的一次性的前期投资，是一种非组织化的创业投资形式。

特征：直接向企业进行权益投资；不仅提供现金，还提供专业知识和社会资源方面的支持；程序简单，短时期内资金就可到位。

与创业投资公司不同的是，创业投资公司是用别人的钱投资，而天使投资人是用自己的钱投资。现在，天使投资人特用来指用自有资金投资于早期创业企业的富裕的个人投资者，其所从事的投资活动被称为"天使投资"。

在欧美国家，典型的天使投资人通常是50岁左右的成功男性，属于社会的富裕阶层，很多人有成功创业或者经营企业的经验。天使投资是一种非正式的风险性投资活动，投资资金来自天使投资人个人财富的积蓄。

天使投资人通常以股权的形式投资于早期创业企业，股权的平均持有期限一般为5~8年。天使投资人除了提供资金之外，还会积极地参与创业企业的管理，用自己的创业经验或专业技能来指导和帮助创业企业家。天使投资主要以极具成长性的高科技创业企业为投资对象，投资的风险较高，因此它所要求的投资回报也很高。在欧美国家，天使投资期望的税后年均回报率高达30%~40%。

天使网络（Angel Network）的出现是当今欧美国家天使投资的一个显著特征。天使网络是由天使投资人组成的一种非正式组织，它为天使投资人提供了一个相互交流投资经验、提供投资信息、寻找投资机会的重要平台。天使网络成员之间会组成不同的投资团队，共同向某一项目投资，这样不仅有助于扩大单个项目的投资规模，也有利于降低个人的投资风险。天使网络通常由一位富有投资经验的天使投资人牵头组织，小的天使网络没有专门的管理机构，大的天使网络则一般聘请专职的经理人（通常为律师）进行管理。

（四）商业贷款

一般而言，银行并不从事向创业企业提供贷款的服务。要想获得银行的商业贷款，创业企业一般应具有以下三种条件：

①创业者拥有个人资产抵押。
②创业者拥有银行信用额度（备用资金）。
③政府担保（低息、还款周期长）。

新的银行贷款业务类型有：个人生产经营贷款、个人创业贷款、个人助业贷款、个人小型设备贷款、个人周转性流动资金贷款、下岗失业人员小额担保贷款和个人临时贷款等类型。2006年，孟加拉国格莱珉银行的创立者穆罕默德·尤努斯因以银行贷款的方式帮忙穷人创业而获得诺贝尔和平奖。

（五）信用担保体系融资

从20世纪20年代起，许多国家为了支持本国中小企业的发展，先后成立了为中小企业提供融资担保的信用机构。目前，全世界已有48%的国家和地区建立了中小企业信用担保体系。

（六）创业投资

创业投资：特指向科技型高成长新创企业提供股权投资，并为其提供经营管理和咨询服务，以期在被投资企业实现较大发展后，通过股权转让获取资本增值收益的投资行为。

创业投资作为一类投资机制，指由创业投资者、创业投资管理机构、创业者或新创企业、撤出渠道、中介服务机构、监管系统六部分构成的投资机制。

常说的"要争取创业投资支持"，与其说是争取这类资金的支持，倒不如说是争取这类投资机制的支持。

（七）风险资本

风险资本是指由专业投资人提供的快速成长并且具有很大升值潜力的新兴公司的一种资本。风险资本通过购买股权、提供贷款，或既购买股权又提供贷款的方式进入这些企业。

投资目的：风险投资虽然是一种股权投资，但投资的目的并不是为了获得企业的所有权，不是为了控股，更不是为了经营企业，而是通过投资和提供增值服务把投资企业作大，然后通过公开上市（IPO）、兼并收购或其他方式退出，在产权流动中实现投资回报。

（1）风险资本家。

他们是向其他企业家投资的企业家，与其他风险投资人一样，他们通过投资来获得利润。但不同的是风险资本家所投出的资本全部归其自身所有，而不是受托管理的资本。

（2）风险投资公司。

风险投资公司的种类有很多种，但是大部分公司通过风险投资基金来进行投资，这些基金一般以有限合伙制为组织形式。

（3）产业附属投资公司。

这类投资公司往往是一些非金融性实业公司下属的独立风险投资机构，他们代表母公司的利益进行投资。这类投资人通常主要将资金投向一些特定的行业。和传统风险投资一样，产业附属投资公司也同样要对被投资企业递交的投资建议书进行评估，深入企业作尽职调查并期待得到较高的回报。

（4）天使投资人。

这类投资人通常投资于非常年轻的公司以帮助这些公司发展迅速。在风险投资领域，"天使投资人"这个词指的是企业家的第一批投资人，这些投资人在公司产品和业务成型之前就把资金投入进来。

第四节 创业计划书的撰写

一、创业计划书概述

（一）创业计划书的概念

创业计划书也称为商业计划书，是创业者在初创企业成立之前就某一项具有市场前景的新产品或服务，向潜在投资者、风险投资公司、合作伙伴等游说以取得合作支持或风险投资的可行性商业报告，用来描述创办一个新企业时所有的内部和外部要素。创业计划通常是各项职能如市场营销计划、生产和销售计划、财务计划、人力资源计划等的集成，同时也是创业的头三年内确定所有中期和短期决策的方针。

创业计划书的编写一般是按照相对标准的文本格式进行，是全面介绍公司或项目发展前景，阐述产品、市场、竞争、风险及投资收益和融资要求的书面材料。有了一份详尽的创业计划书，就好像有了份业务发展的指示图，它会时刻提醒创业者应该注意什么问题、应规避什么风险，并最大限度地帮助创业者获得来自外界的帮助。

据相关人士保守估计，一般情况下，每一年真正有创业意向的人不会低于 10 万人，而这其中能将创业意向写成创业计划书并逐渐去完善的大约有 5 万人，然后这 5 万人中，能做到真正去尝试着拿钱去组建创业队伍的就只有 500 人。因为这中间会筛选掉很多人。最后，这 500 个人中，能把创业实施下来并付诸具体行动的，可能也就只有 50 个人。再看这 50 个人的创业历程，就看谁能走得更快，走到最后，并笑到最后。很多过程，就创业来讲，一个创意，一个想法，最后的实践、执行，这个过程是最漫长或者是最痛苦的。

（二）创业计划书的作用

一个标准的创业计划书至少可以起到以下三个方面的作用。

1. 帮助创业者自我评价，理清思路

在创业融资之前，创业计划书首先应该是给创业者自己看的。办企业不是"过家家"，创业者应该以认真的态度对自己所有的资源、已知的市场情况和初步的竞争策略进行做尽可能详尽地分析，并提出一个初步的行动计划，通过创业计划书使自己做到心中有数。另外，创业计划书还是创业资金准备和风险分析的必要手段。对初创的风险企业来说，创业计划书的作用尤为重要。一个酝酿中的项目往往很模糊，通过编制创业计划书，把正反理由都写出来，然后再逐条进行推敲，创业者就能对这一项目有一个更加清晰的认识。

2. 帮助创业者凝聚人心，有效管理

一份完美的创业计划书可以增强创业者的信心，使创业者明显感到对企业更容易控制，对经营更有把握。因为创业计划书提供了企业全部的现状和未来发展的方向，也为企业提供了良好的效益评价体系和管理监控指标，使创业者在创业实践中有章可循。

创业计划书通过描绘新创企业的发展前景和成长潜力，使大家了解自己将要充当什么角色、完成什么工作及自己是否胜任这些工作。因此，创业计划书对于创业者吸引所需要的人力资源并凝聚人心具有重要作用。

3. 帮助创业者对外宣传，获得融资

创业计划书作为一份全方位的项目计划，是对一个即将展开的创业项目进行可行性分析的说明文案。可以向风险投资商、银行、客户和供应商宣传拟建的企业及其经营方式，包括企业的产品、营销、市场及人员、制度、管理等各个方面，所以，在一定程度上，这也是一份拟建企业对外进行宣传的文件。

一份完美的创业计划书，不但会增强创业者自己的信心，也会增强风险投资家、合作伙伴、员工、供应商、分销商对创业者的信心。而这些信心，正是企业走向成功的基础。

> 💡 **案例 5-6**
>
> ## 50 页商业计划书引来 400 万元风投
>
> 如今，在微信上做生意的人不少，但能引来风险投资的不多。小林和朋友开鲜榨果汁店，第一次失败后，他及时总结经验，坚持继续创业，最终引来了 400 万元风险投资。
>
> 两年前，24 岁的小林从香港理工大学人文学院硕士毕业后回到重庆，寻思着自己该干点什么。他和一个留学回国的同学几经商议，决定开个鲜榨果汁店。于是，两人凑齐 30 万元作为创业启动资金。2013 年 12 月，小林的鲜榨果汁店在渝中区临江门洪崖洞开业。开店前，以为鲜榨果汁模式正好能填充国内市场的空白。可想法太高端，实际操作时，小店无法吸引人气。小林回忆着小店开业初期的日子，为了提升销量、多接几单外卖，不断在微信上宣传。
>
> 不久，小林从外卖果汁中得到启发，推出鲜榨果汁月套餐，并缩小了目标顾客范围，将目标对准写字楼里的白领，并实行按月订购方式，定价 320 元/月，以每月 20 个工作日度算，大约 16 元/瓶。
>
> 在微信上推广的同时，小林还跑到写字楼推销。
>
> 通过网络和地面推广同时进行，小林果汁店的订单量开始有所提升，但其收益仍然难抵高昂的装修和租金等成本。于是开业第四个月，在 30 万元创业金花完后，小店自然也就关门了。
>
> 这次创业失败后，小林与合伙人并没有灰心，而是决定找准时机重新创业。
>
> 经过大量调查求证，小林与合伙人写出了一份 50 页的商业计划书。没有风投公司的人脉，他们选择广撒网的方式。先是在网上搜索"中国风投排名""中国天使投资"，获取国内风投公司联系方式。随后，他们向 200 多家风投公司投送了商业计划书，最终回信的有 21 家，约谈的有 5 家，结果还不错。
>
> 英飞尼迪基金公司在看过小林的商业计划书后表现出深厚的兴趣，两次找到他们长谈，前后只花了约 1 周，就把事情定了下来：总共投资 400 万，分四期投入，首期投资 50 万，最后一笔资金为 200 万元。

在小林看来，短时间内打动投资人，靠的还是他们的商业计划书，这一点得到英飞尼迪基金投资经理的证实。计划书里，小林与合伙人从项目的财务预期、盈利模式、管理框架、产品本身四个方面详细分析了果汁店的经营方式。

能写出这份成熟的商业计划书，小林将原因归结为他和合伙人都有在上海的知名咨询管理公司工作的实践经历。当然，洪崖洞小店的创业经历也为他们能拿出实际又准确的市场数据提供了支撑。

（以上信息为作者收集的案例）

二、创业计划书的撰写

创业计划书首先要把计划创立的企业推销给创业者自己，其次还要把风险企业推销给风险投资家，编制创业计划书的主要目的之一就是筹集资金。

因此，创业计划书必须要说明以下几个问题。

第一，创办企业的目的——为什么要冒风险，花精力、时间、资源、资金去创办风险企业？

第二，创办企业需要多少资金？为什么要这么多资金？为什么投资人值得为此注入资金？对已建立的风险企业来说，创业计划书可以为企业的发展定下比较具体的方向和重点，从而使员工了解企业的经营目标，并激励他们为共同的目标而努力。更重要的是，它可以使企业的出资者及供应商、销售商等了解企业的经营状况和经营目标，说服出资者（原有的或新来的）为企业的进一步发展提供资金。

正是基于上述理由，创业计划书是创业者所写的商业文件中最重要的一个。那么，如何撰写创业计划书呢？

（一）创业计划书的准备

那些既不能给投资者以充分的信息，也不能使投资者激动起来的创业计划书，最终结果只能是被扔进垃圾箱里。为了确保创业计划书能"一击即中"，创业者在准备阶段应做到以下几点。

1. 关注产品

创业计划书应提供所有与企业的产品或服务有关的细节，包括企业所实施的所有调查，主要回答的问题包括：产品正处于什么样的发展阶段？它有哪些独特之处？企业分销产品的方法是什么？谁会使用以及为什么会使用企业的产品，为什么？产品的生产成本是多少？产品的售价是多少？企业发展新产品的计划是什么？把出资者拉到企业的产品或服务中来，这样出资者就会和创业者一样对产品有兴趣。在创业计划书中，企业家应尽量用简单的词语来描述每件事，因为虽然企业家非常明确商品及其属性，但其他人却不一定清楚它们的含义。撰写创业计划书的目的不仅是要使出资者相信企业的产品会在世界上产生革命性的影响，同时也要使他们相信企业有实现它的能力。

2. 敢于竞争

在创业计划书中，创业者应仔细分析竞争对手的情况。比如，竞争对手都是谁？他们的产品如何？竞争对手的产品与本企业的产品相比，有哪些相同点和不同点？竞争对手所采用的营销策略是什么？要明确每个竞争者的销售额、毛利润、收入及市场份额，然后再讨论本企业相对每个竞争者所具有的优势，要向投资者展示顾客偏爱本企业的原因，如本企业的产品质量好、送货迅速、定位适中、价格合适等。创业计划书要使读者相信，本企业不仅是行业中的有力竞争者，而且将来还会是确定行业标准的领先者。在创业计划书中，创业者还应阐明竞争者给本企业带来的风险及本企业所采取的风险应对策略。

3. 了解市场

创业计划书要给投资者提供企业对目标市场的深入分析和理解，要细致分析经济、地理、职业及心理等因素对消费者选择购买本企业产品的影响及各个因素所起的作用。创业计划书中还应包括一个主要的营销计划，计划中应列出本企业打算开展广告、促销及公共关系活动的地区，明确每一项活动的预算和收益。创业计划书中还应简述一下企业的销售战略，比如企业是使用外面的销售代表还是使用内部职员？是使用转卖商、分销商还是特许商？企业将提供何种类型的销售培训？此外，创业计划书还应特别关注一下销售中的细节问题。

4. 表明行动的方针

企业的行动计划应该是无懈可击的。创业计划书中应该明确下列问题：企业如何把产品推向市场？如何设计生产线？如何组装产品？企业生产需要哪些原料？企业拥有哪些生产资源？还需要什么生产资源？生产和设备的成本是多少？企业是买设备还是租设备？与产品组装、储存及发送有关的固定成本和变动成本大概是多少？

5. 展示你的管理队伍

把一个思想转化为一个成功的企业，关键就是要有一支强有力的管理队伍。这支队伍的成员必须有较高的专业技术知识、管理才能和多年工作经验。管理者的职能就是计划、组织、控制和指导公司实现目标。在创业计划书中，应描述一下整个管理队伍及其职责，然后再分别介绍每位管理人员的特殊才能、特点和专长，细致描述每个管理者将对公司做的贡献。创业计划书中还应明确管理目标及组织架构。

6. 出色的计划摘要

创业计划书中的计划摘要也十分重要。它必须能让读者有兴趣并渴望得到更多的信息，给读者留下长久的印象。计划摘要将是创业者所写的最后一部分内容，但却是出资者首先要看的内容，它将从计划中摘录出与筹集资金最相关的细节，对公司内部的基本情况、公司的能力及局限性、公司的竞争对手、公司的营销和财务战略、公司的管理队伍等情况进行简明而生动的概括。如果公司是一本书，它就像是书的封面，做得好才可以有效吸引相关投资者。

（二）创业计划书的内容

1. 计划摘要

计划摘要列在创业计划书的最前面，它是浓缩了的创业计划书的精华。计划摘要涵盖了计划的要点，以求一目了然，使读者能在最短的时间内评审计划的可行性并及时做出判断。

计划摘要一般要包括公司介绍、主要产品和业务范围、市场概貌、营销策略、销售计划、生产管理计划、管理者及管理组织、财务计划、资金需求状况等。

摘要要尽量简明、生动，特别要详细说明自身企业的不同之处及企业获取成功的市场因素。如果读者了解创业者所做的事情，摘要仅需 2 页纸就足够了；反之，摘要就可能要写 20 页纸以上。

2. 企业介绍

在介绍企业时，首先要说明创办新企业的思路及企业的目标和发展战略。其次，要交代企业现状、背景和经营范围。在这一部分中，要对企业以往的情况进行客观地述评，不回避失误。中肯的分析往往更能赢得信任，从而使人容易认同创业计划书。最后，还要介绍一下创业者自己的背景、经历、经验和特长等。企业家的素质对企业的成绩往往起着关键性的作用。在这里，企业家应尽量突出自己的优点并展示自己强烈的进取精神，给投资者留下一个好印象。

企业介绍还必须包括下列内容：

①企业所处的行业，企业的性质和经营范围。

②企业主要产品的介绍。

③企业的目标市场，企业的顾客群及其需求。

④企业的合伙人、投资人。

⑤企业的竞争对手，以及竞争对手对企业发展的影响。

3. 产品（服务）介绍

在进行投资项目评估时，投资人最关心的问题之一就是企业的产品、技术或服务能在多大程度上解决现实生活中的问题，或者企业的产品（服务）能否帮助顾客节约开支、增加收入，因此，产品介绍是创业计划书中必不可少的一项内容。通常，产品介绍应包括：产品的概念、性能及特性，主要产品介绍，产品的市场竞争力，产品的研究和开发过程，发展新产品的计划和成本分析，产品的市场前景预测，产品的品牌和专利。在产品（服务）介绍部分，企业家要对产品（服务）进行详细的说明，说明要准确，也要通俗易懂，使不是专业人员的投资者也能明白。产品介绍一般要附上产品原型或照片以及其他与产品（服务）有关的介绍。

一般的，产品介绍必须要回答以下问题。

①顾客希望企业的产品能解决什么问题？顾客能从企业的产品中获得什么好处？

②企业的产品与竞争对手的产品相比有哪些优缺点？顾客为什么会选择本企业的产品？

③企业为自己的产品采取了何种保护措施？企业拥有哪些专利、许可证或与已申请专利

的厂家达成了哪些协议？

④为什么企业的产品定价可以使企业产生足够的利润？为什么用户会大批量地购买企业的产品？

⑤企业采用何种方式去改进产品的质量、性能？企业对发展新产品有哪些计划？

产品（服务）介绍的内容比较具体，因而写起来相对容易。虽然夸赞自己的产品是推销所必需的，但应该注意，企业所做的每一项承诺都是"一笔债"，都要努力去兑现。要牢记，企业家和投资家所建立的是一种长期合作的伙伴关系。空口许诺，只能得意于一时。如果企业不能兑现承诺，不能偿还债务，企业的信誉必然要受到极大的损害，这是真正的企业家所不屑于做的。

4. 市场机会和营销策略

这一部分要求告诉投资者为什么这个项目有市场、有投资价值。首先，简述该产品或服务所面对的市场及竞争者的情况。接着市场细分，并给出一个最适合自己的市场定位。在这一过程中，市场调查发挥着至关重要的作用。通过市场调查，可以充分了解主要竞争对手，深入了解目标市场消费者，有助于企业在下一步宣传活动中将其独特的竞争优势准确地传达给潜在客户，并在客户心中留下深刻印象。

市场策略主要以 4P 理论为框架，即产品（Product）、价格（Price）、渠道（Place）和促销（Promotion）四大理论。市场营销策略需依据以上四点层层分析，根据目标消费者的特点，为其量身定做一系列营销策略。

产品策略是市场营销策略的核心，是企业市场营销活动的支柱和基石，是价格策略、分销策略、促销策略的基础。产品是企业营销活动的核心，是提供给市场用于满足人们某种需求的任何有形产品和无形产品。

5. 生产运营

这里介绍企业的生产策略、厂址的选择、生产计划制订的依据（注意：不一定是生产计划本身）及生产运作管理考虑的因素等。

6. 人员及组织结构

有了产品之后，创业者第二步要做的就是结成一支有战斗力的管理队伍。企业管理的好坏，直接决定了企业经营风险的大小。而高素质的管理人员和良好的组织结构则是管理好企业的重要保证，因此，风险投资家会特别注重对管理队伍的评估。

企业的管理人员应该是互补型的，而且要具有团队精神。一个企业必须要具备负责产品设计与开发、市场营销、生产作业管理、企业理财等方面的专门人才。在创业计划书中，必须要对主要管理人员进行简要介绍，阐明他们所具有的能力、他们在本企业中的职务和责任、他们过去的详细经历及背景。此外，在这部分创业计划书中，还应对公司结构做一个简要介绍，包括：公司的组织机构图；各部门的功能与责任；各部门的负责人及主要成员；公司的报酬体系；公司的股东名单，包括认股权、比例和特权；公司的董事会成员及各位董事的背景资料。

7. 风险管理

这部分主要介绍企业考虑的风险类型（如环境、市场、管理、财务、技术和生产等）及企业是如何分析风险的，说明防范风险的总体思路和措施。在风险评估方面，一般采用风险因素分析图法，即一种风险组合的定性分析和排序方法。根据部门、过程、关键性业绩指标和主要风险类别来编制短期、中期、长期风险图。一旦风险因素被识别，就可以根据其严重性（或影响程度）和发生的可能性来绘制风险图。依据以上方法来采取风险管理措施时，可以通过对类似业务的企业进行深度访谈，获取实际企业防范风险的一些措施，使风险管理措施更加切合实际。

风险管理当中包括了对风险的量度、评估和应变策略。理想的风险管理是一连串排好优先次序的过程，使可能引发最大损失及最可能发生的风险问题得到优先处理，而相对风险较低的问题则靠后处理。

8. 财务分析

这部分应该给出投资者最关心的一些财务数据来证明这个项目是可盈利的，包括初期资金、股本结构（创业团队和风险投资各占多少比例）、头两年预计的销售量、销售收入、净利润、销售毛利和权益资本报酬率等。为表明投资结果，还应给出项目的动态回收期、财务净现值和修正的内部收益率等。

9. 三年发展规划

制订企业的中长期计划，明确企业的功能定位，规划公司发展前景，对于企业的发展非常重要。据统计资料分析，三年是考察新公司成败的关键时间节点，因此，创业者要建立和完善公司规章制度，做好公司发展的整体规划。创业者可以根据不同科目内容，按照年度时间进度，设定预期完成目标。

10. 附录

附录包括与创业计划书相关但不宜放在正文的一些内容，如企业的组织架构图、产品说明书或照片、设施或技术的分析、现金流量表、资产负债表等。通常，附录对于创业者获取外部资源的支持有着特殊意义。就一般附录来说，附录的内容可分为附件、附图和附表三种。

（1）附件。

附件包括营业执照副本、重要董事会名单及简历、公司章程、产品说明书、市场调查结果、专利证书、鉴定报告、注册商标。

（2）附图。

附图包括企业的组织架构图、工艺流程图、产品展示图、产品销售预测图、项目选址图。

（3）附表。

附表包括主要产品目录、主要客户名单、主要供应商和经销商名单、主要设备清单、市场调查表、现金流预测表、资产负债预测表、损益预测表。

(三) 撰写创业计划书应遵循的原则及应规避的误区

一份有竞争力的创业计划书是需要经过反复修改、测试、逐步完善的。创业计划书的撰写必须遵循一定的原则，避免进入误区，才能最终打动风险投资者、获得投资，或者得到具有丰富实战经验的比赛评委的认可。

1. 撰写创业计划书应遵循的原则

（1）以客观性说服投资者。

客观性要求创业计划书是根据客观事实撰写的，里面的方案是以对现实的数据分析、详细的调查研究、严密的逻辑推理为基础的。如果一份创业计划书写得像是一份煽情的广告，那么可能导致投资者对创业计划书产生怀疑甚至是拒绝接受方案，因为投资者需要的是一个实事求是、理性思考的创业合作者。

大学生创业没有激情是不行的，但光有激情也是不够的。有些人在讲述自己认定的好的创意时会得意忘形，虽然有些内容需要以一种充满激情的方式讲述，但应该尽量使自己的语气比较客观，使投资者有机会仔细权衡你的论据是否有说服力。

但是，如果因为以前有过的错误判断或失败经历就对自己的项目吹毛求疵也是不合适的，这将使投资者对你的能力和动机产生怀疑。应当尽你所能提供最准确的数据，如果没有弥补不足的方法和措施，就不要提及自己的弱点和不足。这并不是说应该隐瞒重大的弱点和不足，而是说在确定方案时，就应当确定弥补这些不足的措施，并在方案中清楚地表达出来。

（2）充分地展示项目优势。

风险投资家非常关注项目的优势，在商业计划书中要充分地展示这一点。每个项目的优势各有不同，创业者可以从以下角度考虑自己项目的优势。

①创新性。创新性体现在产品的创新，推出新的产品、新的生产方法，开辟新的市场，获得新的原材料或半成品供给来源或建立企业新的组织。计划书的创新性要求做到产品项目的创新、生产工艺的创新、组织机构的创新以及市场营销的创新。

②商业价值。合理分析该产品的市场需求、市场现状，预测市场容量，突显出该产品的商业价值。

③技术领先程度。跟国内同类产品或技术相比，产品的领先程度如何？跟国外现有的同类产品或技术相比，处于怎样的地位？未来的竞争将是全球范围内的竞争，这也是创业者要考虑的。例如，有的技术在国内有专利，是领先的，但是在国外已经有了同类的产品或技术，那就要考虑一个风险：当投入大量资金，培育出了新产品的市场时，如果竞争对手从国外购买技术而生产出同类产品，或者拥有该技术的国外企业进入中国市场，那么企业就会面临激烈的竞争。

④有效的保护和维持创新性。例如，专利是公司的一个重要的竞争优势，对技术前景的判断要合理准确。

⑤技术或商业创意对现有消费水平的适应程度。如果技术或商业创意太超前，不适应现有的消费水平甚至与现有的习惯不相符，那么培育市场需要一段时间，也需要大量的资金投

入,这样的话,就存在大量的风险。

⑥盈利模式。投资者关注项目的盈利性,因此,项目的盈利模式是他们非常关注的。特别是服务类项目,盈利模式可以是一个创新点。

(3) 逻辑严密,使创业计划书更可信。

逻辑性要求创业计划书脉络清晰、结构严谨、前后呼应,内容之间紧密联系,全篇形成统一整体,而不是一堆数据的简单罗列或一个个模型的硬性堆砌。许多计划书都拥有诱人的介绍、出色的市场策略和专业的财务分析,但是这一个个完美的篇章简单地连接在一起并不足以使之成为一份成功的创业计划书。根据计划书的侧重详略不同,保证其内容的完整性是应对后来答辩环节的必要条件。对许多参赛作品来讲,逻辑性的不足往往会成为他们答辩环节的软肋。

成功的商业计划书不仅要展现决策的结果(方案),更要充分展现决策依据,反映出每个决策都是有理有据,经过系统、严密地分析和思考的。也就是说,不仅要让评委知道你将会做什么、怎么做,而且要告诉他们你为什么这么做,让他们确信你的决策方法科学,逻辑思维严密,这是一个合理的方案,实施效果才有保证。

要做到逻辑严密,写作创业计划书时应该注意以下四点。

①统一创业计划书的内容和规格。统一的要求包括内容和风格上的统一。首先,内容上要统一。创业计划书要告诉投资者为什么项目值得投资。每个项目的投资原因不一样,而这个原因就是计划书所有内容应该坚持的主题。要说服投资者,就必须注意永远不能偏离设定的主题。当主题确定以后,就应该根据论证主题的需要来搜集并遴选材料和数据,出现在计划书的每一个图表、每一份报告和每一张证明都应该能够论证创业者希望投资者相信的结论。其次,风格要统一。这里的风格统一指的是计划书的每一部分在行文、正文结构、遣词造句等方面保持统一。

②注重创业计划书各部分之间的内在联系。阅读一份成功的创业计划书,能感受到作者的思路清晰。创业计划书各部分并非割裂的,而是具有内在联系的,这种内在的联系通常体现在文章篇章的次序安排和文章内容的起承转合中。创业计划书中最常见的联系应该是数量因果关系。例如营销策略,很多计划书里面会精心策划很多营销方案,但是一定要先了解消费者,让读者感到这些营销策略都是针对目标顾客量身定做的,只有这样,读者才会相信营销方案成功的可能性大。因此,创业计划书要了解各个部分的内在联系,在写创业计划书时要强调这种内在的逻辑,突显出每一步方案都是慎重、有理有据、水到渠成的。

③选取素材要严谨。素材选取上的严谨性要求创业者对市场的预测是建立在客观、科学的市场调研的基础之上的,对整个市场规模、细分市场的占有率、产品定价、产品的销售数量和销售收入、财务分析和计划、创业所需要的种子资本等的预测是综合现场实地调研、官方数据、各行业协会信息、行业出版物及互联网等所获得的数据资料,是经过反复分析与归纳的,是能够经得起市场和现实考验的。

④写作过程要严谨。这是创业计划书撰写和修改过程中要特别注意的。创业计划书内容和数据既繁且多,难免会出现前后矛盾、数据不一致的情况,因此,各成员之间的交流、反馈尤为重要,在写作完成后,统一的检查、修订工作就成了必不可少的一步。一般情况下,

创业计划书都会由几个人合作完成，在这种情况下，要保证逻辑性是比较困难的。因此，在定稿时必须对方案进行整合，而且最好由一个文笔较好的人负责最后的编辑和定稿工作。

（4）强化方案的可行性。

可行性就是要求创业计划书必须具有操作性、可执行性，符合现实市场的要求。对投资者来说，不具备可行性的创业计划书是没有任何意义的。无论市场、生产还是财务部分，都必须体现出可行性的原则。对可行性的考虑应该包括时间和资源的有限性、法律法规的限制、产品行业标准的限制等。具体到创业计划书，应该从以下各部分体现出来。

①投资的必要性。这要求主要根据市场调查、预测结果及有关产业政策等因素，论证项目投资的必要性。在投资必要性的论证上，一定要做好投资环境分析，对构成投资环境的各种因素进行全面分析论证。另外，还要做好市场调研，包括市场供求预测、竞争力分析、价格分析、市场细分、定位及营销策略的论证。

②环境的可行性。这主要包括经济环境和社会环境两方面。从资源配置的角度衡量项目的价值，评价该区域的经济发展目标及政治体制、方针政策、法律道德和宗教民族等各方面的差异。

③技术的可行性。这主要从项目实施的技术角度合理设计方案并进行比选和评价。

④组织的可行性。这要求制订合理的项目实施进度计划，设计合理的组织机构，选择经验丰富的管理人员，建立良好的协作关系，制订合适的培训计划，保证项目顺利进行。

⑤财务的可行性。这主要从项目及投资者的角度设计合理的财务方案，从企业理财的角度进行资本预算，评价项目的盈利能力，进行投资决策，并从融资主体的角度评价股东投资收益、现金流量计划及债务清偿能力。

⑥风险因素及对策。这主要对项目的市场风险、技术风险、财务风险、组织风险、法律风险、经济及社会风险等因素进行评价，确定规避风险的对策，为项目全过程的风险管理提供依据。

要做到可行性，就要做到"细"，这里的"细"包括两个方面：一方面是思考的全面；另一方面是计划的细致。投资者了解创业者的产品或服务的唯一窗口就是创业计划书，投资者本来对行业和产品不是十分了解，当他们面对一个新事物或新想法时，总会产生许许多多的疑问："这样做真的可行吗？"因此，创业计划书的一个重要作用是为投资者解答问题，创业者应该把投资者可能产生疑问的地方都预先设想到，并在创业计划书中给出恰当的答案。增强方案的可行性有如下一些方法。

第一，对消费者的调研。到目标顾客出现的地方拦截消费者进行调研。建议进行实际调研前最好先有预调研，因为问卷设计很有可能出现问题，应该先找相关人士做深入访谈，再进行一番预调研，解决问卷本身存在的问题，然后再进行正式的调研。而且调研要做两次，第一次是基于整个市场进行消费者的调研，以这次调研为依据，进一步细分市场、选择目标市场；第二次就是在选定了目标细分市场之后，针对整个细分市场再进行一次有针对性的消费者调研，为后面营销策略的确定提供依据。

第二，竞争对手的调研。调研市场上现有竞争对手的情况，包括竞争对手的市场情况、产品优势、品牌定位和营销策略等，为方案提供依据。创业计划书就是考虑如何使产品或服务在现有的众多竞争对手中脱颖而出。

第三，合作伙伴的调研。创业者要开始对合作伙伴进行调研，确保方案的可行性。比如，计划的合作伙伴愿意与你合作吗？合作效果将会如何？

创业计划书的修改阶段，创业者要善于寻求帮助。学生本身的实践经验有限，这个时候就需要借助外脑寻求突破，向有实战经验的老师或专业人士请教，向从事相关行业的人士请教，根据他们提出的意见，修改创业计划书。

（5）保护知识产权，注意保密。

创业计划书是创业者辛勤的智力劳动成果，其内容往往具有巨大的商业价值，涉及一些技术和商业机密，要求阅读创业计划书后对其内容保密是合理的，也是必要的。

创业计划书应该包括两个部分。第一部分是可公开的部分，称为框架计划，是可以供投资人阅览的部分，不涉及要害和核心，它包括计划的总体设想、总体目标、市场调查的计划和操作步骤。第二部分是核心，为具体的计划和步骤。为了保持创业计划书不被投资人擅用，在谈判初期就应该签订保密协议并要求投资人给付投资项目入门保证金。该入门保证金不归商业计划书的编写者所有，而是存在银行内计划编写人名下的一笔资金，是为防止投资人盗用计划书内容的一种防范措施，一般在计划实施以后依然归还投资人，当投资人不予投资时，保证金在一定的时间内不予归还，当超过需要保密的时限以后依然归还投资人，这是需要在开始合作的合同中写明的，也是国际上通行的惯例。

2. 撰写创业计划书应规避的误区

（1）过于技术性。

创业计划书应该以普通人的口吻来撰写，并避免使用太专业的术语和大量缩写。它应该易于阅读和理解，而不应晦涩难懂。

（2）焦点不够清晰。

覆盖范围太大的创业计划书和试图同时做太多事情的公司是无法吸引人的。成功的概念通常是简单的，而成功的创业者一般将注意力集中在一个有限的市场和产品线上。

（3）荒谬的估值。

此类创业计划的起点往往是一个愚蠢的结论，然后向前推理，基础则是疯狂的未来预期或是胡编乱造的比较。其实，估值应该是投资者真正会支付金额的合理估算。

（4）数字。

数字是关键之处。融资要求、预期回报率和现金流预测，都必须具有吸引力和足够的野心，否则就是浪费时间。数字应该在一开始就以一种简单的形式出现，不要把它们放在计划书的后面。

（5）竞争。

所有有能力的创业者都非常了解他们所面临的竞争情况。如果创业者说没有竞争，那就是自欺欺人。一个可靠的创业计划书应该含有很多关于竞争对手的详细情况及为什么这项方案具有真正的竞争优势。

（6）不要期望计划书完美。

每一个计划都会有缺陷。如果一个投资者找的是没有缺点的计划，那他将永远没有投资对象。

（7）过多的附录和数据表。

如果申请贷款的话，这些可能是必要的，但股本投资者通常根据几个重点来决定。如果投资者真的对方案感兴趣，那所有的参考证据和背景材料都可以随后奉上，别让配料"喧宾夺主"。

（8）让其他人执笔写计划书。

顾问撰写的计划书和创业者撰写的计划书在文笔上有着明显的区别。他人执笔的计划书缺乏真实性。如果一定要请专家帮忙，一定要在自己完成了草稿之后。

（9）难以置信的利润和回报。

声称自己的公司将很快达到35%的营运利润率和100%的资本回报率，这样的计划书是不可信的。带着现实和保守的态度，才能获得认真对待。

接下来，请根据你所在创业小组的创业项目，分工合作完成一份格式正确、材料完整、思路清晰的创业计划书。

第五节　创业项目的路演

一、创新创业项目路演的内涵

（一）创新创业项目路演的概念

创新创业项目路演就是创业者在讲台上向台下众多的投资方讲解自己的企业产品、发展规划、融资计划。

创新创业项目路演分为线上项目路演和线下项目路演。线上项目路演主要是通过QQ群、微信群或者在线视频等互联网方式对项目进行讲解；线下项目路演主要通过专场活动对投资人进行面对面的演讲及交流。

（二）创新创业项目路演的基本流程

常见的项目路演，一般按照以下几个步骤进行。

1. 创业者演讲

讲述项目的基本情况和创新点，介绍团队情况和融资计划，一般是5~8分钟，不会超过10分钟。

2. 听众提问

观众可能会问及投资者感兴趣的若干问题，通常是在核心竞争力方面进行确认，一般仅允许1~2名听众提问，总共不会超过5分钟。

3. 专家点评

相关的行业专家给予一些专业指导意见，或者在融资方面给予一些规划建议，一般会给3分钟。

当前，越来越多的路演平台给创业者提供了越来越多的路演机会，在线路演也成为创新的热点。而创业者和投资者也更加会利用路演的机会进行交流，逐渐形成路演的一个隐形"圈子"。

很多路演平台对投资者比较宽容，多问几个问题或多占用一些时间，往往都不会制止。但这样会造成时间安排上的混乱。在很多时候，半天时间要安排十多个项目的路演，前面的项目时间没有控制好，后面的项目就会匆匆而过，无法按照计划完成路演。

所以，举办路演活动的机构，往往都希望参与者能够坚决执行设置好的路演流程，使创业者和投资者都在既定的时间内完成自己的演讲。这也是创业者素质的一种体现。

创业者路演（假设时间为8分钟）一般按照以下顺序分配演讲的时间：
①介绍项目背景，不超过1分钟；
②讲解商业模式或核心创新要素，4分钟；
③给出关键信息，如专利情况、营收情况等，1分钟；
④介绍团队情况，不超过1分钟；
⑤讲解融资计划，1分钟。

根据路演活动的性质和给出的时间限制，可以适当对时间进行重新划分。对于一些公益创业项目，要多分配一点时间让创业者对已实施项目的情况进行介绍。

二、创新创业项目路演的内容

（一）创新创业项目路演的准备工作

1. 注意礼仪，打扮得体

路演之所以不同于其他环节，就是因为创业者登台之后，不只是项目，连同这个人本身都会成为门面担当。"以貌取人"虽然看似肤浅，但很多时候，尤其是路演时，打扮得体不仅可以让创业者更加自信，也会给投资人及观众一个好的初次印象，同时也体现了创业者对该项目的重视，以及自己对投资者的最基本的尊重。

一个胡子拉碴、油头油脸、穿着随意的创业者，显然不能给初次见面的投资人留下好印象，而对创业者的不喜欢与不信任感也会影响投资人对项目及项目执行度的判断。因此，作为企业最初的品牌代言人，创业者在进行路演时一定要注重交往礼仪，打扮得体。

2. 把控时间，做好应变准备

通常情况下，融资路演需要创业者进行PPT演示，将自己的项目、团队等多重信息传递给投资人。但原本一小时演示时间突然缩短一半，甚至更短的情况也是时有发生的，因此，创业者一定要提前做好充分准备，不论是5分钟、10分钟还是半小时的展示时间，都能够随机安排，将最好的信息推介出去。

3. 激情背后的愿景与使命

伟大的企业都有自己的使命和愿景，也许初时像是痴人说梦，但它会将创业者的激情传递出来。有的投资人想要的并不只是一桩普普通通的生意，而是可能改变行业生态、有前景与未来的项目。

4. 做好准备，路演不等于融资成功

创业者需要做好心理准备，因为即使项目有着新颖可行的商业模式，有很棒的团队与技术，路演也发挥得不错，也并不代表着路演后一定可以遇到伯乐，马上拿到投资。这并不能说明创业者或项目不够好，可能是这一次的路演中没有匹配度很高的投资人，也可能是因为投资人出于谨慎，还想多考虑考虑。

现在常说到的巨头企业，不论是腾讯、阿里巴巴还是Facebook，这些企业的创始人当年的融资之路一样艰辛，所以无须因为一次路演失败而介怀，坚持下去才有可能成功。

5. 只要"十分钟"

这里所说的"十分钟"并非实际生活中的准确时间段，而是告诉创业者，时间非常重要，时间越短，路演效果反而会更好。如果投资人只给5分钟的推介时间，那创业者就务必要将时间压缩在5分钟之内，但一定要掌握好节奏，不能虎头蛇尾，急急忙忙结束。

6. 把路演讲成故事

研究发现，讲故事是最能获得听众关注的方式，也最能令创业者的路演变得令人难忘。所以，在投资人面前，所有的PPT、数字、图表其实都只是辅助工具，这些内容都是他们司空见惯的，但如果创业者可以用讲故事的方式简洁且清晰地讲述自己的创业故事，从而引起投资人的关注与共鸣，就更有可能融资成功。

7. 紧抓重点

对投资人来说，时间无疑是十分宝贵的资产。创业者需要紧抓重点，专注于投资人最想听的诸如竞争力、商业模式、盈利方式、项目进展、产品情况等关键点上。逻辑混乱是路演中的大忌，这样的讲述方式不仅会令人昏昏欲睡，还会给投资人留下十分不好的负面印象。

8. 创业热情+自信

创业热情对创业者来说是非常重要的，对自己的项目拥有无限热情、无限能量的创业者，在路演中会加分不少。同时，这也能够展现出创业者的自信，能够让投资人更加认可、更加相信创业者可以做好。但凡事过犹不及，过度的自信便是自负，如此只会令投资人心生反感。

9. 多加练习

绝大多数的创业者不会只经历一场路演便成功融资，因此针对路演多次练习就显得十分必要了。创业者可以对投资人可能问及的问题提前进行预演，在实际问答的过程中，可以向潜在投资人再次展示公司业务指标与竞争优势。

路演之前好好准备，路演之中出色发挥，路演之后对投资人提出的问题与反馈详细记录，并不断改进，创业者就会发现，路演中出现的问题越来越少，自己的路演水平也在不断提高，同时获得投资人融资的概率也越来越大。

案例 5-7

考研复习发现商机 大学生开发APP获300万投资

2014年，两名在校大学生在考研复习过程中发现商机，开发出"边学边问"APP，掘金"大学学霸圈"。2015年，在中国创业服务峰会暨中国创业咖啡联盟年会上，"边学边问"APP项目在"挑战120秒"环节亮相，吸引了众多投资人的目光。2015年1月底，他们通过5分钟的项目路演，获得了来自武汉博奥投资有限公司的300万元投资。

李凯是武汉纺织大学大四学生，与他同龄的古望军就读于湖北工业大学。两人是高中同学，双双由外地考到武汉读书。2014年，两个好兄弟又决定一起考研。

在考研复习数学时，古望军每当遇到难题不会解答时就会上网搜索，但常常找不到答案。各大考研资料社区大多是文本材料下载，没有题库搜索能力；到论坛发问，得到的答案却并不权威……

古望军和李凯碰面交流时"吐槽"：为什么中小学都有这样的问答类APP，唯独在大学这一块是空白？两人灵光一闪：能不能做一个大学生的学习问答社区，方便大家在考研、英语四六级考试，乃至各种考证的过程中实现互助学习？

"边学边问"应运而生。他们开发的这款"边学边问"软件（APP），是针对大学生群体打造的问答平台，使用者可以将问题发到APP上，由系统、网上高手或老师给出解答过程和思路。同时，这款"边学边问"APP还可以为用户提供高质量的考试考证经验、课程视频、学习笔记等干货内容，以及周边院校的讲座、选课指南及老师在线课程等。另外，这款"边学边问"APP还具有社交功能，设有"学霸圈""留学圈""四六级圈"等多个圈子，可供大学生们"扎堆"学习。

考研结束后，李凯、古望军正式开始创业。

季凯回忆，创业初期，他们没有贸然开始APP开发，而是进行充分的市场调研。他们将市面上可以找到的所有问答类APP都下载在手机上试用，最后从中选择了5个进行详细"解剖"，逐一分析各自的优劣。一个月后，他们决定在采用文字录入模式的同时，加入一键拍照的方法，采取图像识别技术，从图片中提取文字，再匹配题库。

1月中旬，项目团队正式入驻光谷创业咖啡，准备参加2015年首场青桐汇路演，路演时间5分钟。为了准备路演，他们特地撰写了创业计划书并制作PPT，并在光谷创业咖啡工作人员的指点下，对PPT进行了三次大改。

1月24日，古望军穿着租来的西装登上路演舞台，由于创业"角度刁"、项目特点突出，当场就有投资人表达了投资意向。

（资料来源：人民网，2015年3月16日）

(二)创新创业项目路演要表达的核心内容

1. 项目差异性

如果无法制造或提供一些与众不同的产品或服务时,最好不要去参加路演等,等到设计出更好的东西再路演都不迟。

2. 不要太独特

虽说差异性是项目能否顺利进入市场的关键,但也不可太过独特。一个创业者认为还不曾有人涉足过的、自己是有史以来第一人的项目,对于投资人来说吸引力并不会太大。也许在此之前已经有几百个创业者尝试过了,这样的项目无疑会给投资人增加不少风险。

所以,创业者在介绍所创业的项目时,不妨将侧重点更多地放在项目的"新"与市场现实的"旧"如何保持平衡与互利状态上,而不是不断重复"这是一个未被发掘的市场""这是个可以颠覆行业的项目"。

3. 具象地解释项目的产品或服务

投资人想看到的不是创业者所画的"概念大饼",而是一个实打实的产品或服务,因此,不要过多地阐述项目理念等抽象内容。同时,要把握好投资人心态,投资人最关心的还是产品或服务是否能够赚到钱、是否能够扩大规模,因此,也不必过分解释产品特性。

4. 精确定位目标受众群

许多创业者为了显示自身项目的市场容量巨大,会和投资人说诸如"中国人口众多,只要能占据1%的市场,前途就不可限量"等宏大无比的说辞,但经验丰富的投资人是不会听信这样的假说的。创业者可以用人口特征及心理特征来精确定位项目的目标消费者群,同时配以一定的客户数据,说服力会增强不少。

5. 如何获取新用户

创业项目能否成功,营销是十分重要的一个环节,因此,创业者要让投资人看到很棒的营销理念、方法或技术。

6. 建设 A 级团队

创业理想也好,创业宏图也罢,都需要依靠有天赋、有能力的人来执行。强大的团队会带来一流的产品与品牌。因此,创业者在融资路演时需要告诉投资人自己团队的优势何在、团队成员各自擅长什么、是否能够优势互补。

7. 收入模式

有一定路演经验的创业者一定不难发现,投资人提及最多的问题之中,一定会有"公司如何盈利"或"现在是否已经盈利"等问题。投资人之所以给出投资,极大程度上都是希望得到回报,因此,投资人想要知道创业者的收入模式如何、是如何执行的,以及是否得到了验证。

8. 资金使用计划

投资人的钱并非拿来让投资人随意"烧"的,那么具体这笔资金创业者会怎么花、会以怎样的速度花，同时预计达到怎样的"里程碑"等，都是投资人十分关心的。创业者需要制定至少未来三年内的财务模式，包含运营成本、收入增长、利润、潜在利润等，这些都是投资人判断其投资回报率高低的重要基础。

9. 痛点+解决方案

从 Airbnhb、Uber 等成功的融资路演案例中不难发现，这些项目都是从某一行业痛点出发，然后再给出自身的解决方案，最后延展到较为宏观的未来愿景上。创业者在路演时也可以这样的逻辑顺序进行推介，告诉投资人自己项目的产品或服务能够解决这个行业的痛点，并且是最好的解决方案，而在获得资金支持的情况下，可以帮助更多用户解决这一问题。

10. 投资人的退出策略

退出策略一直是很多初创企业会忽略的一个问题，但这一点却又是投资人十分关注的内容，大部分投资人是期望能够在短时间内，例如五年内获得收益。

因此，创业者需要告诉投资人项目的退出策略是什么，以及未来公司是否会上市、是会授权进行连锁经营还是被收购，并利用未来销售收入与估值预计所能达到的范围，让投资人看到更多回报的可能性，从而增大投资人投资的概率。

三、创新创业项目路演的常见误区

路演常见的误区有四种。

（一）过多陈述项目背景

很多创业者对自己的创业项目情有独钟，会在路演开始的时候用较长时间介绍项目背景，抒发关于项目选择的"情怀"。这是一种常见的问题。千万不要把"项目路演"当作"创业经验分享"，投资人对项目实际的创新内容和商业实践是非常关注的，尽快进入这些内容的讲解有助于投资人对项目保持兴趣。

（二）过度强调创新的技术

在项目路演过程中过度强调创新技术，虽然有可能引起对技术创新非常关注的投资人的兴趣，但是容易使听众感到乏味，难以理解项目内容，甚至敬而远之。应尽量使用类比、比喻的修辞手法，使技术讲解生动易懂，同时也要适当对技术创新进行保密。

（三）对未来收益预估过高

有些创业者对项目未来收益进行了过高的预估，这是投资人经常会产生疑问的地方，如果处理不好，会给投资人留下浮夸、过于冒险等不良印象。在进行预期收益时，尽量做到理性、务实，不以市场特例进行参照，而尽量以自身实际运营成果为参照。

（四）演讲时过于亢奋

在路演过程中，创业者切记不要亢奋。创业要有激情，但是在演讲时表达过多情绪会让投资者担心未来不容易沟通，影响合作前景。况且投资人都是比较冷静和客观的，面对亢奋和激动的演讲者会产生一种错位感，反而会对项目失去兴趣。

创业者可以通过路演树立信心，通过路演推广品牌，通过路演扩大人脉。路演活动对创业者的好处很多，同时也是完善、提升创业能力的重要途径。创业者要经常参加演讲，经常站上讲台，传播自己的创业信仰，这是创业路上最美的体验之一。

四、创业小智囊

（一）不要随意向投资人发送创业计划书

大多数企业家认为要找到投资，就只有把他们的创业计划书发给投资人，以此来获得资金。但是，不幸的是，这种情况却很少发生。因为，要想得到投资，这其中的奥秘并不是简单地发送一个计划书而已，而是要正确地使用这个计划书。

这是为什么呢？

第一，你的创业计划方案并不能正确回答所有问题。无论你的创业计划方案多么优秀，它永远都不会是完美的，它永远都不能回答每一位投资者的问题。如果想做到完美，这份计划书将会用100页甚至更多，在这种情况下，是没有人乐意去阅读它的。

第二，任何书面文件，当然包括计划书在内，都是在向人解释或者解读。因此，基于投资者的经验，他可能会错误地评估你的投资风险和所将面临的困境。

因此，在理想情况下，你的第一份书面计划应该只包括针对潜在投资者的有关于公司的概述和简短信息。最好使用电子邮件或者一页纸形式，在里面需要包括公司应该被赋予哪些责任和义务，并且如何获得成功等。在书面计划中向投资者概述投资的风险，并且让他对此产生兴趣。

（二）重视投资人的第一投资时间

在给投资者简单地叙述你的公司概况之后，下一个目标则是想办法开一个会议。会议的目的是让投资者意识到他们拥有着两种稀缺的资源：时间和金钱。值得一提的是，要让他们更加清晰地了解你和你的公司。其中，最重要的是他们对你个人的看法，一般来说这决定着投资者对你公司前景的判断。

因此，有保障的会议能够将你与投资者团结在一起，去确定和回答所有的问题。通常来说，你可以比在计划书中更好地回答他们所有的质疑和问题，此时你可以基于投资人的意见来调整后续的问题。

（三）适时地发送你的创业计划

当投资人对你的业务产生融资兴趣时，他自然会要求查阅你的计划书。这时则是你递交计划书绝好的时机。适时地递交创业计划书，更多来说是一种礼节。投资人可以通过计划书充分地考虑你公司的业务和融资的可行性。

虽然，计划书更多的是一种形式，但它仍然是至关重要的环节。如何完善你的创业计划书呢？你需要注意以下四点。

（1）计划书要以引人注目的形式向投资人展示创业公司的相关信息。

（2）计划书要使投资人对创业公司有一个比较全面的了解。

（3）要使投资人看了创业计划书后有想找你面对面会谈的可能性。

（4）要在计划书中对投资人想了解的问题做好充分准备，以从容应对面谈时投资人所提出的问题。

想办法寻找投资人、筹集资金与其他的营销活动一样，就像销售人员卖车，它始于用商业广告或者宣传册来吸引顾客的注意。接下来，就需要向潜在的客户提供试驾的机会，这类似于公司与投资人的面对面会谈和展示。最后，如果未来的汽车客户还有相关的疑问，他们可能会更加全面地考虑汽车的操作等，这些就类似于要递交的创业计划书。

有一份优秀且引人注目的创业计划书是筹集资金的关键，但是如何使用它也是同样重要的。

创业实施

> **学习目标**
> * 了解企业选址、注册登记等知识
> * 掌握新企业管理中存在的问题及应对措施
> * 了解企业退出途径与方式方法

第一节 新企业的创办

一、了解企业法律组织形式的相关情况

大学生毕业后选择自主创业，就要根据自身的条件和环境，选择适合自己的企业法律组织形式，为今后经营管理企业打下良好的基础。

对于创业者来说，要创办一家企业，搞清楚有关企业创立的一些基本知识是十分必要的。如企业的基本内容是什么，为何要创办企业，何时适合创办企业，创办企业需要哪些条件，企业有哪些法律形式，需要遵守哪些相关法律法规，等等。

（一）企业法律组织形式

企业法律组织形式反映了企业的性质、地位、作用和行为方式，规范了企业与出资人、企业与债权人、企业与政府、企业与企业、企业与职工等关系。毫无疑问，企业法律组织形式必须和我国的社会制度相适应，和我国的生产力发展水平相适应，同时要充分考虑企业自身的行业特点。企业只有选择了合理的组织形式，才有可能充分调动各个方面的积极性，使之充满生机和活力。

1. 个人独资企业

个人独资企业是最早出现的企业法律组织形式。个人独资企业又称个人业主制企业，是指依法设立,由一个自然人投资并承担无限连带责任,财产为投资者个人所有的经营实体。

2. 合伙企业

如果两个或两个以上的人员共同创业,就可以选择合伙制作为新企业的法律组织形式。根据《中华人民共和国合伙企业法》,"合伙企业"是指自然人、法人和其他组织依照本法在中国境内设立的普通合伙企业和有限合伙企业。普通合伙企业由普通合伙人组成,合伙人对合伙企业债务承担无限连带责任。《中华人民共和国合伙企业法》对普通合伙人承担责任的形式有特别规定的,从其规定。有限合伙企业由普通合伙人和有限合伙人组成,普通合伙人对合伙企业债务承担无限连带责任,有限合伙人以其认缴的出资额为限对合伙企业债务承担责任。

3. 公司制企业

公司是现代社会中最主要的企业组织形式。它是以盈利为目的,由股东出资形成,拥有独立的财产,享有法人财产权,独立从事生产经营活动,依法享有民事权利,承担民事责任,并以其全部财产对公司的债务承担责任的企业法人。公司有独立的法人财产,享有法人财产权,公司以其全部财产对公司的债务承担责任。

(1) 有限责任公司。

有限责任公司的股东以其认缴的出资额为限对公司承担责任。根据《中华人民共和国公司法》,创业者设立有限责任公司,应当具备下列条件:

①股东符合法定人数;
②有符合公司章程规定的全体股东认缴的出资额;
③股东共同制定公司章程;
④有公司名称,建立符合有限责任公司要求的组织机构;
⑤有公司住所。

(2) 股份有限公司。

根据《中华人民共和国公司法》,创业者设立股份有限公司,应当具备下列条件:

①发起人符合法定人数;
②有符合公司章程规定的全体发起人认购的股本总额或者募集的实收股本总额;
③股份发行、等办事项符合法律规定;
④发起人制定公司章程,采用募集方式设立的要经创立大会通过;
⑤有公司名称,建立符合股份有限公司要求的组织机构;
⑥有公司住所。

(3) 一人有限责任公司。

根据《中华人民共和国公司法》中关于一人有限责任公司(简称"一人公司")的特别规定创业者也可设立一人有限责任公司。一人有限责任公司其实是有限责任公司的一种。

(二)创业企业法律组织形式的比较和选择

下面就个人独资企业、合伙企业、有限责任公司、一人公司和股份有限公司法律组织形式对于创业者优势、劣势进行比较,如表6-1所示。

表 6-1 各种企业组织形式对于创业者的优势、劣势比较

组织形式	优势	劣势
个人独资企业	1. 企业设立手续非常简便，且费用低 2. 所有者完全拥有企业控制权 3. 能够迅速对市场变化做出反应 4. 只需缴纳个人所得税，无须双重缴税 5. 在技术和经营方面易于保密	1. 创业者承担无限责任 2. 企业成功过多依赖创业者个人能力 3. 筹资、资源获取相对困难 4. 企业随着创业者退出而消亡，寿命有限 5. 创业者投资的流动性低
合伙企业	1. 创办的手续简单、成本费用低 2. 经营方式比较灵活 3. 相对个人独资企业，企业拥有更多人的技术、能力与资源 4. 资金来源相对较广，信用度较高	1. 普通合伙人承担无限责任 2. 企业绩效更依赖合伙人的能力，企业规模受限 3. 企业往往因关键合伙人死亡或者退出而解散 4. 合伙人的投资流动性低，产权转让困难
有限责任公司	1. 创业股东只承担有限责任，风险小 2. 公司具有独立寿命，易于存续 3. 可以吸纳多个投资人，促进资本集中 4. 多元化产权结构，有利于决策科学化	1. 创立的程序相对复杂 2. 存在双重纳税，税收较重 3. 不能公开发行股票，筹集资金，规模受限 4. 产权不能充分流动，资产运作受限
股份有限公司	1. 创业股东只承担有限责任，风险小 2. 筹资能力强 3. 公司具有独立寿命，易于存续 4. 职业经理人进行管理，管理水平较高 5. 产权可以股票形式充分流动	1. 创立条件程序复杂 2. 存在双重纳税，税收负担较重 3. 股份有限公司要定期报告公司的财务状况、公开自己的财务数据 4. 政府限制较多，法规的要求比较严格

（三）大学生自主创业企业法律形式的选择

从我国目前的立法现状来看，已形成较为完善的企业法律制度，2005 年通过的新《中华人民共和国公司法》，就是一部鼓励投资兴业的服务性公司法。高校毕业生中有志自主创业的学生在这种大环境下可以说大有作为。根据我国现行法律，大学生创立企业可以采用的法律形式有公司（包括一般有限责任公司和一人有限责任公司）、合伙企业、个人独资企业。这四种企业法律形式各有利弊，大学生在自主创业时应在具体分析后做出慎重选择。另外，股份有限公司注册资本较高，故对大学生初次创业不太适用，但可应用于原企业发展壮大、资金积累雄厚以后作为企业转型后的企业法律形式。

大学生团队创业可供选择的企业主要法律形式是一般有限任公司。

一般有限责任公司是指有 2 名以上 50 名以下股东（自然人或法人）组成的对公司债务承担有限责任的法人组织。可见，一般有限责任公司适用于有 2~50 名大学生组成的创业团队，这 2~50 名大学生成为所设立的有限责任公司的股东，以他们的出资额为限对公司务承担有限责任，该公司则以其全部资产对公司债务承担责任。

《中华人民共和国公司法》第二十六条规定："有限责任公司的注册资本的最低限额为人民币 3 万元。法律、行政法规对有限责任公司注册资本的最低限有规定的，从其规定。"

在当今的大学生创业大潮中，有很多大学生通过用自己的知识成果入股的方式创业。对

此，《中华人民共和国公司法》第二十七条规定："股东可以用货币出资，也可以用实物、知识产权、土地使用权等可以用货币估价并可以依法转让的非货币财产作价出资；但是，法律、行政法规规定不得作为出资的财产除外。"一般有限责任公司要求具有较为完整的公司治理结构，股东会、董事会经理、监事等。这就要求在采用一般有限责任公司作为大学生自主创业企业形式时，这一大学生创业团队要广泛吸纳各种类型的人才一起创业，这其中不但要有有资金、掌握专利技术的大学生，还要有管理专业、经济专业、财会专业等各方面专长的人才加入。

二、企业的选址、起名与注册登记

> **案例 6-1**
>
> ### 麦当劳的选址特色
>
> 麦当劳选址的基本原则是尽可能方便顾客的光临。麦当劳的选址，精确到"米"，方法有"数灯泡""步量"等，尽量让人们最需要时容易找到它们。
>
> 麦当劳的研究表明，顾客来麦当劳就餐的决定中70%是一时冲动，所以麦当劳选择的餐厅地点尽可能方便顾客的光临。
>
> 麦当劳选址从不片面追求网点数量的扩张，而是经过严格的调查与店址评估。麦当劳选址建新店都是慎之又慎，前期都要经过很长时间的市场调查。通常每个店是否开都要经过三到六个月的考察，考察的问题极为细致，甚至涉及店址是否与城市规划发展相符合，是否会出现市政动迁和周边动迁，是否会进入城市规划红线区。只要进入红线就坚决不设点，老化商业区坚决不设点。
>
> （以上信息根据网络资料整理而成）

创业者要把自己的创业项目通过生产经营来实现，必须有一定的经营场所。根据法律规定，创业者需要选择合法的经营场所并依法注册登记后，方可进行正常运营。因此，企业选址对企业者来说也是一项科学决策的过程，企业选址的好坏将直接或间接影响创业项目的成功与失败。

（一）企业选址

企业选址是指如何运用科学的方法决定设施的地理位置，使之与企业的整体经营系统有机结合，以便有效、经济地达到企业的经营目的。

1. 企业选址的原则

（1）成本费用原则。

企业首先是经济实体，因此经济利益对于企业无论何时何地都是重要的。建设初期的固定费用、投入运行后的变动费用、产品出售以后的年收入，都与企业选址息息相关。

(2) 集聚人才原则。

人才是创业最宝贵的资源，创业选址得有利于吸引人才。反之，因创业搬迁造成员工生活不便，导致员工流失的事情时有发生。

(3) 接近用户原则。

对于服务型企业，几乎都需要遵循这条原则，如银行、电信、影剧院、医院学校、商店等；许多制造企业也把工厂搬到消费市场附近，以降低运费和损耗。

(4) 长远发展原则。

企业选址是一项带有战略性的经营管理活动，因此要有战略意识。选址工作要考虑到企业生产力的合理布局，要考虑市场的开拓，要有利于获得新技术、新思想。在当前世界经济越来越趋于一体化的时代背景下，还要考虑企业选址是否有利于参与国际间的竞争。

(5) 兼顾其他原则。

兼顾政策因素、环境因素、文化因素、社情民意等。企业选址是否适合政策要求，是否符合当地环保政策，是否适应当地气候条件，是否符合当地人民风俗习惯和社情民意，等等。

2. 影响企业选址的因素

对企业而言，一个合适的投资地点，必须是政府/园区与企业的共赢，企业投资某地，需要在成本上有优势，在管理上增效，在市场上扩量。对于政府而言，一个合适的投资项目，必须有助于当地产业发展，必须能为当地产业优势的最大限度发挥与产业集聚的全面提升有较大助益。影响创业选址的因素主要有如下几个方面。

(1) 区位交通。

区位交通是一个地区或园区发展最为根本的依托。区位要素需要考虑大区位和小区位。

(2) 经济基础。

经济基础是衡量园区所在城市综合能力的指标，显示了园区外部综合发展环境，对园区发展有间接但重要的影响。中投顾问一般采用企业所在区域 GNI（国民总收入）、人均 GDP（国内生产总值）、人均可支配收入、地方政府财政收入等指标来表示园区所在城市的经济基础。一般而言，地方财政收入区县一级能够达到 30 亿元（剔除转移支付资金）时，则该地区的经济基础较为优质。

(3) 产业基础。

产业基础是投资企业最为看重的要素，主要包括产业企业数量、规模以上企业数量、该产业产值占区域内所有产业产值比重、产业上下游企业数量集聚情况、原材料供应商数量及供应程度，下游购买企业数量及销售渠道等。我们调研过的大量的案例也印证了产业基础对于企业选址的重要性。除了乡情等因素外，纺织企业在佛山西樵集聚度较高，农产品在山东寿光周边集聚度较高，LED 及灯饰在中山小榄及周边集聚度较高，竹产品在浙江安吉集聚程度较高，整车企业在重庆、武汉、合肥、台州等地产业集聚度较高。

(4) 产业要素。

产业要素是企业选址的重要因素，主要包括土地、水、电、气、人工五大因素。物流企业选址一般重点关注土地要素，饮品企业一般重点关注水要素，线路板企业一般重点关注电价因素，陶瓷企业一般重点关注燃料要素（目前大多数陶瓷企业已经从用煤改为使用燃气了），纺织企业一般重点关注人工要素。医药行业最为关键的是研发创新，因此能否获得高端研发创新人才是行业选址的重要因素。当然，不少企业也采用了研发实验室与生产分离的方式来解决落户地人才不足的问题。

（5）政策支持。

政策支持是投资选址中最难评估也最难协商的部分，原因是行政监管多，需要绕开的因素多。政策支持，常见的有：针对某一特定行业的扶持政策；针对高端人才（高管个税返还），有相应的扶持政策；针对土地因素，有政府定下来的基准地价折扣优惠政策；针对电价，有可能通过政府牵头协商，拿到直供电电价（不上网电价）；针对技改，政府可能有专项资金支持……

（6）履约能力。

政府政策履约能力是项目，尤其是倾"全市之力""全县之力"引进的重点项目考虑的重点。履行能力方面，主要考察地方财政实力、政府服务、决策人更替三大要素。

（7）土地条件。

土地是一切产业活动的基础，没有土地就没有产业发展的空间。我们需要重点关注土地属性、土地可获得性、建设条件、用地成本等四大要素。在土地属性上要重点考虑面积、形状、连片性、平整度等方面具体内容；土地可获得性是容易忽略的坑，土地规划、拆迁、未来可扩张空间都是需要考虑的内容；在建设条件方面，则主要考虑地形、水文地质、高压线走向、市政道路、河流走向等详细内容；对于用地成本，则主要考虑各类土地的价格。

（8）自然条件。

自然条件对于大多数项目而言，具有一致性，但这不是它被忽略的理由。自然条件对于项目具有基础性影响。例如，某汽车整车制造商从韩国引进的专家团队，在抵达当地两天后决定辞职回国，原因是该整车制造商位于华北地区，冬季雾霾严重，不利于整车制造。因此，在自然条件方面，应该重点关注环境质量和自然灾害两大要素。

3. 企业选址的方法及步骤

企业选址的方法包括地址因素评分法、量本利分析法、重心法及运输模型法。

地址因素评分法在常用的选址方法中是使用最广泛的一种，因为它以简单易懂的方式将各种不同因素综合起来，便于应用。地址因素评分法的具体步骤如下：

①决定一组相关的选址决策因素。对每一因素赋予一个权重以反映这个因素在所有权重中的重要性，每一因素的分值根据权重来确定，而权重则要根据成本的标准差来确定，而不是根据成本值来确定；

②对所有因素的打分设定一个共同的取值范围，可以是 1~10，也可以是 1~100；

③对每一个备选地址的所有因素按设定范围打分；

④用各个因素的得分与相应的权重相乘，并把所有因素的加权值相加，得到每一个备选地量的最终得分；

⑤选择具有最高总得分的地址作为最佳的地址。示例如表6-2所示：

表6-2 备选地址评分

因素	权重（%）	得分（总分100分）		加权得分	
		地点1	地点2	地点1	地点2
邻近已有商店	10%	100	60	10.0	6.0
交通繁华	5%	80	80	4.0	4.0
租金	40%	70	90	28.0	36.0
大小	10%	86	92	8.60	9.2
布局	20%	40	70	8.0	14.0
运作成本	15%	80	90	12.0	13.5
合计	100%	456	482	70.6	82.7

因此，企业选址的步骤可归纳如下：

(1) 明确目标。即首先要明确，在一个新地点设置一个新设施是符合企业发展目标和生产运作战略的，能为企业带来收益。只有在此前提下，才能开始进行选址工作。目标一旦明确，就应该指定相应的负责人或工作团队，并开始进行工作。

(2) 收集有关数据，分析各种影响因素，对各种因素进行主次排列，权衡取舍，拟定初步的候选方案。这一步要收集的资料数据应包括多个方面，如政府部门有关规定，地区规划信息，工商管理部门有关规定，土地、电力、水资源等有关情况，以及与企业经营相关的该地区物料资源、劳动力资源、交通运输条件等信息。在有些情况下，还需征询一些专家的意见。在收集数据的基础上，列出很多要考虑的因素，但对所有列出的影响因素，必须注意加以分析，分清主次，并进行必要的权衡取舍。在必要的情况下，对多种因素的权衡取舍也需要征询多方面的意见，如运用德尔菲法分析后，将目标相对集中，拟出初步的候选方案。候选方案的个数根据问题的难易程度或可选择范围的不同而不同，例如，可以是3~5个，也可以更多。

(3) 对初步拟定的候选方案进行详细分析。所采用的分析方法取决于各种要考虑的因素是定性的还是定量的。例如运输成本、建筑成本、劳动力成本、用水成本等因素，可以明确用数字度量，因此可通过计算进行分析比较。也可以把这些因素都用金额来表示，综合成一个财务因素，用现金流等方法来分析。另外一类因素，如生活环境、当地的文化氛围、扩展余地等，难以用明确的数值来表示，则需要进行定性分析，或采用分级加权法，人为地加以量化，进行分析与比较。也有一些方法，可同时考虑定性与定量因素，如选址度量法。

(4) 确定最终方案。在对每一个候选方案都进行详细分析之后，将会得出对各个方案的优劣程度的结论，或找到一个明显优于其他方案的方案。这样就可选定最终方案，并准备详细论证材料，以提交企业最高决策层批准。

> **案例 6-2**
>
> ### 苹果公司在中国的选址
>
> 2008年7月19日，北京奥运会前夕，苹果公司开设了中国内地第一家 AppleStore，坐落于北京市朝阳区三里屯路19号院三里屯 Village6号楼。众所周知，苹果公司是世界上一流的网络公司，以出色的工业设计和独特的品位闻名。同时，中国也正在成为电子产品的热消费地，这一点，从苹果产品的热销中就可以看出来了。那么，苹果公司在这么重要的时间和这么重要的市场面前，第一家店的选址就显得十分重要了。
>
> 苹果第一家店的选址，主要从以下三个方面考虑。
>
> 1. 所选地区的消费者购买力
>
> 从地理位置分析，三里屯距离城市中心3公里远，可谓是城市黄金地段，周围有北京工人体育馆，其作为北京国安队主场，在很多夜晚都有大批球迷光顾。同时周围酒吧林立，是一个比较有名的高端商业区。此外从1962年起，各国均在此修建大使馆、领事馆，到今天为止，三里屯已经成为外籍人士的一个聚集区。所以目标顾客主要集中为外籍人士和前来消费的人士，购买力比较强，但是并不具有针对性，周围缺乏聚集效应，所以要求很高的营销手段。反观中关村，地处北四环，从1988年起，就是整个北京乃至北方的科技企业聚集区，包括IBM、甲骨文在内的世界知名公司均在此有分布。同时周围高校林立，包括清华大学和北京大学等一流学府，流动人口很多，拥有很好的凝聚性。但是相比三里屯，中关村的购买力稍逊一筹，同时周边环境也不及三里屯地区。
>
> 2. 所选地区竞争情况
>
> 从竞争情况分析，三里屯地区电子产品销售商很少，而且缺乏规模，仅有4家PC公司的三级代理商，竞争情况乐观，不存在很大压力。而中关村作为IT行业集中地，各类电子产品销售商有上万家，竞争十分激烈，且客户忠诚度不高。
>
> 3. 与消费者接触程度
>
> 苹果公司作为旗帜鲜明的科技公司，同时还使用自成一脉的 Mac OS 和 1S 系统，初学者不易上手，需要较长时间的学习和练习。从这一点来分析，苹果公司与消费者接触程度应该是较高的，显然中关村更符合要求。
>
> （以上信息根据网络资料整理而成）

（二）企业的起名

对于一个小企业来说，如何让顾客记住企业名称，是一件非常重要的事情。让我们来看看下面一组有趣的测试题：你看到"可口可乐"想起了什么？你看到"NIKE"想起了什么？你看到"麦当劳"想起了什么？这些名字已经代表了一个公司的形象，甚至代表了一种产品，它们已经在消费者的心中留下了深刻的印象。

1. 企业起名的原则

（1）起名应本着乐观向上、积极进取的原则，并且让人产生联想、容易记住，还要注意与其他店名、厂名区别开来。名字不要误导消费者，企业的名称不要带有消极倾向。

（2）名字不要太长，一般不超过四个字，如国内知名企业"海尔""格力""联想"等。

（3）名字应该易读、易写、易记，用词不可生僻拗口，也不要落俗套、随大流。有的公司，专门要给自己的小企业起一个古里古怪、读起来别别扭扭的名字，这实在不是一个明智之举。

企业名称的规则一般是：行政区划+字号+行业特点+组织形式，例如：兴宁市+叶南渔村农产品开发+有限公司。

2. 工商登记企业名称

拟定出自己企业的名称以后，要在注册前到工商部门进行电脑查询，确定自己拟定的名称是否与别人已注册的企业名称相重复，即"名称查重"。所以，在拟定企业名称的时候，最好拟定2~3个备用，做到有备无患，少跑冤枉路。按照国家有关法律规定，企业名称具有专用性和排他性，一旦核准登记，在规定的范围内享有专用权，受法律保护，其他单位和个人不得与之混用或假冒其名称。另外，名称要符合有关法律的规定，受法律保护的名称还可以转让或出售。

3. 企业起名的规范

企业起名要注重企业名称的合法性、专业性、品牌战略、行业特点；同时，从与现代市场紧密结合的角度看，还要注意企业名称的国际性，不能违反其他国家的法律。要为公司起个好名称，需要注意以下几点。

（1）合法性。毋庸置疑，企业起名后需要经过工商注册机构审核。企业起名一般有8个备选方案，可供工商部门审核通过。合法性是企业起名的首要条件，要引起重视。

（2）品牌唯一性。新成立的企业一般没有什么品牌优势，但是，一旦企业发展起来，就会树立起自己的品牌地位。这里有几点需要注意：

第一，新成立企业的名称不要与现有的企业名称或市场品牌相重音或近形。这主要是因为一旦惹上侵权纠纷，不仅白白地给别人做了宣传，还将企业的人力、资金浪费掉了。

第二，新成立企业的品牌一旦打响，有可能被别的企业利用。如果企业的品牌不具有独特性、唯一性，很容易让他人获得"打擦边球"的机会，这在市场上非常常见。

第三，反映企业品质与文化。一般情况下，企业在起名时一定要大气，一定要像"通用""中国移动"等那样响亮。我们常说，名字也是信息，名字要因人而异，企业名称也要根据企业发展的阶段状况而定，名不符实是一大忌讳。

（三）企业注册登记

企业在依法经营前，须进行注册及备案手续，须依照我国《中华人民共和国公司法》等法律法规规定的流程进行办理。根据市场调查分析，进行企业经营场所的确定，需要提前准备好公司章程、股东资料、预先企业名称、经营范围、公司法律形式和注册资金等资料，然后到市场监督管理部门提交资料并进行核准，进行公司登记注册并核发营业执照（三证合一，是指企业的营业执照证、税务登记证、组织机构代码证由原来三个行政部门所发的证书统一合并为一个证书）。企业营业执照的获得，是企业已依法注册备案并可依法经营的有效资质凭证。

1. 企业名称核准

首先，企业注册须进行企业名称预先核准申请，企业名称需要工商行政管理部门根据申请人申请的字号的区域范围进行查重，并按要求进行填写。

2. 根据市场调查，确定经营场所

在创办企业前，要结合市场进行必要的调查、分析与研究工作，以便获取更为准确的信息，为后期创立企业进行相应决策做好准备。

例如，商圈调查可以预估商店坐落地点可能交易范围内的消费人群、流动人口量等人口资料，并通过消费水准预估营业额等消费资料。对商圈的分析与调查，可以帮助经营者明确哪些是本企业的基本顾客群，哪些是潜在顾客群，力求在保持基本顾客群的同时，着力吸引潜在顾客群。

运用成熟的经验与科学的方法，把企业的经营项目置于当前的市场环境中，对项目的发展及周边所处的综合环境进行可行性调查研究与决策分析。一般运用SWOT分析方法、PEST分析方法等进行企业经营项目的战略分析。

3. 企业税务登记

税务登记是税务机关依据税法规定，对纳税人的生产、经营活动进行登记管理的一项法定制度，也是纳税人依法履行纳税义务的法定手续。税务登记是整个税务征收管理的起点。税务登记种类包括：开业登记，变更登记，停业、复业登记，注销登记，外出经营报验登记，纳税人税种登记，扣缴税款登记，等等。税务登记的种类分为设立税务登记、变更税务登记和注销税务登记三种。

4. 创办新企业相关法律

既然已经选择了创业，就需要了解企业的法律环境和要承担的企业责任。所有创业者都要按照国家法律的规定开办和经营企业，并承担相应的企业责任。企业只有进行了工商登记注册，才能受到国家法律的保护。这里的法律，是专门指由全国人民代表大会及其常委会依照立法程序制定，由国家主席签署公布的规范性文件，其法律效力仅次于《中华人民共和国宪法》，如《中华人民共和国公司法》《中华人民共和国合同法》《中华人民共和国企业破产法》等。

第二节　新企业的管理

一、新创企业管理的特殊性

新创企业成长和现有企业成长具有明显的不同。激烈的市场竞争对已经建立一定竞争优势的成熟企业有利，它们已经树立了自己的优势，包括品牌、服务、渠道等。作为新入行的企业，只有打破原有竞争格局才能够扭转不利局面。在核心竞争能力尚未形成的时候，应该采用迂回的方式与对手周旋，争取生存机会，然后不断积累实力，加强自身的地位。

2002年，迅雷的创始人程浩和邹胜龙开始共同创业时，选择的项目是电子邮件的分布式存储系统。当时电子邮箱开始收费，邮箱容量也越来越大。不过电子邮箱的存储市场并没有他们当初设想的那么大，两三个月后公司陷入困境，两人商量转型。程浩发现，门户、邮箱、搜索、即时通信等业务都有主流提供商，唯独下载没有，但是很多用户对大容量文件，如电影、网络游戏等都有下载需求。于是程浩和邹胜龙决定研发迅雷软件。迅雷软件采用基于网格原理的多资源超线程技术，下载速度极快。为了使产品能以最快的速度发布，程浩在研发过程中放弃了对产品各种细节的考究，只关注目标消费者最关心的特性，最终取得了胜利。与成熟企业不同，新创企业在创业初期的首要任务是在市场中生存下来，让消费者认识和接受自己的产品。

（一）以生存为首要目标

在创业期，企业的首要任务是从无到有，把产品或服务卖出去，掘到第一桶金，在市场上找到立足点，使自己生存下来。在创业阶段，生存是第一位的，一切围绕生存运作，一切危及生存的做法都应避免。

"别再跟我谈对新产品的构想，告诉我们你能推销出去多少现有的产品"是这一时期的典型独白。重要的不在于想什么，而在于做什么，一切以结果为导向。企业里的大多数人，包括创业者在内，都要出去销售产品，这就是所谓的"行动起来"。正因如此，企业往往缺乏明确的方针和制度，也没有严格的程序或预算，企业的决策高度集中，不存在授权，是创业者的独角戏。此时企业不清楚自己的能力和弱点，只是开足马力全速前进。

在创业期，企业是机会导向的，有机会就做出反应，而不是有计划、有组织、定位明确地开发利用自己所创造的机会。这使企业不是去左右环境而是被环境所左右，不是创造和驾驭机会而是被机会所驱使，这导致企业不可避免地犯很多错误，促使企业制定一套规章制度来明确该做什么而不该做什么。

（二）依靠自有资金创造自由现金流

现金对企业来说就像是人的血液，企业可以承受暂时的亏损，但不能承受现金流的中断。所谓企业的自由现金流就是不包括融资，不包括资本支出以及纳税和利息支出的经营活动的净现金流。自由现金流一旦出现赤字，企业将发生偿债危机，可能导致破产。自由现金流的大小直接反映企业的赚钱能力。它不仅是创业期，也是成长阶段管理的重点，区别在于对创业初期的管理来说，由于融资条件苛刻，只能依靠自有资金运作来创造自由现金流，这使管理难度更大。创业初期的管理要求经理人必须千方百计增收节支、加速周转、控制发展节奏。

（三）所有的人做所有的事

企业在初创时，尽管建立了正式的部门结构，但很少能按正式组织方式运作。通常是，虽然有名义上的分工，但运作起来是哪里需要，就往哪里去。这种看似的"混乱"，实际是一种高度"有序"的状态。每个人都清楚组织的目标和自己应当如何为组织目标做贡献，没有人计较得失，没有人计较越权或越级，相互之间只有角色的划分，没有职位的区别。这种在初创时期锻炼出来的团队领导能力，是创业者将来领导大企业高层管理班子的基础。

(四) 创业者亲自深入运作细节

经历过创业初期的创业者大都有过这样的体验：直接向顾客推销产品，亲自与供应商谈判折扣，亲自到车间里追踪顾客急需的订单，在库房里卸货、装车，跑银行、催账，策划新产品方案，制订工资计划，被经销商欺骗，遭受顾客当面训斥等。创业者对经营全过程的细节了如指掌，才使生意越做越精。

随着企业的逐渐发展，创业者不可能再深入到企业的各个角落，去亲自贯彻自己的领导风格和哲学。授权和分权则成为必然，由于企业缺乏相应的控制制度，授权不可避免地转向分权，导致创业者对企业的失控，从而重新走向集权之路。经历这些反复的实践后，创业者最终会走上由直觉型的感性管理转变为职业化的专业管理之路。

二、企业生命周期

成长和发展是生命的永恒主题。就像任何一个生命一样，企业从诞生之初就有追求成长和发展的内在冲动。企业生命周期理论构成了经济学和管理学对企业成长问题最基本的假设之一。企业在成长过程中会经历若干发展阶段，每个阶段具有相应的特点和驱动因素，这要求企业在各个方面不断变革，与其发展阶段相适应。以下是两种企业生命周期的具体表述：

(一) 企业生命周期

通常，一个企业会要经历培育期、成长期、成熟期、衰退期这四个阶段。

1. 培育期

新创企业处于培育期时，企业生存能力弱，抵抗力很低，风险性高，很容易受到产业中原有企业的威胁。此时新创企业处于学习阶段，市场份额低，管理水平低，固定成本大，管理费用高，产品发展方向也不稳定。企业波动较大，失败率也很高。这是一个由产品创意转变为实际的有效产品和服务的时期。新创企业具有创新精神，一般情况下产品具有特色和竞争力。新创企业成功与否，在很大程度上取决于创建初期的可行性分析，与市场预测和投资决策的关系很大。培育期重点是要解决企业的生存问题。

2. 成长期

在培育期生存下来的企业很快进入成长期，处于这一时期的企业称为成长企业。一般把成长期分为两个时期：成长早期和成长后期。在这一阶段，企业年龄和规模都在增长，企业全面成长，经济实力增强，市场份额逐步提高，竞争能力增大，已能在产业中立住脚跟，企业素质得到全面提高，创新能力也很强，企业已经形成了自己的配套产品。此阶段的主要特点在于：该企业在产业中已经成为"骨干企业"，是中型企业的延伸，但尚未发展为大企业。并不是所有中小企业都能进入成长后期，只有那些由优秀创业者领导、积极承担风险并开展创造性新事业的企业才有可能进入成长的快车道。

3. 成熟期

考察企业的演变史能够发现进入成长期的企业本来为数不多，而能够成长为成熟企业并得以留存的则更是凤毛麟角，许多企业在成长过程中已经被淘汰。这一时期分为两个阶段：第一个阶段称为成熟前期，即骨干企业向大型或较大型企业的演变和发展时期，企业内部大多还是单一单位，但已建立起庞大的采购和销售组织，此时的企业大多已取得了原料采购和产品销售的控制权，企业经济效益很高，具有较强的生存能力；第二阶段称为成熟后期或蜕变期，是大企业向现代巨型公司或超级大企业演变的重要时期，此时已经走向内部单位的多元化和集团化，能够更有效地进行日常产品流程的协调和未来资源的分配，从而促进企业的低速持续成长，并形成了管理工作的职业化。此时企业会出现各种各样的问题，如增长缓慢、效益下降、成本上升、士气受到影响、官僚主义加剧等。

4. 衰退期

成熟期的企业如果未实现后期的成熟化或蜕变，则进入衰退期。此时企业对外部环境的反应能力降低，社会形象逐渐受到损害，市场份额下降、利润不断减少，现金流量随之减少，产销规模缩小，销售业绩开始下滑，企业竞争力越来越弱，被淘汰的危险与日俱增。

（二）爱迪思企业生命周期模型

在众多企业生命周期模型中，美国学者爱迪思提出的阶段划分最为细致，在理论界和实践界有着广泛影响。他把企业生命周期划分为12个阶段，分别是孕育期、婴儿期、学步期、青春期、盛年前期、盛年期、盛年后期、稳定期、贵族期、官僚化早期、官僚期、死亡期。盛年期之前是成长阶段，盛年期之后是老化阶段。下面重点介绍孕育期、婴儿期、学步期、青春期、盛年期、稳定期和官僚期。

1. 孕育期

孕育期是先于企业出现的一个阶段，即梦想阶段。没有梦想，就不会有后来的企业。此阶段的本质，就是创业者确立自己的责任，并且一直伴随着创业者经历企业的全部生命周期。这种责任的形成标志，不是公司在形式上的成立，而是创业者的创意通过了利益相关人的检验，创业者和加盟人都树立起了承担风险的责任心，风险越高，责任越大。同时，这种责任能够得到经理人、雇员、客户、供应商等利益相关者的支持。成功的企业不仅要有好的创意、市场和资金的支持，更需要那种能把自己的全部热情和精力都投入事业的人。创业者的责任心和凝聚力，决定着资源能否积聚和充分利用。

如果创业者的动机仅是为了赚钱，这种急功近利的狭隘思想是很难支撑创业者建立真正的企业的。真正的企业，在创业阶段必须要带一点超凡脱俗的动机，如满足市场需求、创造附加价值、增添生活意义等。创业者的责任承诺在后来的兑现过程中，可能产生一些不正常和病态的问题。创业者在激动状态下，会被迫或者自愿地做出一些不现实的承诺，常见的问题如慷慨地给加盟者分配股份等。在梦想阶段，这种股份是不确定的，后来公司有了真正价值使这种股份权益变为现实时，创业者将会备受折磨。

2. 婴儿期

婴儿期不再有浪漫和梦想，而面临着实实在在的生存问题。这一阶段能否健康成长，取决于营运资金和创业者承诺的兑现，增加销售量成为头等大事。此时的正常问题是化解产品与扩大销售的矛盾，这将会使企业筋疲力尽。羽翼未丰的企业处处都需要资金，空想清谈不再有用，需要的是行动和销售。这时候必须稳定产品，核定价格，支持销售。但此时企业管理不到位，创业者忙得只能解决最紧急的事，没有明确的制度，缺乏必要的程序，预算相当有限，不足以建立庞大的团队。创业者只能高度集权，过度承诺，安排日程过满，加班加点工作，从领导到员工都在忙，没有级别之分，没有考校，一不留神一个小问题就会变成一个大危机。

导致婴儿期企业夭折的第一个因素就是现金流断裂，婴儿期的企业总是投资不足，为避免耗尽企业的流动资金必须要有现实的商业计划。一旦出现把短期贷款用于长线投资、将股份转让给不能同舟共济的风险投资家等失误，就会严重到足以毁灭公司。导致企业夭折的第二个因素是创业者失去控制权或对创业丧失责任心。缺乏规章制度，为了获取现金而采取权宜之计的坏习惯，尤其是为了保障企业资金链而引进了只求快速收回投资的"狼外婆"式控股者，这些状况都会让创业者渐渐丧失企业的控制权。当追求事业的热情变成了不堪重负的压力之后，特别是在外来投资者不当干预下企业背离了创业者的初衷时，创业者可能会放弃自己的责任。在婴儿期企业中，独断专行的领导风格几乎是不可避免的，这样才能适时处理危机。但这种做法如果一直长期持续下去，就会在下一个阶段阻碍企业发展。

3. 学步期

当公司运转起来，产品和服务得到市场认可的时候，企业就进入了学步期。这一阶段现金流增加，销售量提高，创业者就会出现"初生牛犊不怕虎"的自大心理，最常见的问题就是摊子铺得过大，任何机会都要考虑，任何好处都舍不得丢弃，卷入太多相干和不相干的生意，精力不能集中，多元化遍地开花。公司就像是一个微型的企业集团，一个小部门甚至一两个人就想要撑起一个"事业部"。创业者独断专行，虽然造就了婴儿期的成功，却隐含着学步期的管理危机。老板们沉醉于眼前的成功，相信自己的天赋，充满不成熟的疯狂想法，而那些促销时使用的折扣与奖励，使销售量直线上升却没有获得利润，甚至销得越多赔得越多。

尽管快速增长表面上是好的，然而让销售额直线上涨是危险的，把资金流寄托于未知的市场份额则更加危险。此时企业应该夯实基础，稳扎稳打，关注预算、组织结构、分工、职责、激励机制等基本制度建设，学会自律，学会放弃。但是，现实中这种企业常常在经历一连串的决策失误，碰了很多钉子后才会有些许清醒。所以，学步期实际上是频繁的试错阶段。

4. 青春期

青春期是摆脱创业者的影响进入经理人治理的阶段，也称为"再生阶段"，即脱离父母监护的独立阶段，这是一个痛苦的过程。即使创业者本人转变为职业经理人，其中的冲突、摩擦也在所难免。规章制度的建立和授权是青春期企业的必经之路。创业者在婴儿期大权独揽不存在问题，而到了青春期，创业者就必须适当分权、授权，就像父母对长大的孩子必须放手一样。一旦引入职业经理人，就会发生管理风格的变革和企业文化的转化。对创业者来说，婴儿期需要冒险，学步期需要远见，而青春期需要的是规范经营。职业化，减少直觉决策或驾驭机会，而不是被机会驱使，创建制度、形成责任体系、改变薪酬规定等，都会成为创业者之间思想冲突的源头。青春期的麻烦，实质上是经营目标的转变，如果经理人与董事会结成同盟，挤走富有开拓精神却在不断破坏制度的创业者，病态的结果是企业未老先衰，有了"数字化管理"却失去了前瞻眼光，有了组织纪律性却失去了朝气活力。完成青春期转变的重点，在于创业者与经理人之间的相互理解、信任与合作。

5. 盛年期

盛年期是灵活性和控制力达到平衡状态的阶段，这是企业蒸蒸日上的时期，此时企业经过了青春期的痛苦，实现了领导机制的转变，建立了有效的管理制度体系，梦想和价值观得以实现，合适的权力结构平衡了创造力和控制力的关系。此时企业明白它要什么、不要什么，关注点可以兼顾顾客和雇员，销售和利润能够同时增长，这时的企业已经成为能够共享某些功能的利润中心组合体，规模经济和显著效益可以让公司多产起来，能够分化和衍生出新的婴儿期企业，也能够扩展到新的事业领域，有了相互尊重和信任的企业文化，可以促进企业的内部整合和团结。

当然，盛年期的企业也有问题。虽然婴儿期、学步期、青春期出现过的问题，有可能在盛年期还会出现，但鼎盛状态下要想持续发展，管理人员的培训不足、训练有素的员工不够，这些问题则会突显出来。所以此时的关键是如何运用一批高素质人员来保持企业的兴盛状态。

6. 稳定期

稳定期是企业的转折点，虽然企业一切欣欣向荣，但是越来越循规蹈矩、安于现状、保守处事。决策的隐含准则是保护自己的利益而非公司利益。企业高管层虽然也能倾听建议，但却不会探索新的领域。琐细的事实、大量的数据和精密的公式在决策中"满天飞"。稳定期的表象是企业遇到了增长瓶颈，实际上是发展曲线到了顶点。公司有时也会出现新的构想，但却没有了当年的那种兴奋和刺激。典型的表现就是对财务部门的重视超过了对营销部门和研发部门的重视，对改善人际关系的兴趣超过了对冒险创新的兴趣，对昔日辉煌的津津乐道超过了对发展愿景和新战略定位的探索，在用人上更乐意用唯唯诺诺者而不愿再见到桀骜不驯者。表面上，这一阶段没有大毛病，高管层更多地会误以为这就是盛年期，但衰败的种子正在悄悄发芽。

7. 官僚期

官僚期代表着公司越来越走下坡路。这个阶段的企业不再有真正的长期目标和事业追求，只是为了维持面子而热衷于短期获利和低风险目标。企业内部人员为了维护自己的利益而争斗，内讧和中伤不断，无人理睬客户需求，那些平时看着不顺眼的员工（正是这些人往往保存着一些创造力）就变成了内讧的牺牲品。有创造力的人，在官僚化内讧中往往不是那些擅长弄权者的对手；试图推行变革、扭转官僚化趋势的人，其努力不但无济于事，而且往往会搭上自己的职业前程，最后不得不辞职走人。官僚化的结局是企业濒临破产，靠企业自身的努力已经无力回天，到处充斥着制度、表格、程序、规章，就是看不到真正的经营活动。此时企业最终的命运就是走向死亡。

爱迪思对企业生命周期的概括，为研究管理打开了一个新的视窗。必须注意的是，企业所处的生命阶段，不以时间长短来确定，也不以规模大小为前提。就时间来说，有不少百年老店依然"年轻"，也有不少刚刚建立的企业已经"老态龙钟"；就规模来说，有些世界排名领先的巨型企业依然生机盎然，而有些小型企业已经病入膏肓。判断企业年龄的尺度，是灵活性和控制力的消长情况。

（三）新创企业成长驱动因素

企业度过创业期后，随着成品和服务逐步被市场和消费者所认可，销售收入不断增加，规模不断扩张，出现了非常强烈的成长冲动。从内部看，这一方面是因为企业追求更多的利润；另一方面是因为创业者渴望权力，促进了企业成长。从外部看，市场对产品产生需求，要求扩大规模，或者某项新发明创造出新市场也都可能促进企业成长。因此，企业成长的推动力量可概括为企业家的成长欲望和能力、产业与市场因素以及组织资源三个方面。

1. 企业家的成长欲望和能力

如果企业家具有强烈的成长欲望和对工作充满激情、勇于向环境挑战的能力以及识别和把握机会的能力，就很有可能会把经济资源从生产率较低、产量较小的领域转到生产率较高、产量更大的领域。这些能力是企业实现快速成长最关键和最基本的因素。在熊彼特的《经济发展理论》一书中，熊彼特用近乎一章的篇幅来阐述创业者的特征："创造私人王国的梦想和意愿……征服欲望：战斗的渴望、证明自己更强的渴望、成功的追求，并非局限于胜利果实，而在于成功本身……享受创造某事物或仅仅是释放自身精力和天分的乐趣……"

企业家具有强烈的成长欲望，所以在产品投入市场赢得了一定的利润后，企业家一般不以达到个人满意的生活水平和享受利润所带来的好处为目标，而是利用利润进行再投资以期成为向所在行业的大企业挑战的高速发展企业。企业通过向主要顾客销售大量产品而与顾客一起成长，通过改变顾客和产品进一步扩大销售额，及时地通过建立分支机构实现成长。在企业开拓市场的过程中，需要大量的资金，而企业家为了实现快速成长，愿意通过出售股份融资，这为企业的进一步扩张奠定了基础。企业家的工作激情使企业家在实现企业目标时更加坚决、乐观和持之以恒，这不仅深深激发了员工的工作热情，而且使其他企业认为不能实现的事情在企业家领导的企业中得以实现。

企业家勇于向环境挑战而不是被动地适应环境，他们面对激烈动荡的环境，更加关注的是机遇而不是威胁。企业家感到有做事情的责任和主动权，企业家有责任感，不是让情况决定他们的行动，而是更多地为改变他们的情况而行动。企业家擅长识别和追求机会的能力使企业具有创新的优势，创新使企业能够赢得快速成长的机会。企业家能非常快地将识别出的机会付诸实践，企业家对其将要进入的领域非常了解，他们能够找到合适的发展模式，他们也有信心找到实现模式所缺的资源。从观察角度来看，创新的成功与资源的投入规模之间没有明显的关系。通常，企业家利用最低或最有限的资源追求机会。斯迪文森认为企业家所追求到的机会超过他们所控制的有限资源的这种能力是企业家必备的能力之一。

2. 产业与市场因素

进入威胁、替代威胁、买方竞价力、供方竞价力和行业内企业间的竞争这五种作用力共同决定产业竞争的强度以及产业利润率。企业在快速成长的最初阶段，其产品往往处于产品生命周期的导入期和成长期，进入威胁和替代威胁较小，行业中的其他小企业由于缺乏创新精神，一味地被动适应环境，信息相对闭塞，资源相对匮乏，往往对新的业务视而不见。此时，行业内部大企业总是因为市场"太小"而拒绝开发新涌现业务的产品和服务，所以新的企业可赢得稳固的市场地位。当然，这也是中小企业之所以存在的基础之一，无疑，竞争对手较少，良好的市场情况为企业实现销售额快速增加创造了机会，新产品具有良好的吸引顾客的潜力，虽然最初顾客对新产品不了解，但企业对于区域市场比较熟悉，往往易于打开局面。在巨大的市场需求的牵引下，企业的主要任务是进行批量生产，不必投入过多的市场开发费用，产品的价格相对较高，能够获取高利润，若当时企业自身的规模相对较小，则更易于实现超速成长。

3. 组织资源

在一定程度上，成长欲望的实现取决于企业所控制和能够利用的资源。在这里，组织资源被广泛定义为员工、财务资源、无形资产、厂房设备、技术能力、组织结构。组织资源决定支持组织成长的能力，如果组织不拥有支持成长战略所需的资源，即使企业家的成长欲望很高，实现的销售额也可能很低。员工、集权的组织结构、财务资源和技术资源对企业的快速成长起着积极的促进作用。例如，在财务资源方面，企业产品的销售价格相对较高，利润较高，在一定程度上能够支持成长所需的资金。此外，银行看好企业的发展前景，愿意提供贷款，具有高成长欲望的企业家愿意通过出售股份融资，赢得更多的资金，适应企业的扩张。这些资金来源能够支持企业成长所需的资金高投入。

三、新创企业容易遇到的管理问题

在企业初创阶段，往往是瞄准某一市场空白点，如果推销工作做得好，企业的成长往往也不错。内部结构简单，办事效率较高等，都是创业初期的典型优势。但也正因为以上优势，当企业由小到大快速成长之后，随着人员的膨胀、市场的扩展等，一些管理问题随之而来。

（一）资金不足

低估对现金和经营资金的需求是新创企业早期出现的比较常见的问题之一，这源于创业初期创业者典型的热情心态。一般情况下，企业的产品销量越大，出现资金不足问题的可能性就越大。一个企业的平均年销售增长若超过35%，企业的自有资金一般就不足以支撑这种增长，此时就难免遇到资金周转的困难。

企业初创阶段，为获得资金，企业常常犯一些常见的错误，如把短期贷款用于较长时间才能产生效益的投资项目；开始用折扣刺激现金流的产生，有时折扣太大以至于不足以弥补变动成本，结果是卖得越多、亏得越大；把股份转让给对"事业"毫无怜悯心的风险资本家等。

创业者应该逐渐重视企业的现金流量、贷款结构和融资成本等，必须要有符合实际的经营计划，而且要以"周"为单位来监视现金流量。记账的重点是现金流量，权责发生制虽有利于纳税和盈利分析，但对于及时监控企业生存却不见得有利。严格监控应收差转率和存贷周转率，也是防止经营资金不必要增加的基本手段。

（二）制度不完善

创业初期，企业要不断面对意外出现的各种问题，如顾客投诉、供货商临时撤销订单、银行不愿提供贷款等。由于没有先例、规章、政策或经验可以借鉴，这就产生了企业的行动导向和机会驱动，这也意味着给规章制度和企业政策所留的空间很小。此时的企业正在试验、探寻成功的阶段。这一阶段制定规章制度和政策有可能扼杀满足顾客需求的机会，但缺乏规章和政策，为了获取现金而采取权宜之计，又不利于企业有发展。

比如为争取到订单，企业会千方百计地去满足客户的需要，但随后却可能造成创业者对企业发展失控的局面。在这种情况下，签订风险很高的大宗合同之后，结果可能是巨大的损失。没有规章和政策，企业的管理就会混乱。虽然这对初创期的企业而言是正常的，但却使企业非常脆弱，易受挫折，这也使得问题常常演变成危机，这种状况把管理人员变成了消防队员。公司的管理也就只能是由危机到危机的"救火"管理。

（三）权责不明

初创期的企业，企业者所承担的责任和义务是重叠交叉的。例如，总经理可能既管采购，又管销售，还兼管设计；销售人员可能要承担一部分采购工作；会计人员有时又是办公室人员。这时的企业是围绕人来组织的，而不是围绕工作本身进行组织的。企业只是对各种机会作出反应，而不是有计划、有组织、定位明确地去开发利用自己所创造的未来机会。

对初创期的企业而言，事事优先是正常问题，当企业不断成长，不可避免地犯了些错误之后，就逐渐学会了哪些事不能去做。这是一个不断试错的学习过程，当初创期的企业出现了大的失误，如损失了市场份额、失去了大的客户或赔了一大笔钱时，企业就被推入了下一个生命阶段。爱迪思认为，企业初创期成就越大，自满程度越高，所出现的危机就越大，推动企业变革的作用力也就越大。此时企业终会认识到，自己需要一整套规章制度来明确该做与不该做的事情。规章制度的完善表明企业强调管理子系统的急迫性，这时企业过渡到下一个发展阶段。如果没有出现这种强调管理制度的情况，企业就会陷入被称为"创业者陷阱"或是"家族陷阱"的病态发展阶段。爱迪思认为企业初创期出现的问题有些属于正常现象，随着企业的成长会慢慢解决；而有些问题则属于不正常现象，如风险使承担的义务消失殆尽、现金支出长期大于收入、企业过早授权、创业者丧失控制权、创业者刚愎自用、不听取团队意见等，需要尽力避免。

四、新创企业的风险控制与化解

创业过程需要承担一定的风险，包括负债、资源投入、新产品和新市场的引入以及关于新技术的投资。承担风险代表着把握机会，从财务角度看，可能的风险和预期报酬总是对应的，高报酬往往意味着高风险，当企业采用财务杠杆或投入资产以期获取高回报时，必须对项目的潜在风险保持高度警惕。德鲁克在《创新与企业家精神》一书中指出，成功的创业者不是盲目的风险承担者，他们采用各种方法降低风险。比如，通过调查、评估等降低不确定性，或者运用在其他领域内经过验证的方法和技术有效降低风险，加强竞争地位。

（一）新创企业成长所面临的风险

企业成长面临的风险，根源于环境的不确定性增加和复杂性增强。新创企业缺乏必要的资源、组织结构、管理和控制系统、企业文化等关键要素，随时挣扎在死亡边缘。

1. 不确定性对新创企业的挑战

成熟企业采取市场细分→目标市场→市场定位的模式把握机会。管理者首先需要判断潜在市场，根据目标消费者特征区分成几个独立的细分市场并确定可能的购买力，再根据自身资源情况和预期回报率判断需要进入的市场，然后设计营销战略以占领该市场中尽可能大的份额。

然而，当创业者面临来自外部难以预测的环境和内部目标模糊时，其创业过程是行动导向和互动成长的。创业者以三个初始条件为出发点：我是谁，拥有哪些特质、品位和独特能力；我了解什么，拥有哪些教育、训练、专长、经验和先前知识；我认识谁，拥有怎样的社会网络和专业网络。

在此基础上，创业者判断自己能做什么，积极与熟人或偶然遇到的人互动，争取获得伙伴承诺并使资源不断扩张。研究表明，大部分创业者的第一个顾客是同事或亲戚朋友。通过最初的顾客向外扩展，可能有更多顾客加入，这样逐渐显现一个局部市场。在此基础上，要使市场逐渐扩大，可以通过战略合作，也可以通过其他手段进行局部累积，最终创造出一个新的市场。

传统的企业管理理论强调要开展周密的市场调查和预测，要制订合乎逻辑的、严谨的经营计划等，从某种意义上说这只适用于那些拥有确定产品和市场的大公司。80%以上的创业者没有能力也不可能这样做，他们一旦有创业想法，往往在短期内就开展实施创业活动，并及时、迅速把握各种有利的机会。如果一切都论证清楚后，把资源都整合齐备了，机会也就没有了。现实世界中，风险和不确定性存在且不可避免时，创业初期的企业必须重视这种挑战。

爱文·杜迪克认为在相对稳定的经营环境中，可持续竞争优势是可能获取的，但在动态复杂的不确定环境下，可持续竞争优势只是一种建议的理想状态，是企业非常渴望达到却极少能够实现的状态。他建议以"机会创造与利用"的概念替代可持续竞争的优势的概念，这是一种组织上和心理上的应对状态，是追求成功战略假设的心理框架，是资源分配的试金石。机会创造与利用包括四个连续不断的阶段：机会创造与发现；机会识别、突破和利用；机会整合；机会分解与循环。

2. 企业快速成长带来诸多变化

初期的企业快速成长往往给企业家在工作和家庭等多方面带来变化。对500家企业调查发现，近90%的企业家感受到快速成长所带来的变化。当被问到"出现快速成长后企业最需要什么？"时，33%的企业家回答需要更多的员工，27%回答需要更多的钱，20%回答需要更好的经营组织和内部程序，10%回答需要有经验的管理人员，7%回答需要更大的场地，3%回答需要寻求建议。总之，伴随着企业快速成长，企业家首先面对的是内外部环境的复杂性。

企业快速成长显然会使顾客和竞争对手数量增加，会吸引各种组织（包括管理机构）的注意力，同时也需要获取更多的资源。企业内部的管理工作似乎"突然间"变得多而且杂乱，起初创业者（往往也是经营者）会加大时间投入以"救火"，但终会因为精力和能力的限制而不得不在组织内部设立各种职能部门和机构。但是，企业的规模急剧扩大，短时间内无法在内部培养和选拔出职能部门所需的全部称职人员，企业不得不招聘新的员工和有经验的管理人员。部门设立了，人员到位了，却没有相应的职责分工和计划控制系统，部门间的协调和配合与"救火式"的管理方式融合在一起，增加了企业整体管理的复杂性。企业的快速成长吸引了众多的竞争对手，改变了行业内的竞争状况。行业内的大企业可以凭借资金、技术优势，并依靠其固有的销售网络等条件向成长中的中小企业发起挑战。行业内众多的小企业则会"搭便车"，对产品既不进行创新也不进行广告投入，只是一味地模仿，利用低成本和地域性销售优势抢占市场。众多竞争对手的加入使顾客及供应商有了更多的选择，提高了顾客及供应商的竞价能力，这迫使成长中的中小企业不得不调整市场战略以赢得新顾客和维持已有顾客，快速进行地域市场扩张，而地域扩张必然会受到各地文化、法律和市场环境的影响。这些情况都增加了企业活动所面临的不确定性，进而使企业面临的经营环境变得更加复杂。

环境的复杂性加大了企业的经营风险，同时对企业的经营管理工作提出一系列新的要求。首先是决策能力的提升，企业家的一项经营决策失误往往会导致整个企业经营的失败。其次是组织运作的规范性与灵活性的兼容。企业要强化基础和规范化管理，但绝不能以丧失灵活性和对环境的适应能力为代价。最后是迅速整合资源。这些都是处于成长过程的新创企业所要面临的挑战。所以，对不确定性引起的复杂性进行管理，是新创企业成长过程中面临的主要管理问题。

（二）新创企业成长的限制和障碍

从数量上看，新创企业的数量可能很多，但能够实现成长的企业却不多，其中实现快速成长的企业则更少。一个企业不可能无限制地扩张，新创企业的快速成长往往会受到内部的管理能力、市场及资金等多方面的制约。

1. 管理能力制约

彭罗斯把企业视为一种有意识地利用各种资源获利的组织过程。他认为生产性资源管理能力制约（包括物质资源和人）是任何企业必不可少的，但对企业至关重要的并不是这些要素本身，而是对它们的利用，亦即生产性服务。作为一种"功能"或"行动"，"服务"而非"资源"才是每个企业独特性的根源。生产性服务又有"企业家服务"和"管理服务"两个相对照的部分。前者用来发现和利用生产机会，后者用来完善和实施扩张计划。它们都是企业成长不可或缺的。不过在某种意义上，企业家服务对成长的动机和方向影响更深，资源管理是企业持续成长的必要条件。管理能力不足是企业成长的最大障碍，这种观点称为"彭罗斯效应"。

企业在某个时点拥有的管理服务数量是固定的,这些管理服务一部分要用于目前企业的日常运作(不扩大规模);另一部分用于扩张性活动,比如开发新产品、开发市场。假定企业的管理队伍不变,在这种条件下,企业成长所需的新增管理服务来自两个途径:第一,随着组织结构的调整,工作程序化的增强,管理服务出现盈余,从而给企业带来持续的增长。第二,学习效应,由于管理者越来越熟悉企业的经营活动,使其可以在现有工作量的前提下,以管理服务来支撑企业成长。因此,如果管理企业当前事务所需的管理服务与企业规模成一定比例,而且企业扩张所需的管理服务与扩张规模也成一定比例,则企业只能按照这个固定比率成长,否则就会出现管理危机。

2. 市场容量的限制

市场是企业得以生存与发展的土壤。企业家创业往往基于创新,包括向消费者推出全新的产品和服务,或对现有的产品和服务进行明显的改进。一旦企业实现了初期的快速成长,很快就会有其他企业跟进,它们或者进行简单的模仿,或者向前面创业的企业一样予以改进和创新,可以说,先进入的企业成长速度越快,跟进的企业就越多,企业家就会在更短的时间内面临激烈的竞争,信息社会和市场开放使这种规律更加明显。

众多竞争对手的加入,使顾客有更大的选择空间。随着新产品在市场经营时间的延长,顾客对产品的成本、价格及众多企业间竞争的情况将了解得越来越充分,竞价能力自然就会变得越来越强,此时的顾客往往要求较高的产品质量或索取更多的服务项目、期待更低的价格。无疑,顾客竞价力增强使成长中的企业不得不调整市场战略以赢得新顾客和维持已有的顾客。

在企业自身方面,新创企业普遍是在行业内的细分市场创业与经营,随着企业规模的扩大,初期的目标市场容量将无法支撑企业快速发展,企业必须寻求市场扩张。企业一般通过地域扩张或产业延伸等途径实现市场扩张。企业在地域方面的市场扩张,往往受各地文化、法律和市场环境的影响;产业延伸则会面临多元化经营等相关的障碍。这些情况都会改变成长中的企业运作环境,使环境变得复杂而且很少能够被预测,可预见性减少,进一步导致管理的复杂性。如果企业不能很好地解决这些问题,市场的局限性就会变得明显,最终阻碍企业继续扩张与成长。

3. 资金的约束

企业的快速成长需要企业具备相应的资产,资产的来源主要有两种:负债和所有者权益。因为企业存在最优的负债结构,所以负债的多少取决于所有者权益的多少。进一步说,企业的增长取决于所有者权益的增长。成长的主要表现是销售额的增加,而销售额的增加又要求资产的增加,这就意味着需要更多的资金来增加资产。这样,尽管销售额的增加会为公司带来利润,但总体来看,现金流是负的问题也就随之产生。虽然公司可以通过提高财务杠杆来满足资金的需求,但一旦负债容量达到饱和,不能得到新的资金时,就会严重制约企业的成长。

4. 持续创新和战略规划能力的不足

富于创新是推动企业成长的主要动力。企业创立之后，创业者关注的核心问题是销售和生存、他们将大部分的精力和资源都投入到市场的扩展上，初期创新的推动力量会随消费者熟悉程度的增强和竞争对手模仿行为的增多而减弱，在缺乏资金、技术、人力资源和组织保证的情况下，中小企业的创新业绩会减弱。与竞争对手的模仿行为相比，由组织机制带来的改变随着企业的快速成长而显得力不从心，企业的创新机制需要从企业家个人行为转变为组织行为。

生存的压力迫使新创企业更加注重行动而非战略思考，甚至许多人认为新创企业和中小企业没有也不需要战略，事实上，缺乏战略是制约企业成长的关键因素。

5. 创业者角色转变及管理团队建设的滞后

在企业规模很小、经营业务比较简单的情况下，仅仅依靠经营者个人的努力就可以支撑起企业的运转。但是，当企业规模扩大、经营活动范围扩大、组织层次增多之后，仅仅依靠经营者个人的力量绝对不够，必须依靠企业全体员工的共同努力。因此，随着企业的发展，适当弱化经营者在企业经营中的决定性作用，更好地发挥集体的力量，是十分必要的。

适当弱化经营者在企业经营中的决定性作用，并不是要降低经营者在企业中的作用，也不是单纯要把企业经营决策权从经营者手中分散给其下属，而是要把经营者个人的贡献转化成集体的成绩，将经营者成功的经营思想转化成企业文化的一部分，将企业融入社会整体之中，使企业的发展与社会的发展同步。这样的企业才真正会具有持久的竞争力量，才会具有长期生存与发展的根基，才能摆脱企业因规模小而产生的种种困扰。

创业元老是在企业创建初期与创业者一道打天下的合作伙伴。为了突出创业者的贡献，在报道中经常介绍和强调创业者个人的作用，使人产生创业成功往往是创业者个人功劳的错觉。事实上，大多数创业活动都是群体贡献的结果，多数创业伙伴与创业者一同创业，有时一些合作者可能并没有直接参与企业的创建与运营，但他们在企业外部提供了很多的支持。

创业元老的处置问题成为我国企业家必须要面对的一道关卡。原因是多方面的，既有创业元老的观念和技能无法适应企业发展的要求，但因为占据决策岗位制约了企业人力资源建设与管理问题；也有因为在创业初期没有明确的书面合作协议，对企业成长缺乏规划，进而在扩张过程中出现了利益冲突等方面的问题；还有由创业元老组成的创业团队成员在企业发展方向及重大经营决策等方面存在严重分歧而引发的创业团队裂变问题等。

(三) 成长型企业管理重心的变化

成长型企业，是指那些在一定时期具有持续挖掘未利用资源能力，不同程度地呈现整体扩张态势，未来发展预期良好的企业。在企业生命周期模型中，这些企业经历了为生存而战的婴儿期，处在学步期到盛年期之间。成长型企业往往拥有优质的产品或比较成熟的项目，具备较快的发展速度和很大的发展空间，对未来增量发展有着积极的预测，同时也有着宏伟的目标。但成长型企业管理系统比较薄弱，更多依靠的是老板和个人的执行力，主要靠领导的权威推动企业的运作，而不是靠机制去运作。

成长期企业与创业初期的新创企业相比,在管理上的重点相应发生变化,表现在以下几个方面。

1. 注重整合外部资源,追求外部成长

中小企业的人、财、物等资源相对匮乏,注重借助其他(既包括竞争对手也包括合作者)力量发展壮大自身便显得更加重要。这也是快速成长企业特别擅长的策略。而通过上市获得短缺资源并迅速扩大规模是实现成长的捷径之一。

首次公开募股(Initial Public Offerings,IPO),是指企业通过证券交易所首次公开向投资者发行股票,以期募集用于企业发展资金的过程。IPO通常是企业家的梦想,标志着成功、财富和市场的认可。IPO不仅获得了企业发展所需要的大量资本,它还为企业创造大量财富打下了基础。在资本市场发达的今天,创业者通过在国内、国外证券交易所上市,一夜之间创造了许多财富神话。如盛大网络公司在美国的纳斯达克交易所上市,国美集团在香港证券交易所上市,百度公司成功在纳斯达克挂牌交易,都使这些企业在短期内实现了数百亿元财富的聚集。

2. 管理好保持企业持续成长的人力资本

快速成长企业的一个共同成功要素是其强有力的人力资源管理。快速成长企业的经营者并不一定要受过高等教育,但他们要雇佣一大批有能力的员工,通过构建规模较大的管理团队以便让企业更好地发展。

(1) 良好的工作环境。

它包括有竞争力的工资收入、良好的工作条件以及社会福利等待遇。良好的工作环境还包括一些不十分明显的特征,如为员工提供明确、持续的指导,并为他们提供正常工作所必需的各种资源。

(2) 成长的机会。

成长的机会使员工感到安全,它的表现形式多种多样,对于不同的员工,成长机会代表着不同的事情,或者是晋升,或者是工作丰富化,但人们需要改变一个错误观念,即为员工提供稳定的工作和适度的退休金,员工就会感到安全。员工的安全感来自他们在学校或工作中掌握的各种技术与能力,公司为员工提供的学习技术和提高能力的机会越多,就越能鼓励员工去学习,同时公司为员工提供的保证未来安全的帮助也就越大。

(3) 员工有机会分享公司的成功。

小企业所能提供的工资水平一般比不上大企业,更为不利的是,小企业失败、兼并和被收购的风险更大。而且小企业的员工还会承担公司的部分经营风险,一旦企业倒闭,他们的生活也就没了保证。所以,只有让员工分享企业的成功才是公平的办法。一些优秀的小企业采用利润分享计划,即让员工持股,并且可以根据需要随时兑换成现金,就是一种很好的让员工参与利润分享的办法。

3. 从创造资源到管好、用好资源

新创企业的成长是靠资源的积累实现的,但是,如果企业积累的资源未被企业占有,是被企业中的个人(不管是创业者、高层管理者还是一般的员工)占有,都必将威胁企业的成长。因此、需要注重从创造资源转向管理好已经创造出来的资源，从资源"开创"到资源的"开发利用"。需要采取必要的措施，管理好客户资源，管理好有形、无形资产，通过现有资源，创造最大价值。

4. 形成比较固定的企业发展价值观

企业发展价值观是支持企业发展的灵魂，虽然是无形的，却渗透在企业发展的方方面面。大多数快速成长企业都有比较固定的企业价值观，用以支持企业的健康发展。对小企业而言，企业发展价值观一般是企业创建者自身价值取向的体现，这种取向直接影响着企业的发展。对成功企业的研究表明，在企业发展过程中，只有很少一部分企业会从根本上改变原有的企业价值取向，大部分企业的价值观都不会发生变化。企业价值观的固定性保证了企业发展的稳定性，也便于企业管理者与员工掌握企业发展过程中的关键点。

一般而言，成长企业的创建者非常热爱他们自己所从事的事业，他们会审时度势，为企业制定符合社会发展的价值观念，并倾注全部心血使企业的价值观延续下去。

5. 注重用成长的方式解决成长过程中出现的问题

在成长过程中都会遇到各种各样的障碍，有的企业在障碍面前止步不前，直到失败；有的企业则将阻碍变成动力，适时变革，积极应对，实现了新的发展。通过对企业实际做法的考察发现，差别在于经营者应对障碍的方式方法不同：一般中小企业经营者采取的是被动的方式，用"救火式"的方法应对企业发展中发生的各种问题，结果是"按下葫芦起来瓢"，问题反而更多、更复杂；那些成熟的企业家则采取了另外的方法，他们注重变革和创新，用成长的方式解决成长过程中出现的问题。

用成长的方式解决成长过程中出现的问题，其本质是推动并领导变革。从快速成长企业的实际经验看，企业家在以下几个方面往往表现得更为突出。

(1) 注重在成长阶段主动变革。

创新和变革是推动企业乃至社会发展的主要力量，但需付出成本。企业在创业初期特别是成长阶段实施变革的成本小，因为成长性强可以为企业提供变革所需要的资源，可以吸引优秀的员工，进而减轻来自内部的变革阻力。

(2) 找准变革切入点。

企业变革不可能一下全面展开，需要科学地把握切入点，由点到面，层层深入。太太药业公司从改变销售政策入手推进变革，海尔集团从砸冰箱树立质量意识入手等都是这种策略的成功典范。这种策略有许多好处，首先是变革的成本比较小，能够发挥探测性研究的功效。其次是见效快，变革的阻力主要是人们对未来发展的顾虑，对变革能成功的可能性持有疑虑。把握好切入点，从局部推进变革，往往可以在短期内取得效果，进而增强人们对变革的信心。最后是这种方式的变革容易被控制，不至于造成不良影响。

(3) 重视人力资源的开发。

计划变革但找不到合适的人才实施变革，是企业家在成长失控过程中经常面临的最大困境。注重人才积蓄，采取更为积极的人力资源政策，注重广泛挖掘人才，这对变革的成功乃至企业发展来说，是最重要的。

(4) 注重经营系统建设。

建立经营系统是为了有效地工作，确保企业不仅要从事生产或服务，而且要合理地管理基本的日常经营活动。这个系统包括会计、制表、采购、广告、招聘、培训销售、生产、运输等。企业在创建初期容易忽略经营系统的建立和发展，但随着企业规模的扩大，特别是当规模超过了其组织管理的运作能力，这些系统就可以承受越来越大的压力，完成越来越复杂的工作。

6. 从过度追求速度转到突出企业的价值增加

前面已经提到，当企业过度追求速度时，往往带来的问题是销售收入增加很快，而利润却没有增加，企业的价值没有得到增值。因此，当企业成长到一定程度时，企业需要管理好价值链，需要向价值增值快的方面转移和延展，以获得最大的价值增值。正如"蓝海战略"的核心精髓是价值创新，就是对所在行业所提供的传统顾客价值的一种"颠覆式"创新，通过重点打造顾客在意的价值要素，而在其他要素上提供适当价值，剔除不必要的要素，不仅能够为顾客提供卓越的价值感受，还能够使企业以低成本的方式实现获取所谓差异化和低成本的双重好处。

第三节　创业的退出

一个创业者在创业之初，在考虑如何打开市场、如何改进技术、如何提升业绩的同时还需要考虑一个重大问题，那就是创业退出。因为创业作为一种创新性较强的博弈活动，失败的概率始终存在。此外，随着创业活动的展开，创业者的想法也可能会发生转变——主动选择中止创业，达到自身利益的最大化，对于创业者也是不错的抉择。不论是创业失败，还是主动中止创业进程，都需要创业者在创业之初对创业退出问题有所思考，并有所准备，这样才能在创业退出时做到进退有据。

一、创业退出的类型及原因

根据创业退出的原因以及退出时企业经营的状况，本书将创业退出分为正常退出和非正常退出两种情况。

（一）正常退出

所谓正常退出，就是企业经营正常，创业者在判断市场大环境以及企业发展的条件要素后，主动中止创业。创业者正常退出创业，原因主要有如下几种：一是创业者对本企业的市场预期有了清晰判断，认为企业未来无法持续经营，及时中止创业活动，进行经济核算；二是企业发展到一定规模，吸引投资人收购本企业，或主动抓住某一契机，寻求与其他大型企业的战略合作，从而形成企业的资产重组或并购；三是根据某些法律法规的规定，某些特殊行业或特殊组织，有一定的经营期限规定，企业经营到期，需要重新申请行政许可。

（二）非正常退出

所谓非正常退出，就是企业经营困难，创业者无力继续应对创业风险，主动结束创业。这种退出与创业风险密切相关，具体的原因有很多，主要有以下几种：一是长期经营不善，管理混乱，亏损严重，无法持续经营；二是遇到突发的不可抗力因素，比如台风、地震、洪水等；三是由于经营违法引发严重的司法诉讼危机，或因工商、税务等违法行为引发的行政处罚等。

案例 6-3

奥克斯汽车梦的破灭

跟随 2003 年民企进军汽车业的热潮，奥克斯集团斥资 4000 万元买得一张汽车牌照，获得跨进汽车制造业门槛的门票。2004 年 2 月，奥克斯宣布正式进军汽车业，原动力、瑞途两款车也同时上市。当时奥克斯放言，将在将来 5 年内投入 80 亿元巨资，在宁波建立产能达 45 万台的汽车工业园。而在 2005 年 3 月，奥克斯的汽车梦就戛然而止了。

此后，沈阳奥克斯汽车有限公司开始与供货商清理债务，奥克斯则对其近 3000 位用户的保修工作进行安排。据悉，奥克斯保留了部分原汽车相关人员、汽车网站和热线电话。尽管奥克斯已经不再生产汽车部件，但因其销售车为常规车型，售后工作不难进行。奥克斯汽车之所以选择停产，是因为销量不佳。早在 2004 年年初，奥克斯 SUV 原动力和双排座轿车瑞途上市时，奥克斯将两款车的销售目标定在了 2 万辆，尽管每辆车的售价随后大幅降价 2 万多元，但 2004 年一年的销售量总计不到 3000 辆，与预想相差甚远。

有鉴于此，奥克斯为了造车所耗费的时间和投入都已无法挽回，正式退出市场及时止损，这个策略是可行的。

（以上信息根据网络资料整理而成）

二、创业退出的时机和方式

（一）创业退出的时机

与创业退出的类型相联系，创业退出的时机也要区分成功创业后退出的时机和创业失败后退出的时机。

1. 成功创业后退出的时机

创业成功意味着企业相对比较成熟，企业怎么才算成熟了呢？可以根据企业发展的阶段及特点了解一个企业的成熟度，并在此基础上了解成功创业后退出的时机。企业发展阶段及特点如表 6-3 所示。

表6-3 企业发展阶段及特点

发展阶段	企业特点
种子期	企业在建立过程中,产品还不成熟,机构尚不健全
初创期	企业未得到社会承认,实力较弱,努力方向是努力开拓市场,提高产品知名度
成长期	企业在生产、销售、服务等方面有了成功的把握,产品基本定型,具有了批量生产的能力
成熟期	企业规模、销量达到最高水平,制度完善,运行良好,企业进入黄金发展阶段

创业者主体判断企业是否处于成熟期,除了可以参考创业投资者的战略动向判定企业发展阶段,还可以把握如下企业发展特征:一是企业盈利能力持续增长,总资产周转率维持高位,净利润率提升;二是企业产品有了清晰的定位,这个时期的产品销量已经不再大幅增长了,大致和行业增长率基本持平;三是企业已经不再需要新投资,现金流源源不断。

2. 创业失败后退出的时机

因创业失败导致的创业退出,是迫不得已的选择,但如果能够未雨绸缪、积极谋划,选择恰当的时机,就可以有效降低甚至避免创业失败带来的损失。创业失败的具体原因多种多样,但如果能够及时观察到创业失败的指标性特征,及时采取应对措施,就可以有效止损。

第一,当市场上出现了多款同类商品,而且影响力大、用户多的时候,往往意味着产品已经进入了衰退期,那就要考虑放弃该产品,如果本企业没有研发新产品的能力,那就该考虑退出了;第二,企业盈利能力持续下降,经过多次改进后,仍不能阻止盈利规模的缩小,这时也要考虑退出;第三,当影响企业发展的关键性问题不能及时解决且没有解决的可能时,以及资金链断裂且无新投资者愿意继续注资时,创业者就需要创业退出。

总的来说,创业失败后的退出时机,就是盈利能力、盈利规模、盈利预期与投入成本之间失去平衡之时,即投入多、产出少时。

(二)创业退出的方式

考虑创业退出,其本质就是如何最大限度维护企业自身的经济利益问题。把握退出的时机很重要,了解退出的方式,规避退出时的风险,同样重要。

1. 并购

当代社会资本运营比较成熟,当某一个企业所在行业有前途却遇到经营危机之时,投资者看到这一行业的发展前景,有可能会收购该企业。

当接受企业并购时,创业者需要考虑以下三个因素。

一是被收购企业股东们的统一意见。比如有限责任公司股东对外转让股权的,要注意应当向公司和其他股东告知受让人和拟转让价格条件,并征求其是否同意转让意见。公司和其他股东应对此在30日内予以答复,逾期未答复者视为同意转让。有限责任公司股东未足额出资即转让股权的,公司或者其他股东可以请求转让人将转让股权价款用于补足出资。如果是合伙企业,就要征得合伙人的一致同意。

二是被收购企业要委托律师进行法律形式审查。因为收购涉及的利益、风险较大,所以建议委托律师出具完整的解决方案提供帮助,以维护被收购公司最大的合法权益,减少被收购公司的法律风险和经济损失。

三是被收购的企业要进行审计核算。被收购的公司在收购之前,要委托律师、会计师、评估师等专业人士组成项目小组对目标公司进行审计审查。了解公司的资产、经营、财务、债权债务、组织机构以及劳动人事等信息,公司资产、负债以及所有者权益等问题。谈判前先了解清楚,才能在后面的谈判中获取最大的利润。

2. 破产清算

破产清算是指创业者发现创业企业没有继续发展的可能,对资产进行清算,从而尽量挽回损失的做法。选择此种方式的创业退出,虽然属于迫不得已,但创业者一开始就要未雨绸缪,从企业形式的设立开始,就要按照法律规定做到产权明晰、权责分明。

为破产清算时的经济利益考虑,建议创业采取有限责任公司的形式,这种企业形式的好处是一旦创业失败,创业退出时,破产清算以公司资产为底线,对创业者个人影响有限。

3. 出售股份

出售股份指企业股份持有者,将股份出售给其他合伙人或者其他投资者。创业企业的发展过程中总是遇到核心人员的波动,特别是已经持有企业股权的合伙人退出团队,如何处理合伙人手里的股份,才能避免因合伙人股权问题影响企业的正常经营。此时的创业退出,就要提前签署好相关协议,主要解决好如下问题:

(1) 提前约定好退出机制。

提前设定好股权退出机制,约定好在不同阶段,合伙人退出企业后,要退回的股权和退回形式。创业企业的股权价值是所有合伙人服务于公司时赚取的,当合伙人退出企业后,其所持的股权应该按照一定的形式退出。一方面对于继续留在企业里的其他合伙人更公平,另一方面也便于企业的持续稳定发展。

(2) 股东中途退出,股权溢价回购。

退出的合伙人的股权回购方式是:通过提前的约定协议采取合理的方式退出。退出时,公司可以按照当时企业的估值对合伙人手里的股权进行回购,回购的价格可以按照当时企业估值价格适当溢价。

(3) 设定高额违约金条款。

为了防止合伙人退出企业却不同意公司回购股权,可以在股权协议中设定高额的违约金条款。

此外,为了防止合伙人退出后泄露本企业的商业机密,还要签署专门的保密竞业限制协议并约定惩罚条款。

附 录

2020届河北省高校毕业生就业创业政策措施

一、千方百计拓宽高校毕业生就业升学渠道

（一）扩大企业招聘规模

1. 充分发挥中小微企业吸纳高校毕业生就业的主渠道作用，对新招用毕业年度和毕业2年内高校毕业生且与其签订1年以上期限劳动合同并按规定缴纳社会保险费的中小微企业，可按1 000元/人的标准给予一次性吸纳就业补贴，毕业2年内高校毕业生可按规定享受最长不超过3年的社会保险补贴。

2. 鼓励省国资委监管企业在年度用人计划中单列一定比例专项招聘省内高校应届毕业生，不得随意毁约，不得将本单位实习期限作为招聘入职的前提条件。

3. 扩大就业见习规模，支持在企业、政府投资项目、科研项目设立见习岗位。就业见习补贴期限最长不超过12个月，具体补贴标准由各市、雄安新区管委会、省财政直管县确定，最高不超过当地最低工资标准。对因疫情影响见习暂时中断的，可相应延长见习单位补贴期限；对见习期未满与高校毕业生签订劳动合同的，给予见习单位剩余期限见习补贴。延长补贴期限和给予见习单位剩余期限见习补贴政策的受理截止期限为2020年12月31日。

（二）引导高校毕业生服务基层

4. 继续实施"三支一扶""特岗教师""西部计划"等国家基层服务项目，积极协调国家部委争取扩大招募规模。有空编的县（市、区）事业单位，可通过考核或考试方式直接招聘服务期满且考核合格的基层服务项目人员。

5. 鼓励大学生回原籍本村任职，从事基层党建、服务管理、村务监督、发展集体经济等工作。聘用期满，考核合格的，择优推选为村党组织书记；考核不合格的，解除聘用合同。

6. 落实国家和省公费师范生全部入岗入编政策，鼓励和支持更多的师范类毕业生到农村中小学任教。

7. 加强乡村医生队伍建设，引导和鼓励高校毕业生到乡镇卫生院和村卫生室工作，对招聘的具有普通专科学历的乡村医生，服务期满可以免试入读成人高校专升本。

8. 挖掘政府机关、事业单位编制存量，进一步充实基层人力资源社会保障、农技、医

疗卫生、文化教育等岗位，重点面向全省脱贫攻坚主战场，面向基层乡镇一线。在今年公务员（含选调生）招录工作中，用好用足考录政策，增加2020年应届高校毕业生招录人数。在今明两年全省事业单位公开招聘工作中，空缺岗位主要用于专项招聘高校毕业生（含择业期内未落实工作单位的高校毕业生）。

（三）鼓励各地增加岗位设置、吸纳高校毕业生就业

9. 开发设置临时公益性岗位。针对2020届就业困难的高校毕业生开发设置城乡社区等基层公共就业服务、公共管理和社会服务、卫生防疫等岗位5000个，服务期最长不超过2年，按照不高于当地最低工资标准给予岗位补贴，资金来源为就业补助资金。

10. 支持高校设立科研助理岗位。允许高校按照公开、自愿、双向选择的原则，在所承担的各类重大重点科研项目实施过程中，聘用2020年优秀本科以上层次应届毕业生作为研究助理或辅助人员参与研究工作。高校应与选聘科研助理签订聘用合同或服务协议等，签订服务协议的期限应不超过3年，并按有关规定为科研助理办理社会保险。科研助理的薪酬标准不得低于当地最低工资标准，薪酬经费可按照有关规定从科研项目经费和学校其他经费等多渠道筹集。聘用期满，根据工作需要可以续聘或到其他岗位就业，就业后工龄与参与项目研究期间的工作时间合并计算，社会保险缴费年限合并计算。

11. 加大公办幼儿园吸纳高校毕业生力度。根据我省学前教育发展需要，鼓励各地按照《教育部关于印发幼儿园教职工配备标准（暂行）的通知》（教师〔2013〕1号）有关规定招聘补充幼儿教师，依法依规签订聘用合同或劳动合同，提高幼儿保教水平。2020年全省新招用应届和毕业2年内高校毕业生担任幼儿教师的人数不少于10 000人。对招聘任务完成情况好、幼儿教师配备充足、幼儿保教水平高的县（市、区），省级财政统筹学前教育经费予以奖补，连续补助2年。

（四）开展专项扩招和入伍征集

12. 增加研究生、专接本招生计划。2020年硕士研究生扩招至2.14万人，比2019年增加0.47万人，向国家战略和民生领域急需的临床医学、公共卫生与预防医学、全科医学、集成电路、软件、新材料、先进制造等相关学科和专业学位类别倾斜。普通高校专接本扩招至2.8万人，比2019年增加一倍，向电子信息类、计算机类、健康服务与管理、护理等专业倾斜，实现学生培养层次和就业能力双提升。

13. 提升高校毕业生参军入伍比例。深入贯彻落实习近平总书记给南开大学新入伍大学生回信精神，认真落实国务院、中央军委关于今年征兵工作部署，研究制定2020年高校征兵工作方案，将大学生征集计划目标任务分解至高校，面向毕业生精准宣传、动员和征集，努力实现征集人数和征集比例双突破。

（五）鼓励创业带动就业

14. 对符合条件的高校毕业生个人创业的，可申请不超过20万元创业担保贷款；对符合条件的高校毕业生合伙创业的，可申请不超过130万元的创业担保贷款；对符合条件的小微企业最高可申请不超过300万元创业担保贷款。

15. 对毕业学年及毕业 5 年内高校毕业生初次创业的，可按规定给予 5 000 元的一次性创业补贴。对毕业 5 年内高校毕业生初次创业的，可按规定给予最长不超过 3 年的社会保险补贴。

16. 对毕业年度毕业生初次创办小微企业的，可按规定给予最长不超过 3 年、每年 3 000—5 000 元的租金补贴。对入驻创业孵化基地的高校毕业生创业项目，以及入驻高层次人才、高技能人才创业园的科技型小微企业，可按规定给予最长不超过 3 年的房租物业水电费补贴。对发展前景好、带动就业人数多的入驻企业和创业项目，孵化期可在原有 3 年基础上再延长 1 年。

二、持续做好高校毕业生就业指导与服务工作

（一）开展全天候不间断的校园招聘活动

17. 全面开通高校网上招聘通道，多方挖掘用人岗位信息，实现毕业生网络招聘全覆盖。

18. 建立信息联动共享机制，实现各高校就业服务网之间以及与相关部门招聘网站的互联互通。

19. 加强网上面试辅导，帮助指导学生选准岗位、尽快签约，切实提升网上招聘的签约成功率。

20. 适时组织分层次、分类别、分行业的校园招聘，积极举办区域性、行业性联合招聘活动，为低风险地区用人单位到校开展招聘活动提供便利和支持。

（二）建立毕业、就业手续一体化、便捷化办理流程

21. 适当延长研究生毕业答辩、学位审核时间和次数，对湖北籍特别是武汉籍学生单独制定政策，确保他们可以有更长时间、更多次数，顺利完成毕业答辩。

22. 开通毕业生就业手续绿色通道，允许学生采取网络提交、在线审核和邮寄等方式办理就业手续。

23. 积极引导用人单位适当延长招聘时间、推迟签约录取时限，尤其是严禁用人单位发布针对湖北籍学生的限制性招聘信息。

24. 对离校时未落实工作单位的高校毕业生，可按规定将户口、档案在学校保留两年，并为落实单位的毕业生按应届毕业生身份及时办理就业手续。

25. 做好离校未就业高校毕业生的信息衔接和服务接续工作，确保离校后服务不断线。

26. 加快大数据、信息化等手段运用，在落实政策的同时自动关联办理就业创业证，并准确记录就业创业情况，为毕业生享受政策、促进毕业生实现就业创业最大限度提供便利。

（三）加大就业援助服务力度

27. 对建档立卡贫困家庭、零就业家庭、身体残疾等困难毕业生，持续开展精准摸排，准确掌握就业状况，"一人一策"建立就业帮扶工作台账。

28. 对就业困难毕业生在公益性岗位就业的,可按规定给予岗位补贴和社会保险补贴。

29. 对毕业年度内求职创业的低保家庭、贫困残疾人家庭、建档立卡贫困家庭和特困人员中的高校毕业生,残疾、烈士子女及正在享受国家助学贷款的毕业生,可享受2 000元的一次性求职补贴。

30. 对毕业2年内未就业高校毕业生申报灵活就业的,可按规定给予最长不超过2年、最高不超过其实际缴费2/3数额的社会保险补贴。

(资料来源:河北人社网,2020-05-29)

参 考 文 献

[1] 沈全洪，王旭光. 大学生创业方略［M］. 北京：清华大学出版社，2016.

[2] 郭斌，王成慧，大学生创新创业案例（第二辑）［M］. 天津：南开大学出版社，2016.

[3] 刘莹. 大学生职业发展指导与创新创业教育［M］. 沈阳：东北大学出版社，2016.

[4] 庄文韬. 创新创业实用教程［M］. 厦门：厦门大学出版社，2016.

[5] 姚凯. 大学生创业导论［M］. 北京：清华大学出版社，2015.

[6] 张兵仿. 大学生创业基础教程［M］. 北京：时事出版社，2016.

[7] 李爱卿，叶华. 大学生创业基础［M］. 北京：清华大学出版社，2015.

[8] 刘平. 大学生创业基础［M］. 北京：机械工业出版社，2013.

[9] 徐振轩. 就业指导与创业教育［M］. 北京：电子工业出版社，2009.

[10] 丰艳，姜媛媛，李海涛. 大学生就业指导［M］. 北京：电子工业出版社，2016.

[11] 许湘岳，徐金寿. 团队合作教程［M］. 北京：人民出版社，2011.

[12] 马雅红. 大学生创新创业教育基础与能力训练［M］. 北京：北京理工大学出版社，2015.

[13] 刘胜辉，陆根书. 大学生创新创业基础［M］. 北京：北京理工大学出版社，2017.

[14] 陈建. 大学生创新与创业基础［M］. 北京：北京理工大学出版社，2021.